Rolf Goergen

# Jagen
# Passion und Abenteuer

Rolf Goergen

# Jagen

## Passion und Abenteuer

Neumann - Neudamm

Bildnachweis:
Alle Vorlagen zur Bebilderung des Buches stellte uns der Autor zur Verfügung.

Die Deutsche Bibliothek – CIP-Einheitsaufnahme

**Goergen, Rolf:**
Jagen: Passion und Abenteuer / Rolf Goergen. –
Morschen/Heina: Neumann-Neudamm, 1991
ISBN 3-7888-0638-9


Titelgestaltung: Philipp Schneider unter Verwendung eines Fotos vom Verfasser
Reprotechnik: Monolith, 4430 Steinfurth 2
Satz und Druck: Silber Druck, 3501 Niestetal-Heiligenrode
Buchbinderische Verarbeitung: Willy Keller, 6402 Kleinlüder

Schrift: 10/12 Garamond
Papier: Bildteil 115 g Bilderdruck, Textteil 90 g Werkdruck
Umschlag: Pappband, Polylein-Kaschierung
Druck: Offsetdruck, MAN-Roland
Verabeitung: Fadenheftung, begazt, Deckenband

# Aus dem Inhalt

Meinem Vater
zum Gedenken

# Geleitwort

Nach dem Kauf dieses Buches ist mancher Leser vielleicht etwas enttäuscht, weil es nicht von großartigen Trophäenjagden auf rumänische Karpatenbären, ungarische Kapitalhirsche, Weltrekordbüffel aus Afrika oder klettergewandte Schneeziegen in alaskanischer Wildnis, ja nicht einmal von kapitalen Mosel-Rehböcken handelt. Leider ist es oft so, daß zahlreiche Jäger ihr Erleben nur an Rekordmaßstäben oder am Seltenheitswert des Wildes messen.
Der Autor, passionierter Jäger und ambitionierter Führer einer Alpenländischen Dachsbracke, gehört zweifelsohne zu jenen Durchschnittsjägern, die nie in ihrem Leben begehrten, einmal in fernen Wildparadiesen zu jagen; vielmehr vollzieht sich sein jagdlicher Jahresablauf seit frühester Jugend im wald- und wildreichen Moselheimatgebiet an jedem Tag, bei jedem Wetter, beim Ansitz oder bei der Pirsch – auch ohne Beute, aber ebenso bei der Verrichtung vielfältiger Handwerksarbeiten im praktischen Jagdbetrieb.
Jagdbücher erscheinen alljährlich genug. Zumeist schildern profilierte Jäger aus ihrem überreichen Erfahrungsschatz von gigantischen Strecken und der Erbeutung enormer Goldmedaillentrophäen. Das vorliegende Buch hat ein Jäger geschrieben, auf den dies alles nicht zutrifft. Für Rolf Goergen bedeutet bodenständige, herkömmliche Jagd Lebensinhalt. In fast seiner gesamten Freizeit ist er mit seinem vierläufigen Begleiter „Brax“ im zerklüfteten, reizvollen Mosel-Revier anzutreffen. Für diesen passionierten Jäger, Hundeführer und Handwerker gibt es keine „stille Zeit“: Der überlistete Tauber im knospenden Frühjahr, der im herbstbunten Revier brackierte Hase oder der bunte Erpel auf der Mosel gelten ihm nicht weniger, als einer der zahlreichen Keiler, die er in seinem Leben schon erlegte. Und wenn er mit seinem hirschroten Hund zur Nachsuche gerufen wird, hat alles andere nur noch zweitrangige Bedeutung.
Goergen beobachtet sehr genau: Die Menschen, die Natur, das Wild und dessen Verhalten; dies alles kommt seinen Schilderungen zugute, die den Leser das jagdliche Geschehen unmittelbar miterleben lassen.
Es ist das zweite Mal, daß sich Goergen mit einem Buch an die

Öffentlichkeit wagt. Somit ist er manchem Leser kein Unbekannter, zumal er ziemlich regelmäßig in zwei bekannten deutschen Jagdzeitschriften mit interessanten und lehrreichen Berichten aufwartet. Dieses Buch erhebt nicht den Anspruch als literarisches Meisterwerk eingestuft zu werden, wenngleich der Autor auf der Leiter der jagdlichen Erzählkunst auf beachtenswerter Sprosse steht!
Rolf Goergen's Erlebnisse und Erfahrungen über Jagd und Natur, Hege und Handwerk werden in diesem Buch auf unterhaltsame Weise dem interessierten Jäger und Naturfreund zugänglich gemacht.

Lorenz Steden
Kreisjagdmeister des Landkreises Cochem-Zell

# Vorwort

Blättert man den Inseratenteil unserer Jagdzeitschriften durch, ist das Erstaunen meist beträchtlich, weil wirklich – je nach eigener finanzieller Möglichkeit – in der ganzen Welt gejagt werden kann. Und ich finde es gut, daß viele deutsche Jäger davon Gebrauch machen, in urwüchsiger, wildreicher Natur mit freiem Herzen das zu erjagen, was hier bei uns nicht mehr möglich ist. Eng und bis in die letzten Winkel überschaubar ist sie geworden, unsere Jagdheimat, vollgekeilt mit Menschen aller Nationalitäten, vollgepumpt mit Stahl und Beton – und allerorten lauern verbohrte, engstirnige Jagdgegner, die uns traktieren und schikanieren. Warum also nicht den Hirsch in Schottland, den Keiler in Polen, die Gams in Österreich oder den urgewaltigen Elch in Alaska erlegen?!
Aber, ehrlich gesagt, mein Metier ist das nicht, es liegt mir ganz einfach nicht. Weile ich mal für einen Tag in einem anderen Revier, bin ich erst abends wieder glücklich und zufrieden, wenn ich endlich wieder den Boden jenes Revieres unter den Füßen spüre, in dem ich meine jagdlichen Anfänge erleben durfte, in dem ich mit klopfendem Herzen den ersten Hasen, die erste Sau, das erste Stück Rotwild erbeutete - und in dem mir alles so vertraut ist. Wenn ich morgens als erste und abends als letzte Tagestätigkeit mit dem Hund rausgehe (ich wohne am oberen Ortsrand) und drüben im schroffen Steilhang des „Calmont“ ein Reh schreckt, „Auf Gell“ der Kauz mal wieder fürchterlich jammert oder jenseits des Fätchelbachtales, „Auf Breusch“, der Fuchs heiser bellt, dann atme ich tief durch, blicke zum Sternenhimmel hinauf – und bin unsagbar froh, bodenständiger Jäger zu sein.
„Standorttreu“ nennen wir Jäger ähnliches Verhalten beim Wild. Und selbst auf die Gefahr hin, daß so mancher Weitgereiste diese Einstellung als „kleinkariertes Provinzgehabe“ abtut, bleibe ich dabei …

In diesem Sinne ein kräftiges Weidmannsheil

Rolf Goergen

Bremm/Bad Bertrich, im Dezember 1990

# Tauben – Schnepfen – Eichelhäher

Seit etlichen Jahren bilde ich Jungjäger aus. Diese Tätigkeit beschert einem manchen Verdruß. Aber die positiven Momente überwiegen letzten Endes doch. Besondere Freude überkommt mich dann, wenn ich merke, daß nicht nur die in langen Jahren gesammelten Erfahrungen erfolgreich vermittelt werden konnten, sondern sogar ein Fünkchen der eigenen Einstellung zum Weidwerk und den ethischen Dingen unserer schönen Tätigkeit überspringt. Bei älteren Leuten ist das – wie wir noch sehen werden – zumeist schwer möglich, aber die jüngeren, angehenden Jäger haben oft ein gutes Gespür dafür, sind einfach zugänglicher. So versuchte ich immer wieder den Aspiranten beizubringen, daß die Jagd nicht erst beim Rehbock beginnt oder, wie ich es nicht selten erlebte, sogar bei Hirsch und Keiler.
Wenn ich mit den zukünftigen Weidmännern in den Monaten März/April im Revier weilte und bemerkte, daß dieser oder jener das Trommeln des Spechtes, den Ruf des Fasans oder gar das Locken des Ringeltaubers ignorierte, ja, überhaupt nicht wahrzunehmen schien, dann wußte ich: Dem wird, wenn er das grüne Dokument, das ihn später mal als Jäger ausweist, in der Tasche hat, an dem kleinen Weidwerk nichts, absolut nichts liegen … Man kann viel, sehr viel für das Erlangen des Jagdscheins erlernen, aber von der inneren Einstellung, von den Empfindungen der Seele hängt es ab, ob man beispielsweise der Poesie der Frühlingsjagd auf den rufenden Tauber, dem beschaulichen Ansitz auf den ausrückenden Hasen usw., etwas Positives abgewinnen kann.
Ein Hochwildjäger, ein äußerst profilierter noch dazu, sagte mal, ich sei ein Jagdromantiker. Nun, da mag er recht haben. Die Feststellung hat mich keinesfalls gekränkt. Ich schäme mich nicht, meine Einstellung und Gefühle offen zu zeigen. Man sollte diese Seite der Jagd auch keineswegs als „Gefühlsduselei“ verächtlich beiseite schieben; denn wenn man sich mal umschaut oder in der Literatur nachliest: Es sind nicht die schlechtesten Jäger, die sich zu diesem „kleinen-großen“ Weidwerk bekennen.
Einer meiner früheren Jungjägeranwärter (42) hat in den ersten

Jahren nach Bestehen der Jägerprüfung Rotwild, starke Böcke und an die zehn Sauen geschossen – vom Hochsitz, an der mit allerlei Delikatessen beschickten Kirrung. Soll so die jagdliche Tätigkeit beginnen? Hat dieses Streckemachen überhaupt noch was mit dem ursprünglichen Jagen zu tun? Mit Sicherheit nicht! Diesem „Jäger" vermochte ich den eigentlichen Sinn des Jagens nicht zu vermitteln; obwohl er das bescheidene Weidwerk auf den rufenden Ringeltauber kennenlernte und miterlebte, hat er es sofort nach dem praktischen Lehrjahr und Bestehen der Jägerprüfung „zu den Akten gelegt". Man kann es eben, wie gesagt, nicht erlernen, es muß da sein, man muß es im Inneren fühlen ... Und wenn es in der jungen Jägerbrust verborgen schlummert, bedarf es nur eines kleinen Anstoßes ... Bei Iris, meiner ältesten Tochter, war es da! Schon im zarten Alter von dreizehn Jahren ließ sie keine Gelegenheit verstreichen, mit mir auf Tauben zu pirschen. Auch die anderen vier Kinder begleiteten mich häufig im Frühjahr ins Revier.
Dort, wo sich Mittelmosel und Eifel begegnen, liegt in einem Seitental, noch im klimatisch milden Bereich des Moselstroms, der „Pelzerberg", ein steiler Waldhang, der zu 80 Prozent mit Niederwald bestockt ist; lediglich ein kleinerer Eichen-Fichten-Hochwald, von dem später die Rede sein wird, lockert das monotone Gesamtbild etwas auf. Den Namen bekam der Berg vom alten Fabrikanten Pelzer, der die 60 Hektar Wald um 1890 der kleinen Voreifelgemeinde Beuren abkaufte. Später übernahm Pfarrer Junghold den Besitz. Er baute am Fuße des Berges, im idyllischen Üßbachtal, ein geräumiges Wohnhaus mit großen Weinkellern. Ein besonders günstig liegender Südhang wurde gerodet und mit etwa zehntausend Rebstöcken bepflanzt. Ferner legte man im auslaufenden, flacheren Gelände Wiesen an, die mit Obstbäumen – meist Äpfel – bepflanzt wurden. Neben dem Wein- und Obstbau betrieb man etwas Landwirtschaft.
Nach einigen Jahrzehnten eifrigen Wirkens verödete die Kulturfläche. Die Anlagen, vor allem große Teile der Rebenanpflanzung, wuchsen mit Ginster, Hasel und Brombeere zu. Kaum ein Mensch verläuft sich heute in diese Gegend, nicht mal mehr die auswärtigen Jäger vom Niederrhein.
Die hohen Fichten rechts vom brombeerwüchsigen Altweinberg werden gern von den Ringeltauben zur Balz aufgesucht. Häufig streichen die Tauben über's Tal hinweg, fallen in den Fichten des

Nachbarreviers ein – und umgekehrt. Der jenseitige Hang gehört zum staatlichen Kondelwald. Links des tief eingekerbten Taleinschnitts, der „Wolfskehle“, liegt das Forstrevier Alf und rechts davon Bonsbeuren. In beiden Revieren wird nur auf Schalenwild gejagt; die Tauben hatten ein Leben wie Gott in Frankreich …
Schon um die Märzmitte hört man das mannigfaltige Liebeslied der Tauber aus den Hängen der drei angrenzenden Reviere. Für die Jagd besonders erfolgverheißend sind die frühen Vormittagsstunden, wenn die zapfenschweren Fichtenwipfel von der Sonne golden überflutet werden und der Tau an Bäumen und Sträuchern funkelt. Dann läßt der „Hahn des kleinen Mannes“, von der Liebesglut beglückt, sein Minnelied erklingen.
An einem solchen Morgen stand ein reichhaltiges Arbeitsprogramm auf dem Plan; Kanzelgerüste sollten errichtet werden. Bis zum Eintreffen der Helfer hatte ich noch Zeit, schulterte den Drilling und stieg frohen Herzens in den Pelzerberg. Hier im Heimatwald jagen zu dürfen, erfüllte mein Inneres mit dankbarer Befriedigung. Und besonders im Frühjahr, wenn die ersten Blüten der Leberblümchen im Hochwald leuchten, die Birke von zartgrünem Schimmer umflort ist und die Kätzchen des Hasels das noch überwiegend eintönige Braun des Winterwaldsaums schmükken, bin ich gern und oft im Revier. Die ersten Fegestellen zeigen uns den Standort des alten Bockes. Ob er wohl den Einstand bis zum Aufgang der Jagdzeit hält? Oder wird er bei zunehmender Belaubung einen noch günstigeren Platz wählen? Das sind Fragen, die den Jäger alljährlich beschäftigen; Hoffnungen werden wach, und Spekulationen über Aussehen, Stärke und Alter durchgeistern unsere Gedankenwelt.
Bald stand ich hoch oben im Fichtenholz und lauschte angespannt auf das vertraute: Chru – Chru – Chru … Meine Geduld wurde heute nicht sonderlich geprüft. Nur 50 Meter rechts begann der Tauber zu rufen. Zunächst sprang ich ihn zügig, bei jeder Strophe sieben, acht Gänge nehmend, an. Die letzten Meter ging es bedächtig, ja behutsam, voran. Jeder Schritt, jede Bewegung, mußte genau abgewogen werden. Kein Steinchen durfte knirschen, kein Ästchen knacken. Viel leichter, viel einfacher pirschte ich die im Gebräch stehende Rotte Sauen, den äsenden Rehbock, den mausenden Fuchs an, als den überaus hellhörigen, scharfäugigen Ringeltauber. Zentimeterweise schiebe ich mich durch sperriges, trockenes

Fichtengeäst dem Rufbaum zu. Lange Zeit komme ich überhaupt nicht weiter, weil mein Sänger schweigt. Also warten, nur Geduld kann hier weiterhelfen. Plötzlich legt er wieder los: Chru – Chru Chru ... Nur noch wenige Schritte, da sehe ich die zartrote Brust durch das dunkle Grün der Fichten leuchten. Der Schuß ist nicht schwierig. Dumpf schlägt mein erster Frühlingstauber auf das weiche Polster des Waldbodens. Ich bin voller Freude und Glück!

Meinem fünfjährigen Söhnchen Horst versprach ich an einem Sonntag vor Ostern einen gemeinsamen Pirschgang auf Tauben am Pelzerberg. Just vom gleichen Augenblick an bombardierte mein Filius mich mit Fragen, wann es denn nun endlich losgehen würde. Der vorgesehene Tag rückte heran; ein herrlicher Sonnenmorgen, wie geschaffen für unser Vorhaben. Dann standen wir endlich im hohen Holz und warteten, warteten auf das Rufen eines Verliebten. Da ... ja, es mußte eine Taube eingefallen sein. Deutlich sah ich auf den lichtdurchlässigen, kleinen Blößen den huschenden Schatten einer anstreichenden Taube; akustisch wahrnehmbar durch das Singen ihrer Fittiche. Nach halbstündigem Warten ruckste steil über uns, in den sehr licht stehenden Fichten oberhalb des Weges, endlich der Tauber. Dort war schwer heranzukommen. Besonders vorsichtig versuchte ich die freien Flächen während der Lockstrophen zu überbrücken. Hinter mir schlich der kleine Bursche, mit großen Augen nach der Taube Ausschau haltend.

Strophe auf Strophe drang jetzt das Lied des Taubers aus der Fichte. Plötzlich – nachdem ich sicher ein halbes Dutzend Male den Baum umkreist hatte, ohne auch nur einer Feder ansichtig zu werden – sah ich gegen den hellen Himmel die bewegungslose Silhouette der Taube. Sehr, sehr langsam ging der Drilling hoch; Schuß – vorbei! Abgeschossene Ästchen trudelten herab; klatschender Schwingenschlag entfernte sich hinüber zum Kondelwald. Ich war – zuvor so selbstsicher – maßlos enttäuscht. Außer dem Verlust der Beute, war mein jagdliches Ansehen bei dem Jungen sichtlich ins Wanken geraten.

Ein anderes Mal begleiteten mich die beiden Großen. Gegen Abend erreichten wir das hohe Holz. Die schrägstehenden Sonnenstrahlen übergossen die Fichten. Gern fußt dann der Tauber hoch im Wipfel, ruckst seine Weise hervor, bevor er sich – vom Liebeswerben rechtschaffen müde – tiefer ins Geäst umstellt, um sich trippelnd den passenden Ruheplatz zu suchen.

Vom gegenüberliegenden Hang strich eine Taube heran und fiel rechts, unterhalb des Weges, im dichten Bestand ein. Iris und Rolf durften zunächst noch mit anspringen, dann blieben sie in der Deckung eines Fichtenstammes zurück. Schnell hatte ich den Fichtenbestandsrand, dem sich der vorn erwähnte Eichenhochwald anschloß, erreicht. Rotgolden blinkten die letzten Strahlen der untergehenden Sonne schräg über den alten Weinberg, fielen auf die rot aufglühenden, schlanken Stämme der Randfichten, an deren Füßen das erste zarte Grün aus der Nadelstreu hervorlugte. Ich mußte zurück, hatte den Lockenden untersprungen. Das passiert oft! Man weiß einfach nicht, auf welchem Baum, auf welchem Ast er verdeckt stehend seine Weisen in den Abend ruft.
Nun mußte ich mich sputen; sonst verschwieg er, stellte sich um und war für diesen Abend unauffindbar. Also zurück in den Hang, von oben versuchen! Hoch in der starken Fichte, unter der ich bald stand, mußte er verborgen sein. Fast im Zeitlupentempo schiebe ich mich von rechts um die Fichte. Jawohl, nun war es soweit! Durch die Seitentriebe eines Astes sah ich gegen den Abendhimmel, etwas verdeckt, den Tauber. Der rauhe Schrotschuß fiel, von den Waldhängen widerhallend, in die Stille des Frühlingsabends. Den Tauber stieß es zurück. Polternd schlug er von Ast zu Ast, lag bald mit gespreizten Schwingen im Nadelpolster vor meinen Füßen. Kleine Fichtenästchen und zahlreiche Federchen taumelten hinterdrein. Froh winkte ich Iris und Rolf herbei …
Diesem südlichsten Revierteil entgegengesetzt erhebt sich in einer mäßig abfallenden Südhanglage ein Fichtenbestand. Vorausschauend hatte ich schon vor geraumer Zeit einen mit der Wald-Feld-Kante parallel verlaufenden Pirschpfad angelegt. Er sollte dazu dienen, wenn ein Tauber mit Locken begann, die erste, weite Wegstrecke schneller und geräuschloser zu überwinden.
In diesem Jahr lockten die Tauben – durch eine Schönwetterperiode animiert – weit zahlreicher als in anderen Jahren im April/Mai. An einem Sonntagmorgen saß ich mit der passionierten Iris am Rande des Pirschpfades und lauschte dem Rufen der Tauben. Zunächst waren wir noch zur Untätigkeit verurteilt, weil sie ausnahmslos in den gegenüberliegenden Eichenkronen des Nachbarreviers „Sudert“ fußten. Aber schließlich wurde unsere Ausdauer doch belohnt. Ein Tauber warf sich in die Luft, steilte hoch und ließ sich mit erhobenem Kopf und steif angewinkelter Schwingenstellung

herabgleiten. Diese Bogenflüge – typisch für die Balz – wiederholte er etliche Male, bis er schließlich zu unserer Freude auf Schrotschußentfernung in der Krone einer Randfichte einfiel und sogleich lockte. Es wäre mir ein leichtes gewesen, ihn durch einen Schuß aus dem linken Lauf herunterzuholen. Aber ich wollte Iris zum ersten Tauber ihres jungen Lebens verhelfen und drückte ihr den Drilling in die Hände. Doch sie bekam das begehrte Wild nicht frei, und schließlich strich es mit klatschenden Schwingen ab und enthob uns so aller Hoffnung und Bemühungen.

Erst war ich ein wenig überrascht und verwundert, und vermochte nicht zu verstehen, weshalb mein jagdlicher Nachwuchs die leichte Beute nicht bekam. Immerhin hatte Iris es trotz ihrer Jugend schon auf einige Ansitzhasen und Füchse gebracht, und das Schießen war ihr gar nicht so fremd. Ich überzeugte mich dann aber davon, daß von ihrem Platz aus das Wild im Astgewirr nicht auszumachen war. Minuten später fiel weiter rechts ein Tauber ein, den ich mühelos erlegen konnte. Es war der 19. März, also relativ früh.

Zu guten Erfolgen kommt man auch, wenn die bevorzugten Schlafstellen ausfindig gemacht werden können. So konnte ich von meinem Pirschpfad allabendlich beobachten, wie die Tauben, es waren sicher an die fünfzig, aus den Eichen des Nachbarreviers strichen, mit elegantem Bogenflug in die Wipfel der zu unserem Revier gehörenden hohen Fichten einfielen. Nach etwa fünfzehn Minuten begannen sie sich einzeln, aber recht flott nacheinander, tiefer am Stamm auf die Schlafplätze umzustellen. Auf diesen Augenblick hatte ich in den späten Abendstunden, in Deckung einer starken Fichte lauernd, nur gewartet und schoß mit Hilfe des – wegen der Dämmerung – aufgesetzten Zielfernrohrs meine Beute herunter.

Im noch blattlosen Hochwald beschränkte ich mich auf einigermaßen gedeckte Ansitze an Randbäumen, die von feldernden Tauben bevorzugt angeflogen wurden. Bei dieser Jagdart kann man im Frühjahr – aber auch im Spätsommer – häufiger zu Schuß kommen und – gemessen an sonstigen Jagdtagen – reiche Beute nach Hause tragen.

In einem wetterzerzausten Roggenschlag beobachtete ich starken Tauben-Flugverkehr zum südlich gelegenen Douglasienbestand – oder umgekehrt. Mit dem Fernglas sah ich, daß die Tauben einzelne, etwas herausragende, Bäume auswählten, um sowohl beim An- als auch Abflug Station zu machen, um die Lage zu peilen. Am Rande des Bestandes stand eine Ansitzleiter, die man über einen sauber geharkten Pirschpfad – der in etwa zehn Meter Entfernung vom Holzrand durch die Douglasien führte – angehen konnte. Und weil die „Taubenbäume" genau den Pfad säumten, hatte ich leichtes Spiel. Nach erfolgreichem Schuß vertrieb ich mir die Zeit damit, die Tauben an Ort und Stelle zu rupfen und auszuweiden. Kaum war ich mit der Arbeit fertig, fußte die nächste in einem der nahen Bäume – und wurde erlegt. In relativ kurzer Zeitspanne lagen immerhin so viele Tauben vor mir, daß ich mit Freunden ein delikates Essen zu arrangieren vermochte.

Eine Jagdart auf Tauben hat mir stets besondere Freude bereitet; im Spätsommer oder Herbst, wenn in Hochsitznähe ein Roggenschlag vom Unwetter plattgewalzt wurde, strichen die Tauben in großer Zahl herbei und füllten mit großer Ausdauer ihre Kröpfe. Mit äußerster Konzentration schob ich den Drilling aus der mit Säcken oder einer dunklen Decke verblendeten Luke und zirkelte ein Kügelchen aus dem Einstecklauf auf die breite Brust einer günstig sitzenden Taube. Wenn ich eine erlegt hatte, wurde sie als Lockvogel „lebensecht" – mit einem Holzgäbelchen unter dem Köpfchen – „aufgebaut". Zwischen fünf und zehn Tauben betrug meist meine Strecke.

An einem Herbstnachmittag bezog ich die im freien Feld stehende „Bergkanzel". Mit wenigen Handgriffen wurden die Fensterchen verblendet, die Waffe fertig gemacht und auf eine längere Wartezeit eingerichtet. Der um die Kanzel gelegene Rapsschlag war vor wenigen Tagen abgeerntet worden. Es lagen aber zahlreiche, beim Dreschvorgang herausgefallene Körner auf dem Boden, so daß die Tauben zu Dutzenden einfielen. Plötzlich gewahrte ich den kreisenden Schatten einer Taube; sie drehte in immer enger werdenden Spiralen eine Beobachtungsrunde, und als ihr die Luft sauber schien, fiel sie etwa 60 Meter östlich der Kanzel ein. Im Zeitlupentempo schob ich den Drilling durch den schmalen Spalt der Verkleidung, visierte sorgfältig – und „petsch" lag meine erste Taube, schlug zwei- dreimal mit den Schwingen, dann Ruhe. Mein Griff zu den vor mir liegenden Patrönchen fror inmitten der Bewegung buchstäblich ein.

Ein starker Habicht „fiel" vom Himmel, packte die Taube und strich flach über den Boden mit ihr davon. Da hatte der schneidige

Jäger mal leichte Beute gemacht! Ja, Glück gehört auch zum Jagen ... das weiß keiner besser als wir selbst: Alle Erfahrungen, alles Können nutzt uns nichts, wenn wir kein Glück haben. So gönnte ich meinem Jäger-„Kollegen" das schmackhafte Taubengericht von ganzem Herzen.

---

Heute dürfen wir im Frühjahr keine Schnepfen mehr erlegen. Die Frage, warum das so ist, vermag keiner eindeutig zu beantworten. An einer zu starken Bejagung und damit verbundenen Dezimierung des Besatzes hat es nicht gelegen; zu gering ist die Zahl der Jäger, die diesem Weidwerk mit ganzer Passion nachgingen. In einer Jagdzeitschrift las ich, daß es ein Zugeständnis unserer Politiker an die Vogelschützer und ausländische Interessenvertreter gewesen sein soll.

Die Gedanken und Erinnerungen an längst vergangene Schnepfenabende – mit Schuß und Beute – sind gottlob noch frei.

Meinem heutigen Jagdschutzrevier Bremm schräg gegenüber (Hunsrückseite) kundschaftete ich einen ganz vorzüglichen Schnepfenstrich aus. Obwohl ich diese stimmungsvollen Frühlingsabende in meiner Erinnerung nicht missen möchte, bin ich der Meinung, daß uns die „Königin der Niederjagd" nie und nimmer die Vielgestaltigkeit an jagdlicher Betätigung zu bieten vermag, wie es die Tauben tun. Es sind doch lediglich die wenigen Minuten vor und während des Strichs, die uns in Spannung versetzen. Die erwachende Natur mit Vogelsang und erster Begrünung, oft im Zusammenhang mit den Schnepfenabenden geschildert, erleben wir bei jedem Reviergang. Ich meine, der ganze Reiz, des Vogels mit dem „langen Gesicht" habhaft zu werden, geht davon aus, daß er ein so geheimnisumwobenes, verborgenes Dasein führt. Seine Anziehungskraft ist immerhin so enorm, daß es selbst jene Jäger mit Macht hinauszog, die ansonsten so gut wie nie ein Stück Niederwild zu erlegen versuchten.

Eines Tages im März mußte ich bei einsetzender Dämmerung mein Spähen und Lauschen nach dem Ringeltauber erfolglos abbrechen und strebte dem zuvor festgelegten Schnepfenstand entgegen. Etwa fünfzig Meter vor meinem Ziel angelangt, durchzuckte mich ein freudiger Schreck: War das soeben gehörte Geräusch nicht einem Schnepfenquorren ähnlich? Dort drüben, über der Blöße, noch einmal. Ja, nun drang es deutlich an mein angespannt lauschendes Ohr: Orr – Orr – Orr ... Und schon kam die Schnepfe über die jungen Birken rechts vor mir auf den Hochwald zugestrichen. Das heißt, sie kam regelrecht „angeschossen“. Vom gemütlichem Gaukeln und liebenswertem Puitzen – wie so oft in jagdlichen Erlebnisberichten geschildert – keine Spur. Mein überhastet hingeworfener Schuß ging, ohne Schaden anzurichten, in die Botanik. Doch das war unwichtig. Hauptsache – „sie“ waren da! Im Laufschritt erreichte ich meinen Stand. Was dort völlig unerwartet auf mich zukam, hätte ich nicht einmal im Traum zu glauben gewagt. Bemüht, keine doppelt zu zählen, kam ich auf zehn bis zwölf streichende Schnepfen! Meine zu diesem Zeitpunkt völlige Unerfahrenheit bei dieser Jagdart rettete allen das Leben. Ich wurde zwar einige Schüsse los, ohne freilich die geringste Wirkung damit zu erzielen.

Mein neu entdeckter Schnepfenstand befand sich am Rande einer kleinen Blöße, die mit Heide bestockt war. In meinem Rücken wurde sie von vereinzelt stehenden Birken und Weiden begrenzt. Auch linksseitig wuchsen Birken, Weiden, dann Erlen, Hasel, Faulbaum, Hainbuche und eine einzelne Fichte. In westlicher und nördlicher Richtung erhob sich ein uralter Buchen/Eichen-Hochwald.

Dort, auf dieser idyllischen Blöße, saß ich auch am 23. März auf meinem Sitzstühlchen und lauschte gespannt in den Frühlingsabend. Langsam senkte sich die Dämmerung über die zerklüfteten Moselberge. Im nahen Hochwald schreckte ein Reh. Könnten etwa Sauen unterwegs sein? Aber was sollten diese Gedanken! Die Schwarzen hatten ja längst ihre wohlverdiente Schonzeit. In der Anflugfichte zwischen Weiden und Birken fußte laut jubilierend ein Amselhahn. Er tat gerade so, als hätte er wer weiß was nachzuholen. Lauthals schien er herauszuposaunen: „Der Winter ist besiegt.“ Daran konnte auch das nun einsetzende Schneeflockengetaumel nichts mehr ändern. Wenn auch meine persönliche Frühjahrsstimmung dadurch einen kleinen Dämpfer erhielt, nicht aber die der mannigfaltigen singenden gefiederten Freunde in einer nahen Hecke.

Jedoch auf eine Schnepfe zu Schuß zu kommen, glaubte ich an jenem Abend nicht mehr. Doch gänzlich unerwartet hörte ich ein Quorren – mittlerweile kannte ich es ja – auf mich zukommen. Und schon kam ein Stecherpaar sehr tief, sehr schnell um die Waldkante gestrichen. Beim ersten Laut stand ich mit dem Drilling im Halbanschlag bereit. Die Waffe schnellte hoch – und der Schuß war hinaus. Die zuletzt streichende, also der Hahn, fiel in sanftem Bogen ins verschneite Heidekraut.

Wenig später hielt ich meine so sehr ersehnte erste Schnepfe in den Händen. Es war mir damals recht feierlich zumute. Mein unermüdliches Suchen nach dem „Langgesicht“ und meine Hoffnung, einmal eine zu erlegen, war an diesem verschneiten Frühlingsabend endlich in Erfüllung gegangen.

Selbstverständlich berichtete ich von meiner jüngst gemachten Entdeckung dem Revierinhaber.

An einem regnerischen Abend hatte der Jagdpächter zwei Bekannte eingeladen, mit der unverkennbaren Absicht, ihnen „seinen“ guten Schnepfenstrich „vorzuführen“. Die drei Jäger bekamen natürlich die besten Stände. Der erste stand in der unweit liegenden verwilderten Johannisbeeranpflanzung (an deren oberen Flanke die Schnepfen häufig zur Bodenbalz einfielen); die beiden anderen postierte ich an den Rand der erwähnte Blöße. Ich stand, ein Stangenholz im Rücken, auf einem anmoorigen, allseits zugewachsenen Weg – ein Verlegenheitsstand, weil die guten Plätze ja vergeben waren. Vor mir, in östlicher Richtung, lag das „Schnepfengehölz“. Das im Wind raschelnde und ästeklappernde Holz machte es dem lauschenden Ohr schwer, andere Geräusche auf ihre Identität zu ermitteln. Da fällt in die Dämmerung hinein, vom Stand des Johannisbeer-Schützen herüberhallend, ein Doppelschuß. Instinktiv zuckt mein Drilling hoch und da kamen sie auch schon – niedrig und eigentlich viel zu schnell für mich – über das mittelhohe Holz gestrichen. Auf die erste hielt ich die Drillingsläufe, herunter fiel zu meinem großen Erstaunen die zweite, der Hahn also! Das Schußergebnis war demnach durchaus in Ordnung, aber die Schießleistung keineswegs. Davon erzählte ich meinen Mitjägern natürlich keine Silbe; für sie war ich wieder einmal mehr ein treffsicherer Schütze, obwohl ich theoretisch ja vorbeigeschossen hatte. Ich versäumte es allerdings nicht, meinem Nachbarn ein frohes „Weidmannsdank“ zuzurufen, denn ohne seine noble „Vorwarnung“ wäre ich wohl kaum zum Erfolg gekommen.

Von nun an zog ich in jedem Frühjahr allabendlich durch die Weinberge steil hinauf, um mir eine Schnepfe zu holen. Der Hauptstrich begann meist um den 20. März. Er fing dann abends zwischen 19.10 und 19.20 Uhr an und dauerte – nach meinen sorgfältigen Aufzeichnungen – selten länger als sieben Minuten. Häufig beobachtete ich auch auf nur wenige Meter die putzig anzuschauende Bodenbalz.

Auf einem Spaziergang sah ich später voller Enttäuschung, daß der kleine, geradezu ideale Lebensraum einschneidend verändert wurde. Das Niederholz sowie die mannigfaltigen Baum- und Straucharten waren eingeschlagen, ein breiter Kiesweg von Süd nach Nord hindurchgetrieben, und von Osten nach Westen verlief die breite Schneise einer Überland-Gasleitung. Ob noch Schnepfen dort streichen? Nun, ich weiß es nicht! Vielleicht auch jene Jäger nicht, die heute dort die Jagd ausüben! Sie haben nie gesehen, wie urwüchsig ehemals dieses herrliche Fleckchen Natur aussah. In meiner Erinnerung jedenfalls wird es einen festen Platz für immer behalten.

Aus ökonomischen Gründen wurde also dieser vorzügliche Schnepfenbiotop, der beste, den es weit und breit gab, durch Menschenhand ruiniert. Wenn derartige Eingriffe vorgenommen werden, ohne daß man den Deut einer Chance hat, irgendetwas dagegen zu tun, dann überkommt einen – mir geht das jedenfalls so! – ein elendes Gefühl der Resignation und Ohnmacht. In meinem heutigen Jagdschutzrevier ist die Umwelt- bzw. Naturbelastung beängstigend; wenn ich von einem Reviergang zurückkomme, plagen mich nicht selten depremierende Gedanken und Sorgen um den Lebensraum des Wildes. Wenn diese Natur-Verschandelungen auch früher schon tiefe Wunden in mein Inneres gruben, so kam ich als junger Mensch doch besser darüber hinweg; ich war oberflächlicher, unbekümmerter und nahm die Dinge längst nicht so tragisch.

Der Jagdpächter von Bullay, Ph. H., ließ mich hernach in seinem Revier auf Schnepfen jagen. Das heißt: Zunächst mußte mal eine Stelle ausfindig gemacht werden, wo das „Langgesicht“ Hochzeit feierte. Einige Male war ich draußen und versuchte mein Heil an Stellen, die mir, vom ausgeprägten Jägerinstinkt geleitet, „verdächtig“ erschienen. Und an einem regnerischen Märzabend hatte ich endlich Glück: Eine Schnepfe strich pfeilschnell über die Wipfel des östlich in einer feuchten Senke stehenden Eschenwäldchens; schie-

ßen konnte ich nicht, weil die Entfernung erheblich und die Geschwindigkeit des Vogels eher einem Geschoß, denn einer – wie so häufig geschildert – „gaukelnden" Schnepfe gleichkam. Eins bewirkte dieser vorfrühlinghafte Anblick dennoch: Augenblicklich wurde ich bis in die Haarspitzen motiviert. Von nun an hielt mich nichts mehr im Haus; sobald die Abenddämmerung hereinbrach, stand ich, bei jedweder Witterung, in der Nähe des Wäldchens und lauerte in den verglimmenden Abendhimmel hinein.
Eines Abends hatte ich Verstärkung mitgenommen – ausgerechnet an diesem Abend ... Mein Gott, hätte ich es nur rückgängig machen können! Gern wäre ich, als mir das Malheur unterlief, mit meinem verschwiegenen Dackel allein gewesen. Da glaubt man, ein toller Hecht zu sein, mit Jagderfahrungen, von denen die meisten Mitjäger allenfalls träumen und dann diese Sache ... Aber langsam, das möchte ich der Reihe nach erzählen.
Wie immer, spekulierte ich, wegen der besseren Sicht, in den allmählich verblassenden Himmel. Und je dämmriger es wurde, je weniger Vogelstimmen an mein Ohr drangen, um so konzentrierter spannten sich meine Sinne. Mit dem entsicherten Drilling im Voranschlag fieberte ich der Schnepfe entgegen. Dann war's soweit: Ein „Stecherpaar" kam stumm über das Stangenholz angefegt. Nun sind wir Moseljäger in aller Regel bescheidene Könner im Flintenschießen. Aber heute – es war doch kaum zu glauben! – zuckte in geradezu verwegener Manier das Laufbündel des Drillings hoch, es knallte zweimal – und beide Vögel fielen in sanftem Bogen in den Sturzacker am Rande des Gehölzes. Mensch Meier, das war wieder absolute Spitze! Mit weitgespreiztem „Brustgefieder" eilte, nein, schritt ich gravitätisch – vom Scheitel bis zu Sohle Experte im Schrot – bzw. Schnepfenschießen – über den holprigen Acker meiner Beute zu. Dann folgte die schmerzliche Ernüchterung. Ich saß buchstäblich restlos demoralisiert auf dem Hosenboden. Heiliger Hubertus, was hatte ich da nur angerichtet! Nein, nein, eine Eule war's nicht, obwohl das ja gelegentlich vorgekommen sein soll. Aber das, was dort lag, war zumindest keine Schnepfe, dafür war der „Stecher" zu kurz. Wochenlang hatte ich von dem „Vogel mit dem langen Gesicht" geträumt, und nun diese bitterschmeckende Realität: Zwei Rebhühner lagen vor mir ...
Bevor ich mich vom nicht gelinden Schreck erholt hatte, sehe ich meinen Mitjäger neugierig aus den Randbüschen lugen. Als er mich

erspähte, eilte er mit weitausholenden Schritten spornstreichs auf mich zu. Auch das noch! Während ich voller Verzweiflung nachdachte, was man als Entschuldigung einigermaßen glaubhaft vorbringen könnte, packte mein „Daxel" – den ich gänzlich vergessen hatte – ein Huhn, trug es, mich verstohlen von der Seite anschauend, zur nächsten Schwarzdornhecke – und fraß es im Schutze der Dornen auf. Diese Tat hätte ihm normalerweise einen deftigen Gertenhieb eingebracht, doch heute geschah ihm nichts dergleichen, denn nunmehr vermochte ich mein schändliches Versagen (als ein solches mußte man die Schüsse einstufen, nach dem bekannten Weidspruch: „Was Du nicht kennst, das schieß' nicht tot") leicht abzuschwächen. Mit verschämter Geste hielt ich dem herankommenden Mitjäger das verbliebene Huhn entgegen. Er sagte nichts. Ich bemerkte auch keine Schadenfreude in seinen Augen; die Sache war passiert, fertig. Es wurde nicht darüber gesprochen ...
In den Jahren nach dem Jagdverbot verzichtete ich nicht auf das Beobachten und abendliche Draußensein, wenn ich auch den krönenden Abschluß mit Flintenknall und Beute entsagen mußte. Und dennoch erlegte ich zwei Schnepfen: eine im Herbst, die andere im Winter bei hoher Schneelage (eine der immer vorkommenden Lagerschnepfen). Insgesamt beträgt meine Lebensstrecke ein rundes Dutzend Exemplare. Bei den meisten Jägern wird sie kaum höher ausgefallen sein.

---

Trotz seines verräterischen Geschreis – dem pirschenden Jäger mitunter lästig – ist der Eichelhäher ein durchaus liebenswerter Geselle. Was wäre unser deutscher Wald ohne Wild, zu dem ich auch diesen prächtig buntgefiederten Kobold zähle! Nanu – „Wild"? Seit wann zählt der Häher zum Wild? Dem Gesetz nach müßte er doch dem Raubzeug zugeordnet werden, höre ich jetzt Stimmen laut aufbegehren. Das weiß jeder Jungjägeranwärter! Ja, das ist richtig. Aber eben nur dem Gesetz nach! In Bayern hat man dem abgeholfen; im BJG wird der Eichelhäher als „Wild" aufgeführt. Und das ist richtig so!
Meinen ersten Häher (wie ich ihn kurz nennen möchte) schoß ich als zwölf- oder dreizehnjähriger Junge. Noch heute, nach über 35 Jahren, schaue ich mir gelegentlich den alten, knorrigen Apfelbaum

an, unter dem ich damals mit der Luftbüchse stand und das 4,5 Millimeter starke Diabolo-Kügelchen zwischen den Ästen hindurchzirkelte, dem Häher auf die Brust. Den Augenblick, als ich mich niederbückte und den Bunten aufhob, werde ich wohl niemals vergessen. Die konzentrierte, mühevolle Anpirsch, die herbstliche Stimmung der Natur mit Hähergeschrei, bunt gefärbtes Laub und der Geruch reifender Früchte, der schwierige Schuß und letztendlich der Vogel in meinen Händen, prägten meine Einstellung, formten mich zum Jäger ...

Die Häher-Balz fällt in die Zeit des Schnepfenstrichs und der Tauben-Balz. Wenn man im Holz steht, vernimmt man häufig, scheinbar von weit her, die wie gedämpftes Rätschen klingenden Balzlaute mehrerer Häher. Dann kommen sie an: Zehn, Zwölf oder mehr von Ast zu Ast, von Baum zu Baum huschend – und wenn man mit dem Schuß (Schrot Nr. 7) zögert, dann ist die Hochzeitsgesellschaft schon vorüber und man schaut – oder hört – ziemlich verblüfft hinterher. Chance vertan!

Die mit Abstand beste Gelegenheit, in die übergroße Population mit der Flinte einzugreifen, bietet uns eine Eichelmast. Aber keinesfalls eine flächendeckende Vollmast, nein, weitaus günstigere Voraussetzungen schafft uns die sporadische Sprengmast. Einzelne Mast-tragende Bäume, werden konzentriert angeflogen – und der Jäger hat nunmehr leichtes Spiel. Der ansonsten überaus scheue Waldvogel, der alles in seinem Lebensraum wahrzunehmen scheint und entsprechend darauf reagiert, läßt jede Vorsicht missen. Völlig ohne Deckung steht man da und schießt kunstlos und ohne jegliche Mühe seine zwanzig – und mehr – Eichelhäher herunter.

Meine relativ hohe Häherstrecke wäre kaum zustandegekommen, hätte ich nicht die Gunst, eine Gruppe Stieleichen zu kennen, die, gegen alle Regel, fast jährlich mit Mast über und über behangen sind. Meist schon im August inspiziere ich die Bäume mit der bangen Frage: Ob sie wohl Mast tragen? Haben die Eicheln dann die volle Reife, sind urplötzlich in großer Zahl die Häher da, und das bunte Treiben nimmt seinen Anfang.

Mir ist es rätselhaft, wie die Häher die hier meist überdimensionalen Eicheln in den Kropf zwingen können. Nicht selten tragen sie bei einem Abflug sechs bis acht Stück davon, um sie irgendwo in der Botanik zu verstecken. Die weiteste beobachtete Flugstrecke führte sogar über das ganze Moseltal hinweg.

Vor Jahren schoß die passionierte Iris in etwa zwei Stunden achtzehn Schreihälse; meine sieben dazugelieferten muteten gegen die Strecke der treffsicheren Jungjägerin geradezu bescheiden an. Dieses Resultat ist um so höher zu bewerten, wenn man bedenkt, wie lange man sonst im Revier herumlaufen müßte, um diese Anzahl Häher zu erbeuten!

Ein herrlicher Herbstmorgen hatte sich angekündigt. Prächtig leuchtete das leicht verfärbte Weinlaub an den Rebstöcken. Die dazwischen hängenden Trauben gelangten in diesem Jahr – wegen der ungünstigen Spätsommerwitterung – leicht verspätet in die Reife. Der Winzer sagt: „Sie kommen in den Wein". Das wurde auch höchste Zeit ... Der „goldene Oktober" bringt nicht selten die ersten Frostnächte; fehlt es den Trauben an Alkoholgehalt, erfrieren sie, werden rot, fallen ab. Ein ganzes Jahr Arbeit, harte Arbeit, war umsonst. Auf altbekanntem Stand postiert, dauerte es nicht lange, da fielen die ersten Schüsse. Und weiter ging es Schlag auf Schlag. Jedesmal wenn ein Häher vom Bauminneren in die äußersten Astspitzen turnte, wo ja bekanntlich die meisten Eicheln hängen, krümmte ich den Finger durch. Meist lasse ich das Zielglas auf der Waffe, damit ich den Schreihals – der bei seiner regen Beschäftigung allerdings kaum einen Laut vernehmen läßt – im Ast- und Blättergewirr besser ausmachen kann.

Nach zwei Stunden brach ich ab; 22 Eichelhäher betrug die Strecke! Insgesamt kam ich in wenigen Tagen auf 38 Stück. Es gibt genug von ihnen, so daß man ruhigen Gewissens seine Freude an solch guter Strecke haben kann.

Eine weitere interessante Jagdmethode bietet sich dort an, wo man eine „Flugschneise" ausfindig gemacht hat. Die letzten paar Hundert Meter vor den Mastbäumen halten die Häher mit absoluter Sicherheit einen Heckensaum, ein paar Bäume oder auch Sträucher an, um einigermaßen sicher (Habicht) ihr Ziel zu erreichen. Dort sucht man sich einen günstigen Platz und schießt die behäbig anstreichenden Bunten herunter. Hat man den einen oder anderen im Eifer des Gefechtes verpaßt oder gefehlt erwischt man ihn auf dem Rückflug; denn dann sind sie – regelrecht „kopflastig" – noch sehr viel langsamer und selbst für ungeübte Schrotschützen kaum mehr zu fehlen ...

Mit besonderer Hingabe schieße ich, wie schon vormals als Junge, die Eichelhäher mit dem Kügelchen. Der 22 Magnum-Einstecklauf

leistet mir dabei vorzügliche Dienste. Vor allem im Winter, wenn karge Zeiten über die Sippe der Markwarts hereingebrochen waren, spekulierte ich am Luderplatz oder an der Saukirrung hinter vorsorglich verblendeter Luke. Zwischen fünf und zehn Stück betrug im Mittel meine Strecke nach etwa zweistündigem Ansitz.
In meiner langen Zeit als Jäger schoß ich gar manches Stück Schalenwild. Und dennoch freut es mich immer wieder, wenn ich nach sauberem Schuß den bunten Kobold vom Waldboden aufnehmen und nach Hause trage. Was die wenigsten Jäger wissen: Der Eichelhäher ist in der Küche gut zu verwerten. Man kann eine köstliche Suppe davon kochen, und gebraten sind die Häherbrüstchen erst recht nicht zu verachten. Die prächtig buntgetupften Schwingen werden ebenfalls verwertet, indem man sie säuberlich abtrennt und an eine Hutschmuck herstellende Firma verkauft. So findet alles seine Verwendung.
Leider hat man es auf politischer Ebene fertiggebracht, uns sowohl den Schnepfenstrich als auch das herrliche Weidwerk auf den Eichelhäher zu vermiesen. Wo wird das noch enden? Was bringen unsere Gegner und selbsternannte Natur- und Tierschützer noch alles fertig!?
Mit den über drei Millionen französischen Jägern haben es die Politiker nicht so leicht, die „bliesen“ kurzerhand zum Gegenangriff und gründeten eine eigene Partei, die nur ganz knapp den Einzug ins Europaparlament verfehlte!
Ein bißchen Einigkeit und Solidaritätsbewußtsein würde uns deutschen Jägern auch gut zu Gesicht stehen, vor allem aber helfen, unseren Gegnern Paroli zu bieten!

# Füchse

Der Fuchs spielt im Leben vieler Jäger eine besondere Rolle; denn ihn geben selbst jene Jagdpächter großzügig zur Bejagung frei, die sonst äußerst zurückhaltend, um nicht zu sagen knauserig sind.
Deshalb schoß ich als junger Jäger den Fuchs – abgesehen von der Heckzeit – das ganze Jahr über. Es waren genug da, der Balg war, wirtschaftlich gesehen, ohne jeden Wert. Hinzu kam dann in den späten sechziger Jahren die Tollwut, die es schon vom Gesetz her erforderlich machte, Reineke während des ganzen Jagdjahres scharf zu reduzieren, damit die leidige Begasung der Baue (meistens wurde der Dachs dabei umgebracht), nicht mehr erforderlich war.
In jener Zeit schoß ich jährlich bis zu 25 Rotröcke; die gesamte Jahresstrecke betrug in dem 600 Hektar großen Revier 48 Füchse.
Der Fuchs war also das erste Wild, das ich in meinem Jägerleben frei bejagen durfte. Es gab – wie gesagt – genug davon, und kein anderer Mitjäger wurde von Neid geplagt, wenn ich öfter zu Schuß kam, weil Reineke ja bekanntlich keine „Hörner" zwischen den spitzen Gehören stehen hat.
In späteren Jahren, als die vermaledeite Tollwut etwas nachließ, der Besatz mehr als dürftig war, schoß ich meine Rotröcke nur mehr im Winter, wenn der Balg weißledrig war (November bis Februar) – meist am ganzjährig beschickten Luderplatz. Aber auch während der Ranzzeit (Mitte Januar bis Mitte Februar) sind die Chancen, dem einen oder anderen Freibeuter den prächtigen Balg über's Spitzbubengesicht zu streifen, recht gut, wenn sich der Fuchs – wie die übrigen Wildarten – durch die ständig wachsende Beunruhigung unserer Landschaft zu einem ausgesprochenen Nachtwild entwickelt hat. Wen wundert's da also, daß die Erbeutung des letzten Tag-Ranzzeit-Fuchs schon Jahre her ist.
Andere Jäger werden wohl ähnliche Erfahrungen gemacht haben. Woran das liegt, wissen wir ja nun, und ich möchte nicht mehr weiter darauf eingehen. Daß dies aber nicht immer so war, wissen vor allem die älteren Weidmänner nur zu gut. Und speziell in der Ranzzeit konnte man vor etwa zwanzig Jahren dem rothaarigen Hochzeiter recht erfolgreich zu Leibe rücken. Von etwas Glück

begünstigt sowie mit der erforderlichen Ausdauer im Hintern, vermochte man durchaus an einem sonnigen Schneetag zwei, ja sogar drei Füchse heimzutragen.
An einem verschneiten Januarvormittag saß ich auf einer notdürftig verkleideten Feldkanzel, die im Abstand von ca. 200 Meter dreiseitig von Wald und dichten Hecken gesäumt wurde. Hier trieb sich, das war am Spurenbild ersichtlich, Meister Reineke häufig herum. Der Sitz, inmitten des Feldquadrates stehend, wurde zielstrebig angelaufen, die Aufständer benäßt und auf höher gewachsenen Grasbüschel die Losung abgesetzt.
Damals waren wir Jäger längst nicht so wind- und wetterfest ausgerüstet wie heute. Schon bald kroch mir – trotz dreier Unterhosen – langsam aber unaufhaltsam die beißende Kälte die Beine hoch bis hinauf zu den Haarspitzen. Doch mit einer Zähigkeit, die einem wildpassionierten Jungjäger zu eigen ist, harrte ich aus. St. Hubertus hatte Einsehen mit dem unnachgiebigen „Grünling" und ließ einen zwar schwachen, aber nicht destoweniger verliebten Brautschauhalter am Hochsitz vorbei schnüren.
O Gott, was nun an Kälte und Jagdfieber gleichzeitig über mich herfiel, hab ich bis zum heutigen Tag nicht vergessen. Mit dem Drilling im Anschlag wurde ich arg gebeutelt. Wie sollte das wohl gutgehen? Überflüssigerweise schlugen meine Zähne dermaßen hart aufeinander, daß der Rote es auf die leidliche 70-Meter-Distanz fast vernehmen mußte. Der Zielstachel des Vierfachen tanzte überall im Schnee herum, nur nicht dort, wo er eigentlich hingehört hätte. Wie es kam, daß ich dennoch vorzüglich traf, vermag ich heute nicht mehr zu sagen, jedenfalls machte der Schießfinger „krumm" und der verliebte Spitzbube lag mit der Nase in seiner Perlenschnur.
Mit vor Kälte und Jagdfieber gewaltig schlotternden Kiefer- und Kniegelenken tastete ich unsicher die vereiste Hochsitzleiter hinunter, taumelte, beinsteif gefroren hinüber zur Beute – meinem ersten Winterfuchs …
Über Nacht war eine herrliche Neue gefallen und schwer drückte die Schneelast auf die jungen Fichten. Glatt und unberührt lag der weiße Teppich auf dem rechtwinklig abbiegenden Waldweg. Nur meine eigene Spur führte von links zur Hochsitzleiter. Schon im Dunklen hatte ich den am Wegeknick stehenden, halboffenen Hochsitz bestiegen.

Nur wenige Meter halblinks vor mir erkannte ich, als es langsam heller wurde, das Gedenkkreuz des vor Jahren an dieser Stelle verstorbenen Peter Unzen aus Bremm. Seit dem Tod dieses Waldläufers nannten wir den Hochsitz „Unzenkanzel". Häufig, wenn ich dort ansaß, mußte ich an den allzufrühen Tod des Mannes, den ich persönlich nicht einmal kannte, denken und kam letztlich stets zu dem Resümée: Wenn es soweit ist, nun, dann lieber im Wald auf weichem Moos- oder Nadelpolster unter Gottes freiem Himmel das Leben aushauchen, als in weißes, steriles Laken gehüllt unter greller Neonbeleuchtung in kalter, unpersönlicher Krankenhausumgebung enden. Der Gedanke macht mir Angst. – Aber wir können uns das nicht aussuchen!
Mein heutiges Hiersein galt dem Fuchs. Diese Ansitze im Wald sind von knisternder Spannung – von der ersten bis zur letzten Sekunde –, weil man bei jedem Atemzug mit einer Überraschung rechnen kann. Plötzlich ist das Wild da, meist ohne jegliche „Voranmeldung", sieht man von den Sauen mal ab. Und gerade der heimliche Schleicher hat so manchen Jägersmann überrascht und das Nachsehen gegeben. So war es zunächst auch dieses Mal. Plötzlich stand er auf dem Weg – war einfach da, wie aus dem Boden gewachsen.
Nur kurz verhielt er und ehe ich den Schaft an der Backe spürte, tauchte er wieder unter die tiefbeasteten Jungfichten, nur zwei Meter neben dem Gedenkkreuz. Das einzige was ich im Zielglas noch erkannte, war die im letzten Drittel stark nach unten geknickte Lunte.
Aber so schnell gab ich mich nicht geschlagen, schließlich kannte ich ja die Pässe im Revier – und die Gewohnheiten des Wildes. Und ein Paß führte kaum 20 Meter nördlich am Hochsitz vorbei; der Fuchs schnitt praktisch den rechten Winkel des Weges ab.
Konzentriert hielt ich die Waffe aus der linken Luke und erwartete Reineke. Nach zwei, vielleicht drei Minuten kam er unter den schneelastigen Fichten zum Vorschein, schnürte aber sogleich spitz von mir fort. Verdammt! Wenn er auf den nächsten Metern keine Wendung nach rechts oder links machen würde, mußte ich notgedrungen mit der großen Kugel schießen (damals hatte ich noch keinen Einstecklauf). Und dieser Gedanke behagte mir gar nicht.
Dann drehte er plötzlich schräg ab, um dem links des Weges eingefahrenen Wagengleis zuzuschnüren; im selben Moment fiel der Schuß.

Reineke überschlug sich, rollte dann gleich einer roten Kugel unter die tiefen Randzweige – und war verschwunden. Was nun? Schweiß lag genug in der Spur. Das sah ich schon vom Hochsitz. Der dicke Wollschal wurde fester zugezogen, dann kroch ich in die Dickung. So, wie es aussah, hatte der Fuchs die Vorderläufe verletzt. Doch trotz der offensichtlich schweren Verletzung vermochte ich nicht an ihn heranzukommen. Deshalb schlug ich einen Bogen, was weiter hinten in den lichter stehenden Lärchen einigermaßen möglich war, kam alsbald auf den Weg östlich des Gedenkkreuzes, den der Kranke überqueren mußte, um in die jenseitige Dickung zu gelangen. Das einzige, was ich von ihm zu sehen bekam – er hatte den Weg natürlich vor mir erreicht –, war die geknickte Lunte. Der hastig hingeworfene Schuß ging fehl. Wie ein Sprinter hetzte ich den Weg hinauf, übersprang eine schmale Blöße, gelangte ans Ende der Dickung und sah wiederum nur mehr die gekrümmte Standarte im angrenzenden kleinen Schwarzdornverhau verschwinden. Oho, das war's dann wohl! Jetzt hatte ich es nicht mehr eilig, verschnaufte kurz und wurde ganz ruhig – nun war Reineke verloren!
Das der Dickung und dem stacheligen Dornenverhau anschließende Eichenlohholz war recht gut überschaubar. Mit dem schußfertigen Drilling in der Hand pirschte ich bedächtig vor. Dann sah ich ihn, mit dem Fang flach in den Schnee gedrückt, vor mir. Mein Schuß mit Schrot Nr. 1 (4 mm) ließ ihn augenblicklich verenden. Endlich! (Hätte ich einen Hund einsetzen können, wäre diese Situation wesentlich einfacher zu meistern gewesen. Doch leider führte ich in jenem Jahr keinen vierläufigen Helfer).
Rechtzeitig zur Ranzzeit hatte St. Petrus uns wieder eine prächtige Neuschneedecke beschert. Eine Fuchsranz ohne Schnee ist dem passionierten Raubwildjäger ein Greuel, fade, wie die Suppe ohne Salz.
An einem Sonntagmorgen bestieg ich einen alten klapprigen Hochsitz in einem noch älteren, knorrigen Apfelbaum. Nur mäßig war die Sicht, und auch die Aussicht auf jagdlichen Erfolg. Ich weilte nicht alleine im Revier; ein paar Hundert Meter südöstlich saß ein Jäger aus Bullay am Rande einer Fichtenkultur. Jämmerlich fror ich vor mich hin. Wenig geschlafen hatte ich auch; denn die verflossene Mondnacht bescherte mir ein Stück Rotwild und einen schwachen Fuchs, den die Schrote neben dem rechten Leiterholm in den Schnee warfen.

Und nun saß ich schon wieder hier im froststarren Apfelbaum, klapperte mit den Zähnen und kämpfte mit dem inneren Schweinehund, der mir dauernd zuraunte: „Mensch, gib' doch auf, hier kommt sowieso nichts ..."
Gegen 9 Uhr peitschte schräg hinter mir, aus Richtung Kultur, ein Schuß und ließ mich heftig zusammenfahren. Was mag der Mitjäger wohl geschossen haben? Vielleicht ein Reh? Oder einen Fuchs? Von Herzen würde ich ihm den Erfolg gönnen. Jetzt war ich wieder hellwach!
Mein Blickfang endete 40 Meter über mir im lückig bestockten Ginsterhang. Links und rechts davon schloß sich dichtes, schier undurchdringbares Ginster- und Brombeergesträuch an. Etwa zehn Minuten nach dem Schuß erschien am rechten Rand der Blöße das Schelmengesicht Reinekes. Auf leisen Sohlen wollte der Schleicher wieder verschwinden.
Aber heute sollte ihm das nicht gelingen; schneller Griff zum Drilling und ich sandte einen derben Bleihagel hinauf. Der Fuchs steilte hoch, überschlug sich und drohte im Dichten zu verschwinden. Da drückte ich den rechten Lauf auch noch ab.
Mühsam kletterte ich den Steilhang hoch und hielt wenige Minuten später einen Fuchs in den Händen, wie ich sonst noch keinen sah. In meinem Jägerleben schoß ich zahlreiche Füchse, und von manchem sind mir Einzelheiten der Erbeutung aus dem Gedächtnis verlorengegangen. Aber dieser Fuchs vom 26. Januar 1964 wird stets wach in meiner Erinnerung haften bleiben. Warum? Nun, er war eine „Schönheit". Niemals zuvor – und nie danach – sah ich ein so makelloses, reines Rot des Balges, ohne die geringste Vermischung mit anderen Farben. Der Kontrast zum reinweißen Brustlatz war scharf abgegrenzt. – Einmalig!
Der Jagdherr war übrigens gleicher Meinung, denn als ich mit meinem Prachtfuchs in der Hand glücklich strahlend vor ihm stand, sagte er spontan: „Donnerwetter, den Balg möchte ich selbst behalten, dieses schöne Exemplar hänge ich zwischen meine Trophäen!"
„Nanu, schöner Balg?", wird jetzt mancher Leser nachdenklich fragen. Und weiter: „Darf man dieses Wort als Jäger überhaupt in den Mund nehmen?"
Zugegeben, das Wort „schön" ist, wenn es im Zusammenhang mit unserem Wild angewandt wird, bei den meisten Leuten im graugrünen Rock streng verpönt. Mein Gott, warum eigentlich? Viele

hervorragende Weidmänner, wie beispielsweise mein Jagdherr, der über 60 Jagdscheine gelöst und Tausende Stücke Wild erlegt hatte, sehen das nicht so streng. Mir geht das ebenso. In den langen Jahren des Beobachtens und Weidwerkens war es mir vergönnt, manches Interessante und auch „Schöne" in der Natur zu bewundern. Und ich scheue mich nicht, das so auszudrücken.

Ende der 70er Jahre nahmen die Füchse bei uns stark ab; lange Zeit schoß ich kein einziges Exemplar.

Im Herbst 1987 sahen wir diese interessante Wildart wieder häufiger im Revier.

Anfang Oktober wurde zwar auf Kreisebene erstmals eine Impfaktion durchgeführt, aber das konnten keinesfalls die Auswirkungen für den unverkennbaren Besatzanstieg sein. Mir fiel auf, daß die Füchse in diesem Jahr sehr schwach waren und ich vermute, daß sie wesentlich später gewölft wurden: Ein normal zur Welt gekommener Fuchswelpe (Ende März bis Mitte April) erreicht im Juni/Juli die Wachstumsstärke, die ein von mir im November erlegter, etwas über katzengroßer Rüde aufwies.

Ein Gast saß im Januar im Revierteil „Vorder-Staffels", einer seit jeher von Füchsen bevorzugten Wald-Feld-Region am äußersten nordwestlichen Zipfel des Reviers. Der Mann sah an jenem Abend sage und schreibe sechs Füchse, ohne allerdings einen davon erlegen zu können.

Auf dieser Kanzel wollte ich bei mählich ausklingender Fuchsranz mein Heil versuchen. Ein paar Rehe und drei hochkapitale Wald-Feld-Hasen (die ich in der Jagdzeit nie zu Gesicht bekam!) vertrieben mir die Zeit. Langsam kam die Nacht. Doch das Licht würde – dank der klar und blank am Himmel stehenden Sterne – für einen Schuß ausreichen.

Kurz vor halb acht suchte ich mit dem Glas die freie Schneefläche bis hinüber zum 250 Meter entfernten Staatswald ab. Da bemerkte ich den schwachen Fuchs; über 100 Gänge mochten es sein. Im sechsfachen Zielglas sah ich ihn nur mehr schemenhaft, drückte dennoch den Abzug, in der Hoffnung, es möge gutgehen. Nun, es ging gut. Nur nicht so, wie ich es mir gewünscht hätte: Der „Mickrige" flüchtete genau auf mich zu, verhoffte, äugte hinüber, wo das Geschoß einschlug, schnürte noch näher, drehte sich und präsentierte mir auf beste Schrotschußentfernung seine Breitseite. Das war's dann.

Moselschleife bei Bremm mit Calmont (steilste Weinlage Deutschlands) und Klosterruine „Stuben“.

Mitten im Wald, zwischen Mosel und Eifel, Bad Bertrich.

Bach-Idylle in der Nähe von Bad Bertrich.

Man benötigte eben nicht nur Können, Ausdauer und die richtige Waffe, nein, das Glück, Dusel oder wie man es sonst nennen mag, muß mit von der Partie sein, sonst sieht es häufig trübe aus in unserem Jägerdasein!
In diesem Jagdjahr betrug unsere Strecke erstmals seit Jahren wieder sechs Füchse; einer wurde auf der B 49 von einem Auto erfaßt und auf der Stelle getötet (Man sieht, daß selbst der sonst so vorsichtige Fuchs gegen den rasenden Autoverkehr nicht gefeit ist).
Eines Tages kroch ich nach einem anstrengenden Reviereinsatz erschöpft in die heiße Badewanne, um die ramponierten Lebensgeister wieder auf Vordermann zu bringen. Dabei machte ich eine besorgniserregende Entdeckung: Eine geschwulstartige Verdickung am Unterleib. Oho, das konnte ja was werden! Hoffentlich nicht das, woran man bei solchen Feststellungen zuerst denkt. Wenn auch nicht jedesmal der Teufel im Spiel sein muß, so schien mir ein Arztbesuch dennoch ratsam, ja, in Anbetracht dessen, daß das Knötchen in den folgenden Wochen prächtig wuchs, sogar unumgänglich.
Der Hausarzt meinte: „Nichts Schlimmes, wenn Sie möchten, können Sie aber trotzdem einen Kollegen, am besten einen Urologen, aufsuchen und hören, was der dazu sagt!"
Nun, der Facharzt war der gleichen Meinung, schlug jedoch vor, weil die Zyste, wie er sagte, doch schon reichlich umfangreich wäre, zu operieren. So kam ich unvermittelt in den „Genuß" eines Krankenhausaufenthaltes, wurde allerdings nicht sofort eingewiesen, weil noch kein Bett frei war.
Das gab mir Gelegenheit, bis zum Bescheid aus dem Cochemer Marien-Krankenhaus, den Ranzzeitfüchsen nachzustellen. Ende Januar war's, ein paar Tage zuvor war Schnee gefallen und, was mich besonders freudig stimmte, die Scheibe des zunehmenden Mondes schob sich gelegentlich vorwitzig aus dieser oder jener Wolkenlücke hervor und beleuchtete blitzend und funkelnd die eiserstarrten Moselhöhen. Das waren Jagdbedingungen, die das Herz des passionierten Raubwildjägers höher schlagen lassen.
Zwei Tage vor Vollmond besetzte ich die „Klidinger-Kanzel", in deren Nähe ich seit vielen Jahren einen guten Luderplatz unterhalte. „Na, na, was soll das denn, in der Ranzzeit am Luderplatz ansitzen?" höre ich jetzt so manchen Jäger ungläubig fragen. Nun, die Frage mag berechtigt sein, aber man sollte bedenken: Bei der Platz-

wahl wird man ja kaum jene Revierteile auswählen, die der Freibeuter höchst selten beehrt. So sind auch in unserem Revier die Luderplätze dort angelegt, wo man im Laufe vieler Jahre die meisten Füchse sah und die Pässe zentimetergenau kannte.
Dick und warm verpackt hockte ich gemütlich in der linken Sitzecke. Ich hatte den gesamten Innenraum mit geräuschdämmendem Teppichboden ausgeschlagen, damit nur ja kein Laut nach außen drang. In nördlicher und östlicher Richtung hielt ich die Luken offen, um im Ernstfall schnell genug „gefechtsklar“ zu sein.
Drei riesige Hasen leisteten mir – wie so häufig in der Schonzeit – Gesellschaft. Wüst ging es bei ihren Rammelspielchen zu. Wie oft saß ich in der Jagdzeit hier an, ohne nur einen zu sehen – und nun liefen allabendlich gleich drei Prachtexemplare auf beste Schußdistanz vor dem Sitz herum ...
Na ja, beobachten, ohne gleich ein nervöses Zucken im Zeigefinger zu verspüren, ist auch ganz nett!
Im Abstand weniger Minuten peilte ich, den Hals hochstreckend, über die Fensterbrüstung auf den Luderplatz.
Hochsitz und Luderplatz befanden sich in einem Ödlandstreifen, der leidlich mit Ginster und einzelnen Brombeerhecken durchwachsen war. Meine jagdlichen Ambitionen galten heute eher einem Marder. Und der würde höchstwahrscheinlich in Deckung der der zur Fichtendickung vorspringenden Hecke anlaufen.
Kurz vor 21.00 Uhr wiedermal „langer Hals“, dem sprungartig einsetzender Herzschlag folgte: „Ein Fuchs! Wo kam der denn her? So ein Oberschlawiner! Auf keinen Fall übers freie Feld. Dann hätte ich ihn sehen müssen. Im Schutz der Hecken muß er unbemerkt herangekommen sein.“ Vorsichtig griff ich zur Waffe; erst wurde der obere Riemenbügel mit Daumen und Zeigefinger der linken Hand festgehalten; denn ein leichtes „Klick“ – und Freund Reineke wäre auf und davon. Jetzt nur kein Fehler! Mancher unerfahrene Anfänger hat dies schon durchmachen müssen: Nach stundenlangem Ansitz und beinsteif gefrorenen Gliedern wird beim urplötzlichen Erscheinen des Raubwildes durch eine unbedachte Bewegung alles verdorben. Erst wenn ich das kalte Schaftholz im Gesicht spüre, weiß ich: Jetzt hat der heimliche Schleicher keine Chance mehr.
Im dumpfen „Paff“ des linken Schrotlaufes sank der Rote in der Spur zusammen, ohne nur ein Haar zu regen.

Am folgenden Abend saß ich alleine im Revier an. Erst wollte ich die jagdlichen Aktivitäten einstellen, weil meine Einweisung ins Krankenhaus auf den nächsten Morgen (9.00 Uhr) festgelegt war. Dann raffte ich mich doch nochmal auf und fuhr ins Revier, um mein Heil von der „Kessler" zu versuchen. In der Nähe dieser Kanzel unterhalte ich ebenfalls seit Jahr und Tag einen Luderplatz. In östlicher, nördlicher und nordwestlicher Richtung dehnen sich größere, zusammenhängende Waldflächen aus, die ein Garant dafür sind, daß in diesem Revierteil, vor allem in der Ranzzeit, stets mit einem Fuchs zu rechnen ist.

Im Schneehemd pirschte ich bedächtigen Schrittes von hinten über einen durch die dichten Schwarzdornen gehauenen Pirschweg, dem Sitz entgegen. Beim Neubau des Hochsitzes im vergangenen Frühjahr hatte ich darauf geachtet, daß man beim Besteigen mit dem Gesicht zum Wild hinaufkommt. Außerdem, und das sollte sich heute mal wieder als sehr vorteilhaft erweisen, setze ich die Leitersprossen in tief eingelassene Kerben, die mit elastischer Bitumenmasse oder Silikon abgedichtet sind. Das hat den Vorteil, daß die Sprossen nach Regen und Frost nicht bei plötzlicher Belastung knarren und knacken. So zog ich mich langsam und völlig geräuschlos von Sprosse zu Sprosse aufwärts. Als ich den Kanzelboden erreicht hatte, und den Türriegel öffnen wollte, sah ich, etwa 50 Meter östlich, eine dunkle Stelle im Schnee. Im Glas erkannte ich einen Fuchs, der sich dort für irgendetwas besonders interessierte. (Später stellte ich fest, daß er sich eine graue Katze zu Gemüte führen wollte). Leise brachte ich den Drilling hoch, klemmte ihn zwischen Leiterholm und Kanzelaufständer fest auf meiner linken Hand liegend ein, merkte dann aber: Der Fuchs ist mit der Kugel nur schwerlich zu treffen, weil das Licht wegen des spät aufgehenden Mondes noch nicht ganz ausreichte. Ich konnte es aber nicht wagen, in den Kanzelinnenraum zu klettern; das wäre mit allzuvielen Geräuschen verbunden gewesen, die der Fuchs mit Sicherheit nicht ausgehalten hätte.

Also versuchen! Als der Zielstachel ins „Schwarze" hineintauchte, drückte ich ab – und überschoß den Roten, wie ich wenig später enttäuscht feststellen mußte.

Ist die Kugel aus dem Lauf und nicht dort gelandet, wo sie eigentlich hingehört hätte, macht man sich Gedanken, woran das wohl gelegen haben könne. Und meistens gelingt es uns, irgendeine passable Entschuldigung zu finden. So redete ich mir ein, wegen des bevorstehenden Krankenhausaufenthaltes mit der Ungewißheit der Operation nervös gewesen zu sein. Ob das den Tatsachen entsprach, vermag ich nicht eindeutig zu sagen. Jedenfalls paßte diese an sich glaubhafte Version ganz gut, und ich ließ es der Einfachheit halber dabei bewenden.

Dann war es soweit: Pünktlich um 9.00 Uhr saß ich in der Anmeldung des Krankenhauses. Als die Formalitäten erledigt waren, geleitete mich eine zarte, ja fast zerbrechlich wirkende Schwesternschülerin auf die Urologische Station. Ich merkte dem Mädchen an, daß sie es überwiegend mit alten und körperlich darniederliegenden Menschen zu tun hatte, denn alle paar Meter griff sie mir stützend unter den linken Arm, dann aber wieder abrupt loslassend, wenn ihr die Erkenntnis kam: Der ist ja „noch“ nicht so weit.

Am nächsten Tag, einem Donnerstag, sollte ich „unters Messer“. Angst machte sich in mir breit. Das war nicht die Angst vor der Operation, nein, die Sache war ja harmlos, wie die Ärzte mir versicherten. Warum denn dann die Angst? Nun, dieses Gefühl bezog sich mehr auf die Zukunft. Im Augenblick schien ich ja noch mal Glück gehabt zu haben. Aber dieses Glück hat keiner auf ewig gepachtet ...

Ein Jäger ist so schnell nicht kleinzukriegen. Genau zwei Wochen später saß ich wieder auf dem Hochsitz am „Jungen-Wald“, der Füchse wegen ... Die ganze Landschaft, bis hinunter ins „warme“ Moseltal, lag unter einer geschlossenen Schneedecke. Warm eingepackt kauerte ich in meinem Lieblingssitz. Ein einsamer Hase hoppelte heran. Die ausgelegten Zuckerrüben mundeten ihm, das sah man dem Burschen direkt an. Wenig später waren es sogar vier, dann sogar fünf Mümmelmänner, die es sich munden ließen. Die meisten stammten aus dem Staatswald, wo das Äsungsangebot um diese Jahreszeit noch karger ist. In der Dämmerung kamen die Rehe. Drei Stücke: Ricke mit zwei Kitzen. Vom Fuchs sah ich kein rotes Haar.

Trotz der etwa 10 Grad Frost war mein Körper, ja selbst die empfindlichen Füße, angenehm warm. Die heutige Kleidung ermöglicht uns nächtelange Ansitze bei Eis und Schnee – fast – ohne zu frieren. Das war nicht immer so. In früheren Jahren war ich nach fünf- bis sechsstündigem Ansitz meist nicht mehr in der Lage, „normal“ zu gehen.

Da kam mir die klirrende Eisnacht auf dem „Schneeberg“ in den Sinn. Bis 24.00 Uhr hatte ich mit mir und der Kälte gekämpft – und wurde belohnt.
Anhaltend bellend schnürte ein kapitaler Rüde über die millionenfach blitzende Schneefläche. Auf 70 Meter verhoffte er kurz, um zu sichern. – Schuß – „Fuchs tot“. (Trotz erheblicher Schußverletzung – ich führte die Büchse, Kal. 7 x 64, TJG – ließ ich ihn gerben).
Als ich den offenen (!) Hochsitz verließ, humpelte ich gebückt und krumm wie ein altes, von harter, körperlicher Arbeit gezeichnetes Großmütterchen. Und es dauerte einige Zeit, bis ich mich wieder richtig bewegen, flüssig fortbewegen konnte.
In den verflossenen Monaten des langsam zu Ende gehenden Jagdjahres klappte das Jagen auf Füchse nicht immer so gut. Mit größtem Unbehagen denke ich an die Fehlschüsse: Drei Füchse gingen mir „durch die Lappen“, weil ich mit der großen Kugel daneben bzw. drüber gefunkt hatte. Verflixt und zugenäht, daran denkt man nicht gern. Ein positiv verlaufenes Jagderlebnis muß das bedrückte Gemüt wieder aufrichten.
An einem Novembermorgen war ich zu nachtschlafender Zeit ins Revier gefahren (damals noch mit dem Motorrad) und zur vom hohen Alter gezeichneten „Roggenkanzel“ geschlichen. Als der Morgen herandämmerte und Bäume, Sträucher und Landschaft Gestalt annahmen, hatte ich einen beeindruckenden, ja ich möchte sagen, faszinierenden Anblick. Die gesamte Umgebung war mit dickem, silbrigem Rauhreif überzuckert. Hecken, Bäume, Ginster sowie Gras- und Krautflora hingen über und über voller Eiskristalle.
Und mitten in dieser Pracht stand auf einer Blöße ein kapitaler Fuchs mit beeindruckend starker Lunte.
Dieses Bild müßte ein Maler, ein Künstler, der zugleich Jäger ist, mit dem Pinsel festhalten. Solche Anblicke haben Seltenheitswert. Nur drei, vier Stunden später, wenn die Sonne über den Waldhorizont klettert, ist die Glitzerpracht verschwunden – und der Fuchs ebenfalls ...
Deshalb beeilte ich mich, visierte sorgfältig und der Rote – einer der stärksten meines Lebens – lag im Knall. Auch ihn balgte ich, trotz des relativ großen Ausschusses, sorgfältig ab, so daß ich mich heute noch bei seinem Anblick freudig erinnern kann; eine wirklich gute Trophäe ...

Ebensowenig wie diesen „Kristall-Fuchs", habe ich den auf sommerlicher Wiese beim Mausen erlegten Rüden vergessen. Nach einem Frühansitz auf der immer erfolgversprechenden „Roggenkanzel" pirschte ich einen grasbewachsenen Feldweg entlang. Vor mir lag ein sanft ansteigender, frisch gemähter Wiesenhang. Aus Erfahrung wußte ich, daß die Füchse für derartige Wiesen eine Schwäche haben, da sie nun endlich wieder an die Mäuse herankommen, was ja bei hohem Gras kaum möglich ist. Und genau so war es an diesem Morgen. Mit elegantem Satz „hechtete" ein kräftiger Fuchs nach einer Maus und hatte sie wohl auch erwischt, denn er verhielt auf der Stelle und kaute mit schräggehaltenem Kopf genüßlich seinen Frühstückshappen hinunter. Das gab mir Gelegenheit, in Schußposition zu robben. Flach am Boden liegend, den Drilling auf dem Rucksack, zirkelte ich die weite Kugel hinüber. Im Knall fegte es den Fuchs zur Seite, obwohl ich meinte, das Gewehr etwas verrissen zu haben. Wie dem auch sei: Der Rote lag jedenfalls da drüben. Also, nachschauen, wo die Kugel saß.
Ja, ich hatte mich nicht getäuscht, denn das Geschoß saß nicht hinter dem Vorderlauf auf dem Blatt, sondern, von mir aus gesehen, rechts, zwischen Halsansatz und Kopf und hatte dem Fuchs die Seher förmlich herausgedrückt. So etwas hatte ich noch nie gesehen. Die beiden Seher lagen, wohl durch den gewaltigen Druck beim Geschoßaufschlag aus dem Schädel herausgeschleudert, neben dem Fuchs im Gras. Unglaublich!
Der ergiebigste Ansitz bescherte mir drei Füchse innerhalb einer Viertelstunde. Der damalige Jagdherr wollte mit mir vor Tag und Tau in einem jüngst gezimmerten Erdsitz auf einen Feisthirsch passen, der Nacht für Nacht in den waldnahen Haferschlägen stand. Doch als ich wach wurde, stellte ich erschrocken fest, daß der Termin unseres Treffens verstrichen war. Wie war das nur möglich? Noch niemals hatte ich Probleme mit dem zeitigen Aufstehen. Und ausgerechnet an so einem Tag ... Nun, jetzt war nichts mehr zu ändern. So erreichte ich mit ziemlicher Verspätung das Revier und überlegte: Wohin nun? Nach einigem Hin und Her landete ich auf dem Hochsitz „in der kleinen Eiche". Mittlerweile stand die Sonne hoch über den Fichten und ließ dampfend den Tau aus dem Kraut hochsteigen. Rechts schob sich eine schmale Hecke ins Feld hinein. Und an ihrem Ende stand plötzlich, wie hingezaubert, ein starker Jungfuchs. „Bamm" machte die Büchse, und er lag. Nur wenige

Minuten später erschien auf demselben Paß der nächste Freibeuter – wieder knallte es. Und während ich die dritte Patrone in den Lauf repetierte, stand Reineke Nr. 3 drüben und wußte offenbar nicht so recht, ob er weiterschnüren oder im rückwärtigen Wald, wo er herkam, verschwinden sollte. Dieses Zögern wurde ihm zum Verhängnis. Als die Büchse zum drittenmal „bamm" machte, lag auch dieser unerfahrene Jüngling nur wenige Schritte neben seinen Brüdern.

Manchen Fuchs erlegte ich beim Pirschen. Viele Jäger mögen glauben, daß dies wegen der äußerst scharfen Sinne dieses Raubwildes unmöglich sei. Wer aber erlebt hat, wie der Fuchs manches Mal sogar laute Geräusche mißachtet und regelrecht „dumm" in sein Verderben läuft, wird mir das nachstehend Geschilderte ohne Vorbehalte glauben.

An einem sonnigen Nachmittag pirschte ich durch einen herrlich verschneiten Hochwald. Der Weg mündete weiter südlich, etwa 300 Meter unterhalb der Jagdhütte, ins Feld. Zwischen Hochwald und Feld befand sich eine ca. drei- bis vierjährige Douglasienkultur. Zwischen den Bäumchen ragten allenthalben die gewaltigen Baumstümpfe der gefällten Buchen hervor. Ich blieb stehen und leuchtete mit dem Glas jeden Quadratmeter der Kultur ab. Da ... was war das? Nochmal nach rechts schwenken, ja, dort drüben, auf einem dieser Baumstümpfe, „thronte" Freund Reineke und ließ sich die Sonne auf den roten Balg scheinen. Mit langsamen Bewegungen schlich ich zu dem am jenseitigen Wegrand aufgetürmten Holzstoß, legte den Rucksack auf die Stämme, Drilling drauf, ruhig durch's Vierfache visiert, und da lag der rote Schelm im Schnee. Diese Jagdmethode übte ich früher nicht selten aus. Geräusche, wie beispielsweise knurpsender Pulverschnee, machen dem Fuchs (und auch anderem Wild) nichts, aber auch gar nichts aus. Was freilich hundertprozentig stimmen muß, ist der Wind! Eine einzige Prise langt und Reineke schlägt um und flüchtet – meist ohne nochmal zu verhoffen – zur nächsten Deckung und die Chance ist vertan.

In den sechziger Jahren, kurz bevor die Tollwut über unsere Reviere herfiel, erlegte ich zahlreiche Winterfüchse auf der Pirsch; nicht immer auf weite Entfernung mit der Kugel, nein, ich ging die Burschen oft bis auf Schrotschußentfernung an. Aber, wie gesagt, stets mit gutem Wind, das heißt entweder Wind im Gesicht oder von der Seite (halber Wind).

Ende Februar sah ich während eines morgendlichen Revierganges, über ein schmales Tälchen hinweg, einen Fuchs. Mit großer Hingabe widmete er sich den Mäusen, die gelegentlich über den Schnee huschten, bevor sie im nächsten Loch wieder verschwanden – wenn der große Mäusejäger sie nicht just daran gehindert hätte. Deshalb genießt der Fuchs auch bei den meisten Bauern ein hohes Ansehen. Um an meinen Fuchs heranzukommen, mußte ich durch das Tal und dann von der westlichen Seite (wir hatten Ostwind), den Ginster am Wiesenrand als Deckung benutzend, den Geländebuckel erreichen, hinter dem der Fuchs in einem leicht hängigen Wiesenkomplex auf Mäuse „weidwerkte". Jetzt wurde der Jäger zum Gejagten. Als ich ganz vorsichtig den Kopf über den Buckel reckte, hatte ich den Roten knapp 30 Meter vor mir. Im Schuß mit Schrot Nr. 3 überschlug er sich, kam wieder auf die Läufe und flüchtete halblinks an mir vorbei – und lief direkt in die nächste, besser plazierte Schrotgarbe hinein.
Mit besonderer Hingabe erinnere ich mich an Kugelfüchse, die ich im Winter während strapaziöser Pirschen in den Steilhängen der Moselseitentäler in den Schnee streckte. Mit einem Bekannten, dem ich in diesem Revier Jagdgelegenheit vermittelt hatte, saß ich zunächst auf der waldnahen Feldflur an. Dieser Jäger, ein hervorragender Handwerker und Spezialist im Hochsitzbau, war in der Vergangenheit mit jagdlichen Dingen nicht sonderlich verwöhnt worden. Aber mein Jagdherr lohnte die Bereitschaft des Mannes, etwas im Revier zu tun, und gab ihm Jagdgelegenheit auf sämtlich vorkommende Wildarten – vom Has' bis zum Rotwild. Und an diesem frostigen Weihnachtsmorgen erlegte er mit sauberen Schüssen eine Ricke und einen prächtigen Fuchs.
Auf der Rückfahrt ins Tal hielten wir oberhalb des Dorfes den Wagen an und pirschten einen parallel zum Gegenhang verlaufenden Weinbergspfad entlang. Unten, im Talgrund, gurgelte der winzige Geulbach, der rechts von einem Wirtschaftsweg und links von einem Wiesenstreifen und anschließendem Niederwald flankiert wird. Zwischen Bächlein und dem steil ansteigenden Lohholzhang, sahen wir einen Fuchs in der Wiese. Ich strich an einem Weinbergspfahl an – und überschoß ihn, woraufhin er den Steilhang hochflüchtete; aber weiter oben, genau auf unserer Höhe, verhoffte er plötzlich und äugte angespannt ins Tal hinunter. Ich hatte in der Zwischenzeit eiligst nachgeladen und den flüchtenden Fuchs im

Zielglas verfolgt. Und just in dem Augenblick seines Verhoffens, den Finger ein zweites Mal krumm gemacht; es folgte ein satter Kugelschlag und Reineke rollte den Hang hinunter. Das sind Schüsse – über 160/180 Meter –, die man nie vergißt. – Und das ist nicht der einzige geblieben, den ich auf diese Weise schoß; jedesmal ein hochbeglückendes Jagderlebnis.
Höchst bedauerlich ist es allerdings, daß man heute wegen der immer wieder aufkommenden Virusseuche Tollwut die Füchse – ohne den äußerst begehrten Pelz abzubalgen – beseitigen muß. Ein paarmal hab ich, wenn längere Zeit nichts mehr über neue Fälle berichtet wurde, Füchse gestreift – aber stets mit einem unangenehmen Gefühl in der Magengegend. Außerdem ist es gesetzlich verboten, Füchse abzubalgen, wenn das Revier im Tollwutsperrbezirk liegt. Mißachtet man dieses Verbot und es kommt zur Anzeige – wie hier in den siebziger Jahren geschehen – begeht man eine Ordnungswidrigkeit, die vom Veterinäramt mit einem empfindlichen Bußgeld geahndet wird. So war ich gezwungen, einen starken Winterfuchs ungenutzt der Erde zu übergeben ... Schade drum! Im Winter 1984/85 hat mir buchstäblich das Herz geblutet, als ich innerhalb von drei Tagen vier prächtige Füchse erlegte – und sie allesamt vergrub. (Es ist wichtig, die Füchse tief genug einzugraben, damit die Sauen nicht an die Kadaver gelangen, genauer gesagt: sie fressen; denn bis ca. 50% der Füchse sind Trichinenträger. Also: Vorsicht!) Wie gern hätte ich sie sauber gegerbt an die Wand meines Jagdeckchens gehängt. Es versetzt mich immer wieder in größtes Erstaunen, wie wenig selbst gestandene Jäger über die Tollwut, ihre Verbreitung, über Infektionsgefahren, über die Lebensdauer der Viren usw. Bescheid wissen.
Anläßlich eines Jungjägerseminars wartete einer der Kandidaten mit dem ungeheuerlichen Bericht auf, ein Bekannter, langjähriger Jäger, würde die Füchse fein säuberlich einfrieren und somit die Viren abtöten, alsdann gefahrlos mit dem Abbalgen beginnen. Als ich das hörte, standen mir über soviel Naivität und Unkenntnis die Haare zu Berge.
Mit meiner ganzen Überredungskunst versuchte ich den jungen Mann – und die etwa 20 weiteren angehenden Jungjäger – zu überzeugen, daß selbst durch tiefste Kältegrade das Virus nicht abgetötet, sondern nur konserviert wird. Nur bei Erhitzung über 60 Grad würden die Viren abgetötet.

Wiederholt hörte ich, wenn stramme Winterfüchse erlegt wurden, Äußerungen wie diese: „Der Fuchs ist einwandfrei, der hat niemals Tollwut!“ Vorsicht, das kann ein böser, verhängnisvoller Trugschluß sein!
Bekanntlich verläuft die Tollwut in mehreren Phasen. Hat sie das Endstadium erreicht, birgt sie für den Menschen die geringste Gefahr; denn man erkennt am Verhalten und Aussehen des erkrankten Tieres, was mit ihm los ist und kann sich entsprechend einstellen. Schlimm, ja sogar lebensgefährlich kann es hingegen werden, wenn ein völlig „normal“ aussehender Winterfuchs zur Strecke kommt, dem man die im Anfangsstadium befindliche Krankheit absolut nicht anzusehen vermag und den man – möglicherweise noch ohne Handschuhe – seelenruhig abbalgt.
Vor wenigen Monaten schleppte ein Tippelbruder einen toten Fuchs mit sich herum. Angeblich hat er sogar dessen Kopf abgetrennt, ausgehöhlt und als Dekoration auf die Lampe seines Fahrrades gestülpt.
Zunächst fühlte sich keiner verantwortlich. Was sollte man sich viel Gedanken machen. Es war ja nur ein Landstreicher, Faulenzer, Tunichtgut ...
Aber selbst in der heutigen schnellebigen Zeit, in der alte Menschen total vereinsamt in ihrer Wohnung sterben und wochenlang von er Nachbarschaft nicht vermißt werden, gibt es noch verantwortungsbewußte Leute; man alarmierte rechtzeitig das Veterinärmamt. Nun begann – sogar über Rundfunk – die Suchaktion, und man hatte Erfolg: Unweit der Mosel, im benachbarten Hunsrück, wurde der Ahnungslose schließlich gefunden und unverzüglich in Koblenz geimpft; denn das Untersuchungsergebnis des Fuchses war positiv – also: Tollwut!
Zwei gänzlich unterschiedliche Mißgegeschicke retteten in den siebziger Jahren zwei Füchsen das Leben. Und das kam so:
Im Revier Beuren stand am Kopfende einer Schwarzdornhecke die „Kesselwald-Kanzel“. Zwischen dem Sitz und der nordwestlich liegenden Dickung sah ich bei gutem Büchsenlicht einen Fuchs beim Mäusefang. Um einen sauberen Schuß hinüberzuzirkeln, bugsierte ich das seit Jahren hier liegende uralte Sofakissen über die scharfkantige Fensteröffnung. Während ich durch das Zielglas spekulierte, merkte ich, daß die Sache – trotz Kissen – immer noch wacklig war. Deshalb lehnte ich den Oberkörper noch weiter zu-

rück, um mit dem Rücken an der Kanzelrückwand besseren Halt zu finden. So müßte es gehen! Jawohl, jetzt stand der Zielstachel ruhig hinter dem Blatt des Roten – Schuß … Mein Gott, was war denn das? Der gesamte Kanzelinnenraum hing voller Federchen – große und kleine, alle Sorten. Die Federwolke war so dicht, daß ich nicht mal mehr aus der Luke schauen konnte. Es blieb mir nichts übrig, als abzuwarten; ganz sachte, wie leise rieselnder Schnee, gaukelte der weiße Flaum herunter, legte sich auf Haare, Jacke und Hose, bedeckte das Fernglas, die Sitzbank und den Boden.
Was war geschehen? Nun, als ich mich beim Schuß zurückgelehnt hatte, stand die Mündung des kurzläufigen Drillings in das prall mit Daunen gefüllte Kissen hinein. Der Überzug zerriß und der gewaltige Druck beförderte den leichten, flauschigen Inhalt in die Höhe …
Nach einem Frühansitz auf gleicher Kanzel, pirschte ich den etwas tiefer liegenden, mit Sträuchern gesäumten Wiesenweg entlang. Da sah ich in der sanft ansteigenden Wiese einen Fuchs bei der morgendlichen Mäusejagd. Kurz entschlossen legte ich mich auf den Bauch, schob den Rucksack unter den Büchsenlauf, legte das Fernglas dazu – und donnerte vorbei.
Es ist kein Kunststück, einen Fuchs vorbei zu schießen; das Ziel ist klein und es bedarf einer festen Hand und eines ruhigen Herzens. Aber: Dieser Fuchs hätte liegen müssen, da war ich mir absolut sicher. Also: Büchse von der Schulter und mit kritischem Blick „Nachsuche“ halten. Da sah ich die böse Bescherung: Der vordere Montagefuß des Zielfernrohrs hatte sich gelöst; dadurch stand das Absehen des Glases höher – und der Schuß tiefer. Ich hatte den mit dem Schreck davongekommen Fuchs unterschossen. Übrigens: Die Zielfernrohr-Montage meiner Büchse war alles andere als vertrauenserweckend. Im Laufe der Jahre lösten sich die Montagesockel (vorn und hinten) insgesamt drei Mal. Schließlich war ich es leid und ließ eine erstklassige Schwenkmontage aufsetzen.
Eines Tages im August rief ein Gast vom Niederrhein bei mir an und berichtete, er hätte mit der großen Kugel (7 x 64) auf einen Fuchs geschossen, hinter dem er seit Wochen her war. Im Schuß hatte der Rote sich herumgeworfen und war mit wenigen Fluchten im angrenzenden Douglasienbestand verschwunden. Der Mann verließ sogleich den Hochsitz und fand in der Fluchtspur ein paar Tröpfchen Schweiß, die er mit einem trockenen Ast markierte.

Dann eilte er spornstreichs zum Telefon und rief mich mit „Brax" zur Hilfe: „Der Fuchs muß in der Nähe liegen. – Ich hab' hinter dem Blatt den Ausschuß gesehen. – Das wäre doch eine nette Übungsarbeit für Ihren Hund!"

Klarer Fall: Ich war für jeden Einsatz des Hundes dankbar, und sollte er noch so kurz sein. Als ich den Rüden – 3½ Stunden nach dem Schuß – an dem mittlerweile eingetrockneten Schweiß „zur Fährte legte", ging er die Sache mit derartiger Vehemenz an, wie ich das sonst nicht von ihm gewohnt bin. Deshalb zog ich ihn nach etwa 50 Meter – eine Reh-Verleitfährte im Sinn – ab und begann die Suche erneut an dem Schweiß. Doch auch diesmal verlief die Suche in die selbe Richtung. Plötzlich drehte „Brax" sich um und fixierte, ein abgrundtiefes Knurren hervorgurgelnd, den in gehörigem Abstand folgenden Schützen. Das war für mich ein untrügliches Zeichen – wir arbeiteten auf der Wundspur, wir waren richtig – „Brax" verteidigt „seine" Fährte bzw. Spur (eine Eigenart, die er von der schweißerfahrenen Mutter geerbt hat).

Nachdem wir die Douglasien hinter uns hatten, wurde es kriminell. Der einem verwachsenen Weg folgende Hang, mit gefallenen Stämmen, Holunder und Brombeeren überdeckt, sah alles andere als einladend aus, so daß ich dem ungestüm vorandrängenden Hund kaum zu folgen vermochte (bei Schalenwild arbeitet der Rüde bedächtig und absolut ruhig).

Während die Suche unaufhaltsam steil hinabging, suchte ich konzentriert – soweit dies überhaupt möglich war – an markanten Stellen, die der Hund vor mir passiert hatte, nach Schweiß. Und siehe da: Auf einem trockenen, rindenlosen Fichtenstamm, den wir just überquerten – ein Tropfen Schweiß. Es grenzt schon fast an's Unglaubliche, wie eine solche Nichtigkeit, ein kaum erkennbares und fast bis zur Unkenntlichkeit eingetrocknetes Gebilde den Hundeführer innerlich aufjubeln läßt: Hurra, hurra, wir sind richtig, wir sind gut! Und äußerlich in ruhigem Tonfall: „Brav, mein Hund! – So ist's gut!"

Und weiter geht es über Stock, Stein und unwirtliches Gedörn. Nach etwa 600 Meter Riemenarbeit wird „Brax" vor mir in einem aufgehäuften Knüppelwall, in dem ich bis zum Bauch eingebrochen feststecke, am Schweißriemen laut; der kranke Fuchs mußte unmittelbar vor dem Hund geflüchtet sein und mein Gehilfe konnte ihm nicht folgen. Was tun? Nach vorne ging nichts; Gesicht, Hände und

Unterarme bluteten ohnehin schon aus zahlreichen Dornenrissen. Also mußte ich versuchen, den Schweißriemen einzuziehen. Dabei stand mir das Glück zur Seite: Die sehr weitgestellte Halsung schlüpfte über die Behänge des Hundes und ab ging die Reise. Da ... jawohl, endlich der giftende Laut der Bracke – Musik für meine Ohren. Mit Macht kämpfte ich mich durch zerberstendes, trockenes Holz und gelangte schließlich, von dolchartigen Dornen an Händen, Armen und Gesicht übel traktiert, so daß der rote Saft heruntertropfte, auf den nächsten Weg, oberhalb eines steinigen Seifens. Dort sah ich den Hund; vom Fuchs jedoch kein rotes Haar. Aber ich fühlte es; der Bursche steckte ganz in unserer Nähe.
„Hussa, Brax: Faß den Fuchs!", rüdete ich den hirschroten Rüden an. Daraufhin sauste er in den mit kniehohem Kraut bestandenen und für diese heiße Jahreszeit relativ viel Wasser führenden Graben hinab. Da wurde der kranke Fuchs hoch, flüchtete schwerfällig das Rinnsal entlang – und dann war's um ihn geschehen: Brax packte den mittelstarken Rüden und beutelte ihn mit seinem starken Fang, bis er schließlich ruhig vor ihm lag.
Der Fuchs hatte sich allerdings nicht kampflos ergeben, erstmals in seiner „Laufbahn" erhielt Brax einige blutige Schmisse über den Nasenrücken, was ihn allerdings nicht einschüchtern konnte.
Die Kugel hatte dem Fuchs übrigens den rechten Vorderlauf ganz hoch zerschlagen, eine scheußliche Verletzung.
Erfolgreich beendete, schwierige Nachsuchen auf ein schwerkrankes Stück Wild bescheren dem passionierten Hundeführer stets ein Gefühl der Dankbarkeit und Zufriedenheit – und wenn es „nur" ein Fuchs war, dem sie galt. Ohne meinen getreuen Helfer – und in diesem Fall sogar tapferen Kämpfer! – wäre der Fuchs mit Sicherheit nie und nimmer zur Strecke gekommen. Weidmannsdank, meinem schneidigen Weidgesell!
Die Leistung des Hunde ist um so höher zu bewerten, als die Spur von Hase und Fuchs erfahrungsgemäß schon nach kürzester Zeit für die Hundenase unauffindbar ist. In diesem Falle muß es die Wundwittrung gewesen sein, die wohl intensiver ist, und, so meine ich, eine wesentlich längere Stehzeit hat. – „Gott sei Dank!", kann man da nur sagen ...
Zu guter Letzt noch etwas Unerfreuliches in puncto Abbalgen: Die meisten passionierten Raubwildjäger (oft sind es Berufsjäger oder Jagdaufseher) balgen ihre Beute ab, weil es ihnen widerstrebt, die

herrlichen Bälge wegzuwerfen; sie möchten die reifen Winterfelle sinnvoll verwerten, obwohl die Pelzmärkte total zusammengebrochen sind. Ein gegerbter Fuchs- oder Marderbalg an der Wand bedeutet diesen Jägern mehr, als das Gehörn oder Geweih eines kunstlos erlegten Stückes Schalenwild. Allerdings ist bei dieser handwerklichen Arbeit größte Vorsicht geboten. Da gibt es ja nicht nur die Tollwut, sondern seit einigen Jahren wurde der winzige, äußerst gefährliche Fuchsbandwurm populär, gegen den ja bekanntlich „kein Kraut gewachsen ist".

Beim Abbalgen trage ich stets Handschuhe. Und damit die Gefahr des Einatmens der Bandwurmeier gebannt wird, begieße ich die „Hinterfront" der Füchse mit Wasser. Das klappte im letzten, so erfolgreichen Winter alles bestens. Doch dann kam der 12. 2. 1991, ein Tag mit reichem Arbeitsprogramm – vier Füchse und genausoviele Marder mußten gestreift werden. Dieser „Arbeitsdruck" muß es wohl gewesen sein, der mich etwas leichtfertiger hantieren ließ (eine Begründung findet sich immer!). Kurzum: Ich verletzte mich durch den Handschuh hindurch an der rechten Hand, zwar geringfügig, aber immerhin; wahrscheinlich hätte ich die Sache schon am nächsten Tag vergessen, wenn die Wunde sich nicht bemerkbar gemacht hätte, was wiederum zur Folge hatte, daß ich mir ein paar kritische Gedanken machte. Schließlich, nach reiflicher Überlegung, griff ich zum Telefon und rief die AOK Wittlich an und erkundigte mich, ob sie die Kosten einer eventuell erforderlichen Tollwut-Impfung übernehmen würden. „Ja", sagte man mir, „wir übernehmen das, setzen Sie sich mit Ihrem Hausarzt in Verbindung!" Der Hausarzt wiederum rief beim Gesundheitsamt an – und bekam „grünes Licht" für die Impfung, obwohl seit Jahren im Kreisgebiet kein Tollwutfall mehr gemeldet wurde. „Aber", hieß es da, „vorsichtshalber impfen" ... Am Freitag, dem 15. 2. 1991 bekam ich die beiden ersten Spritzen, eine für den Sofortschutz, die andere zur vorbeugenden Schutzimpfung, die am 3., 7., 14., 30. und 90. Tag wiederholt wurde.

Ja, wäre jetzt dieser verdammte Fuchsbandwurm nicht (der hier bei uns in Rheinland-Pfalz mit einem 4%igen Befall – im Vergleich zu anderen Bundesländern – allerdings sehr gering ist), könnte man mit den in Zukunft erbeuteten Füchsen sehr viel sorgloser hantieren. Aber so ist weiterhin absolute Vorsicht angesagt!

# Hasen – mit Kugel und Schrot

Als etwa zwölfjähriger Junge saß ich im stickigen Klassenraum der Bertricher Schule und lauschte den langweiligen Ausführungen des schon recht betagten Magisters, der sich redlich mühte, uns für das weitere Leben zu ertüchtigen. Hin und wieder schwenkte mein Blick vom stubengrauen Gesicht des Lehrers zum Fenster, vorüber an der herrlichen Linde, schweifte über die kleine, hängige Feldpartie und endete weiter oben im schroffen Waldhang. Wenn ich dann Glück hatte, einen Hasen zu erblicken – was gelegentlich vorkam –, heißa, dann war's um mich geschehen. Krampfhaft überlegte ich, wie man nach dem Unterricht den Krummen „zur Strekke" bringen könnte: Sollte ich es mit der Hand versuchen? – Mit einem gezielten Steinwurf? – Oder mit einem angespitzten Haselstecken? ...

Für diesen angeborenen Beutetrieb hatte unser Schulmeister kein Verständnis, und so mußte ich zunächst selbst mit dem aus der Hecke vor dem Schulgebäude geschnittenen, daumendicken Haselnußstecken schmerzliche Bekanntschaft machen (was damals durchaus üblich war!).

Der einzelne Hase hat mich seit meiner frühen Kindheit fasziniert. Und daran hat sich bis heute nichts geändert!

Aber dennoch ist die „normale Art", den Hasen auf den Balg zu rücken, zweifellos die Treibjagd (Kesseljagd, Vorstehtreiben) in Feldrevieren; auch mit dem Vorstehhund sowie Stöberer wird häufig und erfolgreich gejagt. Hier in meiner Heimat spielen diese Jagdarten allerdings eine untergeordnete Rolle. Kein Mensch wäre so vermessen, zu einer Hasentreibjagd einzuladen. Warum das so ist, liegt nach meiner Meinung an zwei Faktoren: Einmal steht das Schalenwild – vor allem die Sauen – im vordersten Blickpunkt der Interessen und zum anderen würde in unserem sehr unwegsamen Gelände eine planvolle Kurzhaltung der Beutegreifer äußerst problematisch, wenn nicht sogar unmöglich sein.

An der Mosel wird der Hase bevorzugt auf der Einzeljagd beim Aus- und Einlauf mit Schrot oder mit dem Kügelchen geschossen. Beliebt sind auch die kleinen Treibjagden mit wenigen Treibern und

einigen Schützen. Die mannigfaltigen, heckenbestockten Brachen und Niederwaldstreifen, die zwischen den Rebenhängen und Feldfluren – mal schmaler, mal breiter verlaufend – sich dahinziehen, bieten sich für derartige Vorhaben geradezu an. Ein paar dieser netten Jagden sind mir heute noch in wacher Erinnerung.
An einem regnerischen Novembermorgen trafen wir uns im Revier des Weingutbesitzers Sch. Mein allseits beliebter Bläserkollege, wegen seiner gewaltigen Körperfülle liebevoll „Dicker Hugo" genannt, war ständiger Mitjäger in diesem Revier; ihm verdankte ich auch die Einladung. Das Anstellen besorgte der revierkundige Jagdaufseher Ernst. Mein erster Stand befand sich in einem Wegeknick unterhalb einer vielhektargroßen Fichtendickung; unter mir, recht gut überschaubar, lag ein Eichenniederwald. Während die anderen weiter aufwärts stiegen, machte ich den Drilling fertig, hing ihn mir unter den rechten Arm und träumte von reicher Hasenbeute, die es – und das wußte ich ja aus vergangenen Jahren – mit Sicherheit nicht geben würde. Aber wir Jäger sind ja unverbesserliche Optimisten. Wenn das nicht so wäre, würden wir uns wohl kaum nächtelang bei Eis und Schnee, Regen und Sturm im Revier aufhalten.
Nach einiger Zeit fielen beim wegaufwärts stehenden Nachbarschützen zwei Schüsse. Mein Gefühl sagte mir: Der hat vorbeigeschossen, aufgepaßt. Und tatsächlich: Unterhalb meines Standes huschte ein kapitaler Waldhase, vom Stand meines Nachbarn kommend, zwischen den Eichen hindurch, bog ab und hoppelte stichgerade auf mich zu. Im Schuß aus dem linken, engen Schrotlauf lag er still im braunen Fallaub. (Ich schieße, auch auf Treib- oder Drückjagden, nur mit einem Schrotlauf. Das hat zwei Gründe: Einmal erzieht das zu diszipliniertem Schießen und zum anderen braucht man, wenn der Einstecklauf drinnenbleibt, die Waffe nicht jedesmal neu einzuschießen.) Im Verlauf dieser gemütlichen Hasenjagd schoß ich noch einen zweiten, nicht minder starken Löffelmann – und wurde Jagdkönig.
Unvergessen sind mir auch die Stunden danach. Unser aller Freund, Hugo, hatte die Teilnehmer zu sich in den Weinkeller eingeladen. Das war immer eine ganz spezielle Angelegenheit, zu der es meist nur anläßlich besonderer Ereignisse kam. Hugo besaß Spitzenweinlagen; die Qualität seiner Rebensäfte war entsprechend …
Wie oft er tief unten in den „Katakomben" des Kellers verschwand und mit einer verstaubten Flasche zurückkehrte, wußte später

Starker Fuchsrüde aus der Ranzzeit 1991.

Fuchsrüde am gerissenen Kitz.

Winterliches Weidwerk: Mehrmalige Impfaktionen und ganzjährig beschickte Luderplätze machen solche Strecken erst möglich.

keiner mehr zu sagen. Hugo kredenzte die erlesenen Tropfen, und die Stimmung war prächtig, Höhepunkt der gemütlichen Jägerrunde war stets die Solo-Gesangseinlage unseres Gastgebers: „... der Pulversack ist leer, der Hund, der steht nicht mehr ...“ An seinem fünfzigsten Geburtstag sollten wir wieder seine Gäste sein. – Er hat ihn nicht mehr erlebt! Fünf Monate vor seinem großen Tag trugen wir ihn zu Grabe, erklang „Halali“ und „Jagd vorbei“ im Moseltal bei Zell.

Vor meinem geschlossenen Leitersitz lag eine ca. zwei Hektar große Rapsfläche, die leider bald als Gründüngung untergepflügt werden würde. Weil der Raps zur Zeit sehr gut stand, war es kein Wunder, daß er regelmäßig vom Rehwild und sogar einigen Hasen besucht wurde.

Gemütlich saß ich in dem Sitz und überlegte, ob das Rehwild wohl aus dem linken Ginsterhang oder von rechts, aus der Laubholzhecke anwechseln würde. Ein riesiger Hase enthob mich zunächst aller Überlegungen und Spekulationen – er war plötzlich da, wie aus dem Grün herausgewachsen. Ohne Beutetrieb besah ich ihn mir mit dem Glas. Mensch, dachte ich, hat der einen gewaltigen Kopf, mit einem Schnurrbart wie Kaiser Wilhelm. Dann legte ich das Glas weg, wartete weiter auf Rehwild. Nach einigen Minuten erneuter Griff zum Doppelglas. Diesmal beeindruckte Mümmelmann mich noch mehr. „Schau ihn dir mal durch das Zielrohr an“, raunte mir eine innere Stimme zu, und wie unter einem Zwang nahm ich die Büchse hoch, stützte die Ellbogen auf Brüstung und Knien gut ab, stach ein, entsicherte, tupfte die Spitze des Absehens auf den Hinterkopf zwischen die Löffel – und drückte ab. Der Schußknall verhallte und es war wieder kirchenstill um mich herum. Oben, wo der Hase saß, war nichts mehr zu sehen, keine Bewegung, nichts. Mittlerweile war es dunkel geworden, daß ich getrost abbrechen konnte, um zu schauen, was ich da wohl angerichtet hatte. Angerichtet? Kommen mir da etwa Zweifel an meiner Schießfertigkeit? Schwerfällig und vom Sitzen steif, stakste ich zum Anschuß hinüber. Dort lag er ja, genau in der Ackerfurche – mit Kopfschuß ... Na, wer sagt's denn!

Im gleichen Jahr – im Winter – saß ich im selben Revierteil, nur einige Hundert Meter weiter östlich. Diesmal führte ich die Büchse, weil mehrmals Fährten von Sauen und Rotwild im Schnee standen. Als bis 23.00 Uhr immer noch keine Sau zu sehen war, entschloß ich mich, den Ansitz abzubrechen. Noch einen Rundblick durch das Glas, dann wollte ich nach Hause, in's mollig warme Zimmer, über vergangene, weitaus erfolgreichere Jagdtage sinnieren. Halt, zurückschwenken; am linken Feldrand war eine Bewegung! Ja, richtig, ein Hase! Und was für einer! Das war keiner der mickrigen Sorte. Sollte ich es versuchen? Jetzt, kurz vor dem Heimweg, wäre er mir eine höchst willkommene Beute. Leise ging ich in Anschlag; der Sitz ist so eng gebaut, daß man die Arme bestens abstützen kann und bombenfest steht das Absehen auf dem Kopf von Meister Lampe. Schuß … dann platschender Kugelschlag – und da hoppelte der Hase davon.

Nanu: Vorbeigeschossen! Das Geschoß war, dem merkwürdigen Kugelschlag nach zu urteilen, offenbar auf einen Stein geschlagen.

Am anderen Tag inspizierte ich mit dem Jungjägeranwärter Franz-Josef, Luderplatz und Wildacker – und stand plötzlich vor dem mit bestem Kopfschuß auf dem Fleck verendeten Hasen. Ein zweiter Hase, den ich übersehen hatte, war nach dem Schuß geflüchtet und brachte mich zu der irrigen Überzeugung, vorbeigeschossen zu haben. Die Moral von der Geschicht: Immer, aber wirklich immer, den Anschuß prüfen …

Zum Leidwesen der Winzer liegen die Hasen häufig im Weinberg. Die mit Brombeeren und anderem Gesträuch bestockten Brachen zwischen den Bebauungsflächen bieten sich den Hasen als Deckung förmlich an; Äsung gibt es auch genug, was wollen die Löffelmänner also noch mehr. Die sporadisch durchgeführten kleinen Treibjagden im Bereich der Weinberge bescheren mehr zerschossene Rebstöcke als Hasen.

Viel erfolgreicher jagte ich im Winter mit dem Einstecklauf, wenn der Mond am Himmel stand. Behäbig pirschte ich dann die Wege entlang, immer wieder stehenbleibend, und die Rebenzeilen mit dem Glas ableuchtend. Auf Schrotschußentfernung kam ich nicht heran.

Meist flüchtet der Hase, wen er was gemerkt hat, den Weinbergshang hinauf und verhofft, wenn er sich halbwegs in Sicherheit wähnt, um zurückzuäugen. Diesen Moment muß man genau abpassen, flugs an einem Rebstock anstreichen, und dann einen ruhigen Schuß hinaufzirkeln.

Mein erfolgreichster Pirschgang an einem schneereichen Wintermorgen brachte mir zwei prächtige Hasen und ein Rickenkitz.

Ab Mitte November ist es abends kaum mehr möglich, einen Hasen mit der Kugel zu schießen; es ist beizeiten düster, so daß das relativ kleine Ziel nicht mit der erforderlichen Sicherheit getroffen werden kann. Gelingt dies doch mal, dann hatte garantiert Meister „Zufall" die Hand im Spiel. Wenn die Löffelmänner, wie das die Regel ist, nach 18 Uhr ausrücken, dann ist in den meisten Fällen – kommen sie nahe genug – gerade noch ein Schrotschuß gestattet. Diese mißliche Situation ändert sich erst, wenn Schnee fällt. Ja, dann sieht alles anders aus! Aber auf dieses Ereignis müssen wir Moseljäger oft lange warten. Doch die „wilde Jagdpassion" treibt einen jungen Jäger zu allen Zeiten, mögen sie auch noch so unwirtlich sein, hinaus ins Revier. Und so braucht es niemanden zu wundern, wenn diese Unentwegten mehr jagdliche Erfolge zeitigen als diejenigen, die zu Hause im warmen „Kessel" besseren Witterungen und Jagdaussichten entgegenträumen.
So weilte ich eines grauen Novembertages im Revier. Nach erfolglosem Ansitz strebe ich trüben Sinnes dem Auto zu. Da beginnt es plötzlich zu schneien; erst zaghaft, dann heftiger werdendes Flockengewirbel um mich herum. Am Auto angelangt, bedeckt eine dünne Schneeschicht die umliegenden Felder und Wälder. Und urplötzlich, vor wenigen Minuten nur erhofft, erwünscht, erträumt, ist das eintönige Grau/Braun eines tristen Spätherbsttages durch dieses hellsichtige Weiß des herrannahenden Winters erheblich aufgebessert worden. Das ermutigt mich zu neuen Taten.
Der im Auto abgelegte Dackel wird, ob es ihm paßt oder nicht, zunächst vertröstet, dann pirsche ich, von Schneeflocken umtanzt, der „Straßenleiter" entgegen. Die überdachte und bestens verblendete Leiter steht am Bestandsrand eines Fichten-Douglasien-Stangenholzes und ist über einen parallel zur Feldkante verlaufenden Pirschpfad gut erreichbar. Wenn Wild ausgetreten ist, vermag man es völlig unbemerkt über den stets sauber geharkten Pfad anzugehen. Behutsam taste ich mich von Stamm zu Stamm. Während draußen alles weiß überzuckert „leuchtet", ist es hier im Holz immer noch recht dunkel. Und da der Pirschpfad nicht schnurgerade verläuft, muß ich höllisch achtgeben, nicht in das nebenanliegende sperrige Astwerk zu treten. Aber mit viel Geduld gelange ich an mein Ziel. Mit äußerster Konzentration, um nur ja kein Geräusch zu verursachen, hebe ich das Glas an die Augen und peile die linke Waldkante entlang, wo mir seit Jahren ein guter Paß gar manchen Hasenan-

blick und -beute bescherte. Und siehe da: Zwei starke Veteranen sind intensiv damit beschäftigt, die grünen Saatspitzen „freizulegen“, um sich daran gütlich zu tun. Sprungartig wird mein Herz unter dem Lodenmantel munter. Mancher Jäger, insbesondere der Niederwildspezialist, mag es nicht glauben, aber mir bedeutet ein mit der Kugel gestreckter, starker Waldhase viel, sogar sehr viel! Wie könnte es sonst sein, daß ich die Jagderlebnisse vieler Sauen und Rehe schlicht und einfach vergessen habe, während diese Hasen mit den dicken Köpfen und kapitalen Schnurrbärten mir nach Jahrzehnten noch im Kopf herumgeistern ...

Im Zeitlupentempo lasse ich das Glas herabsinken und bringe den Drilling am linken Leiterbaum in Anschlag, visiere dem links aufrecht sitzenden Hasen auf die Rippen und drücke ab. Mit deutlichem Kugelschlag sinkt der Hase zur Seite, liegt als dunkler Fleck noch eben erkennbar, im ersten Schnee des Jahres.

Der zweite Krumme steilt zu einem Kegel empor, flüchtet dann nach halbrechts in freies Feld, verhält, hoppelt einige Meter weiter und setzt ohne Argwohn seine karge Abendmahlzeit fort, als wäre rein gar nichts geschehen. Ich habe derweil den Sitz erklommen und schiebe die Läufe des Drillings über die Brüstung, und als ich das kalte Schaftholz an der Backe spüre, weiß ich, daß Meister Lampe verloren ist.

Mit dem geschulterten Drilling, in jeder Hand einen kapitalen Hasen-Rammler, wie man sie in den klassischen Niederwildgebieten nur vom Hörensagen kennt, stapfe ich im dichter werdenden Schneegestöber frohen Sinnes dem Auto zu.

Der nur 22 Zentimeter kurze Einstecklauf bescherte mir zunächst unsagbar viel Freude – und mannigfaltige Beute. Diese Erfolge konnten allerdings nicht über gewisse Konstruktionsmängel hinwegtäuschen; sie werden deutlich sichtbar, wenn man sich die Bauart des Einstecklaufchens genauer betrachtet: Vorn, im Mündungsbereich, liegt es völlig frei, ist also nicht – wie jetzt die langen Läufe – mit Klemmschrauben fixiert. Dies muß einfach – früher oder später – zu Störungen bzw. Schußabweichungen führen. Beim Schuß mit dem großen Kugellauf (oder Schrot), werden nämlich ungeheure Kräfte frei, die eine – sei sie auch noch so minimal – Verlagerung des lediglich an drei winzigen Auflageflächen im Schrotpatronenlager befestigten Einsteckläufchens durchaus zustandebringen können.

Wie eben erwähnt, schoß der „Kleine“ aus meinem Sauer-Drilling einige Jahre vorzüglich. Dann kam, was kommen mußte: Mißerfolge und Ärger! Ständig war ich damit beschäftigt, die Waffe neu einzuschießen; denn jedesmal, wenn ich danach mit großem Kaliber geschossen hatte, veränderte sich die Treffpunktlage des Einstecklaufchens. Folge: Fehlschüsse. Mancher Has’ und etliche Füchse gingen mir so „durch die Lappen“.
Im letzten Frühjahr war der Zeitpunkt gekommen, um den langgehegten Wunsch zu realisieren. Sechs Wochen betrug die Wartezeit. Dann kam „er“, schon ungeduldig erwartet, endlich zurück – mein in zahlreichen Gefechten bewährter, 25 Jahre alter Drilling – auf den neusten technischen Stand gebracht. Runde 1.400,– DM hat der Spaß insgesamt gekostet (mit Verschluß nachpassen und Schlagbolzen erneuern).
Und dann ... Ja, und dann schickte ich das Gewehr noch zweimal zurück in die große und renommierte Büchsenmacherwerkstatt, weil ich die Waffe nach dem Schuß nur öffnen konnte, wenn ich sie im Bereich der Scharnierwelle auf den Oberschenkel schlug. Beim genaueren Hinschauen und mehrmaligen Testversuchen stellte sich heraus, daß sich der Schlagbolzen im Zündhütchen verhakte und eine ovale Markierung hinterließ. Außerdem hatte man, und dies fiel mir als präzise arbeitender Handwerker besonders auf, die Schrauben am System ungenügend versenkt, so daß sie, mehr als zulässig, hervorlugten. Es bedurfte einiger Briefe und mehrerer Telefongespräche, bis es mir endgültig gelang, die Sache ins Reine zu bringen.
Aber trotz dieser ärgerlichen Zwischenfälle gab es auch etwas durchaus Positives zu vermerken: Die Treffpunktlage der Hornet war einsame Klasse; sie lag deutlich unter fünf Zentimeter Streukreisdurchmesser.
Der erste Schuß galt einem Eichelhäher, der in den Randästen eines Fichtenstangenholzes herumturnte. Als er mir die rotbraune Brust zeigte, drückte ich ab – und Markwart fiel hinunter ins Gras, mitten durch die Brust getroffen. Schußentfernung 110 Meter. Unglaublich!
Vom gleichen Hochsitz erlegte ich eine Woche später auf gut und gerne 100 Meter den ersten Hasen. Den zweiten schoß ich, allerdings nur 50 Gänge entfernt, mitten durch das Köpfchen. Ich war zufrieden. Das war es, was ich immer haben wollte ...

Seit ich den Hornet-Einstecklauf im Drilling führe, erlegte ich ein halbes Dutzend Hasen. Das ist zwar bei weitem nicht ausreichend, eine nur annähernd verbindliche Aussage über diese Errungenschaft zu wagen, aber vielleicht ist es mir vergönnt, zu einem späteren Zeitpunkt ausführlicher darüber zu berichten.
Von einem winterlichen Ansitzerlebnis mit nicht alltäglichem Ausgang möchte ich aber jetzt schon erzählen. Wir – sechs Jäger vom Niederrhein und ich – saßen in der warmen Jagdhütte und lauschten den Worten des Jagdpächters, der die „Sitzordung" für diesen Abend herausgab. Mein Sitz stand im äußersten nordwestlichen Revierteil, unweit der Grenze. Mit Sauen war dort nicht zu rechnen; wohl aber mit Rotwild.
Gegen 19.00 Uhr pirschte ich im Schneehemd zur „Klidinger Kanzel", die in einem teilweise mit Ginster und Schwarzdornhecken bestockten Ödlandstreifen steht. Nur 60 Meter nördlich hatte ich im letzten Frühjahr eine Salzlecke errichtet. Kurz vor dem Sitz angelangt, gewahrte ich zwei starke Wildkörper, die zwischen mir und der Salzlecke standen; durch das Glas erkannte ich zwei geringe Hirsche. Als der rechts stehende das Haupt in den Schnee herabsenkte, konnte ich ihn als geringen Sechser ansprechen – ein Hirsch der Klasse III also. Ihn zu erlegen, wäre eine Kleinigkeit gewesen, aber ...
Nun, ich war hier, um einen Fuchs oder Hasen zu schießen. Nachdem ich die beiden Geweihträger ausgiebig „studiert" hatte, pirschte ich zur Kanzel und richtete mich häuslich ein. Den Innenraum hatte ich speziell für kalte Ansitznächte bestens ausgestattet, so daß ich die vielstündigen Luderplatzansitze halbwegs wind- und wettergeschützt überstehen würde.
Mein Sinnen und Trachten galt ja, wie ich schon sagte, den beiden Fabeltieren Lampe und Reineke; möglicherweise gelang es mir an diesem eisigen Schneeabend sogar, beide zu erbeuten, was mir in nahezu 25 Jagdjahren noch niemals vergönnt war. Nun, um es nicht gar so weitschweifig zu schildern: Die roten Freibeuter befanden sich wohl schon frühzeitig auf „Hochzeitsreisen" in anderen Gefilden, aber die Hasen ... Oh ja, die Hasen sorgten, wie so häufig in diesem Revierteil, für Abwechslung und – reiche Beute. In jeweils ¾stündigem Abstand schoß ich mit der Hornet auf der halblinks vor mir liegenden eisig funkelnden Schneefläche drei „dicke" Hasen, die ich zu später Stunde buchstäblich zum weit entfernten Auto

schleppen mußte. Das sind jene denkwürdigen Ansitznächte, die einem für ewige Zeiten im Gedächtnis haften bleiben …

In den sechziger Jahren bejagte ich auch den gemeinschaftlichen Jagdbezirk von Bullay. In dem Revier war mit Schalenwild nicht viel los. Sauen kamen nur als gelegentliches Wechselwild im „Graben“, einer wüsten Kieferndickung, vor. In einer Zeitspanne von zehn Jahren schoß ich in Bullay nur eine einzige Sau, ein Überläufer von 35 Kilo. Mit Rehwild sah es etwas besser aus. Manchem guten Bock durfte ich, dem großzügigen Revierpächter sei's gedankt, die Kugel antragen. Ein besonderer jagdlicher Leckerbissen waren für mich die stillen Hasenansitze, die kleinen Treibjagden nicht zu vergessen, die Pirschgänge im Winter bei leichter Schneelage in den Steilhängen der Weinberge.

In jenen Jahren begab ich mich meistens auf „Schusters Rappen“ ins Revier. Bedächtigen Schrittes stapfte ich den steilen Weg hinan. Gerade hatte ich die Weinbergsgrenze zum Niederwald erreicht, da wird vor mir ein ungewöhnlich starkes Volk Hühner hoch; es streicht in leichtem Bogen von mir fort und fällt etwa 70 Meter wegaufwärts wieder in den Hecken oberhalb des Weges ein – und bringt dabei einen starken Mümmelmann auf die Läufe, der mir genau in den Schrothagel rennt.

Schräg gegenüber von Bremm liegt die Klosterruine „Stuben“. Das Kloster diente einst als adeliges Frauenstift, bis es im Jahre 1796 – zur Zeit Napoleons – aufgelöst und alsdann zerstört wurde. Zwischen diesen Mauern, wenn man's genaunimmt, mitten im Kloster, wachsen Hecken und Sträucher; das ganze ist von stacheligen Brombeeren unterwuchert. Auch rings um die Ruine steht viel Gekraut, Hecken, zwei Nußbäume und einige Weiden. Anschließend dehnen sich nach Osten, Westen und Süden relativ flach liegende Weinanlagen aus. Nur zur Moselseite – von einem Wirtschaftszweig flankiert, liegt die Ruine verhältnismäßig frei. Gegenüber erhebt sich, nur durch den Fluß und die Bundesstraße voneinander getrennt, die steilste Weinlage Deutschlands, der etwa 400 Meter hohe „Calmont“.

In dem Gemäuer des Klosters konnte man vor allem bei unruhigem, stürmischen Wetter fast regelmäßig einen Hasen antreffen. Wollte man die Erfolgschancen erhöhen, mußte man mindestens drei Schützen haben. Einer wurde auf der Moselseite am Seiteneingang angestellt, der zweite stand gegenüber, also oberhalb der südlich

vorspringenden Hecke, und der dritte schließlich betrat von Westen her die klösterlichen Gemächer. Es kam selten vor, daß kein Schuß gefallen ist. Meist war es unser immer am oberen Heckenrand stehender Jagdherr, Dr. F. Zilcken, dem es gelang, einen, manchmal sogar zwei Hasen sauber zur Strecke zu bringen. Ein anderer Schütze wäre dort kaum zu Schuß gekommen, weil es verteufelt schnell gehen mußte. Für den niederwilderfahrenen Doktor, der ganz vorzüglich schoß, konnten die Hasen gar nicht schnell genug sein ... An einem schneereichen Wintertag zogen wir zu fünf Jägern frohgemut zum Kloster, um den Hasen ein wenig Bewegung zu verschaffen. Kurz vor der Ruine wurde unser zügiges Anwechseln jäh unterbrochen. Alles stand wie angewurzelt auf dem Fleck. Auf dem Weinbergsweg stand die Fährte einer einzelnen Sau im Schnee. Wir anwesenden Saujäger schätzten das Stück auf 60 bis 70 Kilogramm. In bester Stimmung setzten wir unseren Weg fort, von dem inneren Wusch beflügelt, die Sau im dichten Geheck am Moselufer hochzumachen, denn dort müßte sie stecken.
Die diesmal mitgenommenen Treiberjungen unter der bewährten Führung von Obertreiber „Nuntius", der beim Anblick der Saufährte kaum noch zu bändigen war, drangen mit „Hei und Hopp" ins Dichte. Und sofort knallte es beim Doktor zweimal kurz hintereinander. Mit gewohnter Sicherheit schoß er zwei starke Hasen, die hochflüchtig die geheiligte, und nun so ungastliche Stätte zu verlassen trachteten. In seiner spontanen Art rief der Doktor frohgelaunt, daß man es drüben in Bremm hören konnte: „Und wieder zwei adelige Klosterrammler" !
Merkwürdigerweise waren die erbeuteten Hasen tatsächlich fast immer starke Rammler, worüber der wohlbeleibte Doktor gerne seine Späße machte.
Die Sau kam übrigens nicht vor! Später, auf dem Rückweg, sahen wir, daß sie nach hinten raus war und den völlig freien Weinberg als Fluchtweg zum darüberliegenden Wald benutzt hatte. Das machte mir arg zu schaffen; wäre ich doch 200 Meter oberhalb stehengeblieben, dann ... Aber warum traurig sein? Im Verlaufe der weiteren Jagd schoß ich zwei Stubener-Kloster-Hasen; diesmal nicht direkt in der Ruine, aber in deren unmittelbaren Nähe.
Standen mal keine Helfer zur Verfügung, konnte man mit etwas Glück auch alleine erfolgreich jagen. Zur kulinarischen Gestaltung der Weihnachtsfeiertage brauchte ich mindestens einen Hasen. Es

hatte in der vergangenen Nacht leicht geschneit. Fast am Kloster angelangt, hörte ich von der nahen Mosel ein lautes „Rä-räp-räp“. Enten!
Im Winter konnte man sie hier häufig antreffen. Wie elektrisiert stand ich einen Augenblick still und horchte in Richtung Mosel. Ja, dort war es wieder: „Räp-räp-räp“. Ein Entenbraten wäre auch nicht übel! Mit schußfertigem Drilling schlich ich auf das mit Hecken bewachsene Ufer zu. Hei, da flitzte vor meinen Füßen ein Krummer aus der Sasse und raste dem Weinberg zu! Im ersten Moment war ich dermaßen verblüfft, hier, bei dem starken Schiffsverkehr, einen Hasen anzutreffen, daß ich die gute Chance fast verpaßt hätte. Doch dann reagierte ich um so schneller. Der Drilling zuckte hoch, und bevor mein Has' hinter den vom Hochwasser niedergedrückten Ufergewächsen verschwinden konnte, dröhnte der Schuß hinaus und ließ meinen Weihnachtsbraten beinahe in's Wasser rollieren.
Der schwierige Schuß gab mir Selbstvertrauen, beflügelte mich zu weiteren Taten. Forsch lenkte ich meine Schritte zum unteren Seiteneingang der Ruine. Im Inneren wurde ich langsamer, schob mich, alle Sinne auf's äußerste gespannt, behutsam in Richtung Haupteingang. Sollte ein Hase hochwerden, dann mußte es schnellgehen, sonst war er, ehe ich mich versah, hinter der hohen Mauer verschwunden, unerreichbar für meinen Bleihagel. Fast am Ende angelangt, verhielt ich kurz und wollte den Weg wieder zurück, da geschah es: Ein starker Hase sprang hoch und strebte mit hastigen Fluchten dem Ausgang zu. Doch meine reaktionsschnell hingeworfene Schrotgarbe ereilte ihn, bevor er hinter der hohen Mauer verschwinden konnte. Hurra!
Ist die jagdliche Ausbeute dieses Revierteils auch sehr bescheiden, so zieht es mich doch immer wieder zum ehrwürdigen Kloster, um mir den einen oder anderen Hasen zu holen.
In dem Hochwildrevier Beuren gab es außer vorzüglichen Schalenwildbeständen auch genügend Hasen, die jahrelang nicht bejagt wurden. Der Pächter dieser hervorragenden Voreifeljagd ist Niederrheiner und reist verständlicherweise nicht fast 300 Kilometer an, um einen Hasen zu schießen. Niederwild kann er zur Genüge in seinem Heimatrevier erlegen. Das hatte für uns beiden Revierbetreuer den Vorteil, daß wir nach Herzenslust dem Weidwerk auf Mümmelmann frönen konnten.

Eine Treibjagd wurde nicht abgehalten, so ergab es sich, daß die Hasen ausschließlich auf dem Ansitz geschossen wurden.
Eine großangelegte Treibjagd mag dort, wo es sinnvoll ist, durchaus ihren Reiz haben, doch mir liegen diese lauten Jagden nicht. Die Beute wird von den Treibern aufgenommen, zum Sammelplatz oder Wildwagen getragen und verschwindet in der Anonymität der Masse. Der stille Ansitz bringt zwar nur bescheidene Beute, die man dann aber frohen Herzens selbst nach Hause trägt. Darauf kommt es mir an!
Ein geschlagenes Dutzend Ansitze widmete ich einem mir seit langem bekannten Hasen. Ich sah ihn fast jedesmal, hatte sogar zweimal die Waffe im Anschlag; jedoch regelmäßig gelang es dem Langohr, sich im allerletzten Moment in den Randbüschen zu verkrümeln.
Sein Zuhause war ein kaum 40 Meter breites, mit Ginster und Laubmischhölzern gesäumtes Wiesentälchen. In Ermangelung eines am rechten Fleck stehenden Hochsitzes mußte ich mich zu ebener Erde – wie so oft! – auf dem Rucksack ansetzen. Diese Jagdart begeistert mich heute wegen ihrer knisternden Spannung noch!
Ganz langsam kriecht die Dämmerung die Wiese hinauf. Ein Schmalreh zieht nur wenige Schritte an mir vorbei; es folgt ein Sprung von sechs Rehen. Und der starke, schon wieder gute Baststangen aufhabende Altbock, um den sich der Jagdpächter im verflossenen Sommer so lange vergeblich mühte, bummelt gemütlich hinterdrein. Da sehe ich im schwindenden Licht einen schnell huschenden Schatten vom Ginsterrand sich lösen. Der Hase! Heftig beginnt das Herz zu klopfen. Ganz vorsichtig hebe ich den Drilling, doch Mümmelmann hoppelt außerhalb des Bereichs meiner Schrote talwärts. Für den Einstecklauf wäre die Entfernung zwar noch gut, aber es ist mittlerweile zu dunkel geworden für einen gezielten sauberen Kugelschuß.
Ja, so ging das nun schon zwei Wochen. Am nächsten Tag, einem Samstag, war „Hasensilvester“. Auf einen erneuten, wenig Erfolg versprechenden Abendansitz wollte ich es diesmal nicht ankommen lassen. Also beschloß ich kurzerhand, eine kleine Treibjagd auf diesen Hasen zu machen. Meine beiden ältesten Kinder, Iris und Rolf (13 und 11 Jahre jung), sollten mir die schmale, stark unterwachsene Hecke, aus der mein Has’ meist ausrückte, durchtreiben.

Ich postierte mich an der engsten Wiesenstelle, wo ich den Paß zum gegenüberliegenden Ginsterhang vermutete. Zu meinem nicht geringen Kummer stand die Spätnachmittagssonne über der Bergkuppe und schien mir, stark blendend, genau in's Gesicht. Na, wenn das mal gutginge! Sollte dieses Schlitzohr etwa beim letzten Versuch erneut das Glück auf seiner Seite haben?
Die beiden Treiber machten ihre Sache gut. Plötzlich erschien der Schlaumeier am Rande des Ginsters, kam regelrecht angeschlichen, war sofort wieder im Unterwuchs verschwunden. Die tief stehende Sonne erschwerte eine genaue Beobachtung ungemein, ja, machte sie schier unmöglich. Meine Treiber kamen mit Stöckeklopfen immer näher. Der Krumme mußte sich, halbrechts, am Rande der Hecke, drücken. Und plötzlich war er da! Mit dicht anliegenden Löffeln, Bodenunebenheiten und hinausragende Grasbüschel geschickt als Deckung nutzend, kam er ganz flach angefegt. Im Schuß flog Wolle auf, doch mit unverminderter Geschwindigkeit wetzte er kaum fünf Meter an mir vorbei. Schnell kippte ich die Läufe ab, Hülse raus, neue Nr. 5 rein, und bevor er das jenseitige Holz erreichte, ereilte ihn der Hasentot. Voller Freude bückte ich mich und nahm meine Beute auf, strich den Balg glatt, winkte dann meine beiden Helfer herbei, um sie für die gute Arbeit zu loben; ohne ihre Mithilfe wäre ich leer ausgegangen.
Ein Blick auf die Uhr zeigte uns, daß die Zeit noch reichte, einen Hochsitz zu beziehen. Der Hase wurde im Kofferraum verstaut und ab ging die Fahrt zum Revierteil „Muhr“. In einem Ginsterstreifen stand eine hohe, geschlossene Kanzel, von Wintersaatfeldern flankiert, auf denen häufig Hasen ästen.
Ich rechne mit dem Auslauf nicht vor 18 Uhr. Aber es gibt – wie in anderen Bereichen des täglichen Lebens – die berühmten Ausnahmen. Da … eine Bewegung an der äußersten, dem Dickungsrand naheliegenden Saatfeldstreifen. In freudiger Erwartung zuckt die Hand zum Glas. Als ich es an die Augen nehme, erkenne ich eine starke Wildkatze, der körperlichen Dimension nach zu urteilen, ein Kuder. Sie äugt mit höchster Aufmerksamkeit zum Ginster und springt mit weiten Sätzen ab. Nanu, Sauen im Anmarsch? Nein, in der linken Feldecke stand plötzlich ein Fuchs; einige Meter schnürt er die Feldkante entlang und verschwindet im Dichten, bevor ich ihm etwas tun konnte. Es ging aber gleich weiter. Meiste Reineke hatte die Bühne soeben verlassen, da erschien sein persönlicher

Freund Lampe. Schnell hoppelte er vom gefahrbergenden Holzrand zur Feldmitte, setzt sich hoch auf die langen Sprünge und äugt neugierig in die Runde. Nun mußte ich mich entscheiden: Entweder den Hasen erlegen oder auf das ungewisse nochmalige Erscheinen des Fuchses warten. Ich hielt mich an das bekannte Sprichwort: „Besser ein Spatz in der Hand, als die Taube auf dem Dach“ und trug dem Hasen die kleine Kugel an. Er fiel um und lag still; weiß leuchtete die Bauchwolle aus der Saatfläche herüber.

Mittlerweile war es so finster geworden, daß nur mit dem starken Glas Einzelheiten einigermaßen erkennbar waren. Beim wiederholten Ableuchten der linken Saatfläche, sah ich dicht neben dem geschossenen Hasen einen weiteren seelenruhig äsen. Durch das schwache, vierfache Zielglas konnte ich kaum etwas ausmachen. Nur die markant-weiße Bauchseite des liegenden Hasen war deutlich zu erkennen. Da kam Bewegung in das Bild – Mümmelmann rückte ganz nahe zur hellen Balgstelle, so daß ich ihn, zwar nur als Schemen, aber immerhin zu erkennen vermochte – und drückte ab. „Plopp“ tönte der Kugelschlag an mein lauerndes Ohr – der dritte Silvester-Hase lag ...

In den letzten Jahren lernte ich eine herrliche Jagdart auf Hasen kennen, die mir bis dahin nur aus Büchern und Jagdzeitschriften bekannt war: das Jagen mit der Alpenländischen Dachsbracke. Der interessierte Leser wird jetzt fragen: Wie kommt man zu einem Hund, der bei uns höchst selten vorkommt, dessen Heimat Österreich bzw. die Alpenländer sind? Nun, entweder muß man sehr, sehr weit fahren, zudem Mitglied des Zuchtvereins sein – oder man muß ganz einfach Glück haben. Und das hatte ich zweifellos. Unser Kreisgruppenvorsitzender, Lorenz Steden aus Cochem, züchtete mit seiner „Burgel v. d. Trelleburg“ zwei Würfe; vom zweiten Wurf erwarb ich mit viel Glück, wie schon gesagt, einen Welpen – „Brax v. d. Winneburg“, der sich zu einem kapitalen Rüden entwickelte. Aber ich möchte nicht vorgreifen und der Reihe nach erzählen:

Schon sehr zeitig, der Hund lebte im fünften Monat, brachte ich ihn mit dem ersten Hasen in Berührung, den ich zu Beginn der Jagdzeit mit dem Kügelchen geschossen hatte. Der Hund wußte zu meinem Erstaunen mit ihm überhaupt nichts anzufangen.

Vier Wochen später ließ ich den Hund im Hochwald hinter der Jagdhütte frei suchen. Als er mit der Nase am Boden in den westlich des hohen Holzes liegenden Randhecken verschwand, schob ich mal vorsichtshalber eine Schrotpatrone in den linken Lauf und postierte mich in die spärliche Deckung der nächststehenden Eiche. Da wurden im dürren Gras vor mir zwei schwarzgesäumte Löffel sichtbar, die sich wippend in meine Richtung bewegten – der Hase. Im Schrothagel rollte er in's Fallaub, und da kam der Hund auf der warmen Spur angefegt und fand „seinen" Hasen; er hatte also den Krummen hochgemacht und – ohne Laut zu geben – gejagt. Das ist bei einer Bracke eigentlich unvorstellbar! Aber ich mußte Geduld haben, weil das Hündchen ja noch so jung war. Überschwenglich wurde er gelobt, abgeliebelt und durfte den Hasen ausgiebig bewinden.

Auf dem Heimweg fuhr ich mit dem Auto einen Feldweg entlang, der in ein Douglasienstangenholz einmündet. Dort saß ein Hase zwischen den Wagengleisen und mümmelte vom kargen Gekräut. Sehen, anhalten und den Hund auf der nagelfrischen Spur anrüden, war ein Werk weniger Sekunden. Mit tiefer Nase verschwand „Brax" unter den weit ausladenden Randästen. Ich war alleine, sah nichts, hörte nichts. Aber dann ... Ja, richtig, da war's wieder, diesmal deutlicher, wenn auch noch recht zaghaft – Spurlaut, der sich jetzt talwärts entfernte. Mein Gott, war das eine Freude! Glücklich fuhr ich, als der Hund zurückkam, heimwärts.

In der Folgezeit ließ ich keine Gelegenheit verstreichen, den Junghund auf der Hasenspur zu arbeiten. Eine gute Möglichkeit dazu bot ein Hase, den ich im Laufe des Sommers häufig aus den Randhecken des weiter nördlich der Jagdhütte liegenden Eichenhochwaldes zu Felde rücken sah. Zwei, drei Ansitze zu Anfang der Jagdzeit bescherten zwar den erhofften Anblick, aber keine Beute. Also mußte man es anders versuchen. Ich ließ den Hund frei suchen, lenkte seine Aufmerksamkeit jedoch gezielt auf die ins Feld vorspringende Waldspitze, wo ich die Sasse des Hasen vermutete. Fasziniert beobachtete ich den prächtigen Rüden bei der Arbeit, nahm dieses herrliche, ja einmalige Bild der suchenden Bracke mit der steil hochragenden, ständig „kreisenden" Bürstenrute, in mich auf. Das Kerlchen war zu diesem Zeitpunkt ganze sechs Monate alt und tat gerade so, als hätte er noch nie was anderes gemacht.

Mit schußfertigem Drilling ging ich langsam vorwärts, hatte den locker mit Hecken und Brombeeren bestockten Waldrand fast erreicht, da wurde der „Drückeberger" vor mir munter – und überschlug sich, als ihn der Bleihagel von hinten einholte. Sofort

war „Brax“ über dem Hasen, um ihn interessierte zu bewinden, allerdings ohne zuzupacken.
Derartige Erfolgserlebnisse sind für den heranwachsenden Junghund das „Salz in der Suppe“; er wird für spätere Einsätze bestens motiviert. Während dieser Zeit sollte der Hund möglichst wenig, am besten überhaupt nicht, mit Rehwild in Berührung kommen. Deshalb hielt ich mich meist in dem Gelände um das Kloster Stuben auf, wo mit an Sicherheit grenzender Wahrscheinlichkeit kein Rehwild, dafür aber Hasen anzutreffen sind. Manchmal fuhr ich in der Dämmerung hinaus, wenn die Hasen auf den Wirtschaftswegen herumhoppelten, und ließ „Brax“ die frischen Spuren ausarbeiten. In einem Fall durfte er sogar einen Fuchs durch die Weinberge jagen, der kurz vor dem Auto über den Weg geflüchtet war. Das tat er ausgiebig und kam erst nach einer halben Stunde zurück.

Eine Woche vor der Anlagenprüfung (Der Hund muß eine Fuchs- oder Hasenspur ausarbeiten; bewertet wird: Art der Suche; Halten der Spur und laute Jagd) saß ich in einem engen Wiesentälchen auf Hasen an. Zu ungewöhnlich früher Stunde (17.00 Uhr) beschoß ich mit dem Einstecklauf einen Hasen. Am Verhalten erkannte ich: Gefehlt!
Sofort verließ ich den Sitz, lief mit dem Hund (der unter dem Hochsitz abgelegt war) zum Anschuß hinüber und rüdete ihn, als er die Spur fest in der Nase hatte, mit „Such' den Has' – Has'“ an. Spurlaut jagte „Brax“ durch die lichten Hecken in Richtung Feld. Weiter oben bog die laute Jagd nach Westen ab, was mich sehr besorgt machte, denn am oberen westlichen Heckenrand verlief die Straße zum nächsten Dorf. Alsdann vernahm ich aber frohen Herzens, daß der Hundelaut nun hinunter ins Tal ging, und dann sogar auf mich zukam. Flugs rannte ich hinüber zur breiten Leitungsschneise, um besseres Sicht- und Schußfeld zu bekommen. Und kaum hatte ich mein Ziel erreicht, kam auch schon der Hase. Etwa 25 Gänge vor mir „schlich“ der Bursche. Widergänge machend, durch den Brombeer- und Grasbewuchs. Doch just in dem Moment, als die Löffelspitzen hinter einem weißtrockenen Grasbüschel verschwanden, warf ich den rauhen Schuß hinüber, während der Rüde weiter oben im Holz lautgebend die Spur ausbuchstabierte. Neugierig machte ich einen langen Hals und sah beruhigt den Hasen, von weißflockiger Wolle umgeben, liegen.

Und da war der Hund über ihm, packte zu und schlug sich beherzt die Beute um die Behänge; wehe demjenigen, der jetzt versucht, den Hasen anzurühren …
Am Hubertustag weilte ich allein im Revier. Seit einigen Jahren bejagen meine Jagdherren das weibliche Rehwild weitgehend selbst. Das hatte zur Folge, daß ich in diesen Monaten viel konzentrierter den Hasen und natürlich dem Raubwild nachstellen konnte. Zunerst fuhr ich in unser Hasenrevierteil „Stuben", um „Brax" eine Freude zu machen. Weiß vom Rauhreif und hart gefroren lag die Fläche – am unteren Rand die Ruine herausragend – vor mir. Bald merkte ich, daß der Hund zwar eifrig suchte, aber keinen Hasen finden konnte. Endlich klappte es doch; mit überschlagendem Hals jagte „Brax" sichtlaut, dann ruhiger werdend, spurlaut – und nach nur vierminütiger „Lauter Jagd" kehrte er zurück. Der Frost macht ihm die Arbeit schwer!
Danach schickte ich „Brax" in die dichten Uferhecken der Mosel; er verschwand darin, daß das dürre Rohrgezweig nur so krachte. Dieses Spektakel brachte einen mittleren Hasen auf die Läufe, der diese nun unruhige Gegend schnellstens verlassen wollte, indem er in's freie Weinberggelände flüchtete. Nach dem Schuß drehte er vom Weg ab und hoppelte schwer krank in den linken Rebenhang. Während ich die Waffe herunternahm und nachlud, folgte der Hund laut jagend der Spur – dann herrschte Ruhe, er hatte gefunden, der Hase lag …
An einem anderen Tag postierte ich mich höher in den sanft ansteigenden Hang mit besserer Übersicht über das Gelände. In neunzig Prozent aller Fälle wird der Hase, wenn er herausgestoßen wird, hangaufwärts flüchten. Der neben mir unangeleint laufende Hund wußte, warum wir hier waren. Fiebernd wartete er auf mein „Such' den Has' – Has'". Und ab ging's in die mit dem rechten Arm angezeigte Richtung. Weiträumig suchte der Rüde die Weinanlagen ab. Endlich, nach längerer Wartezeit, höre ich den dunklen Laut der Bracke, immer wieder unterbrochen, um die raffinierten Widergänge und weiten Absprünge des Langohrs auszutüfteln. Nach etwa fünfzehn Minuten kam die Jagd näher. Oberhalb des Weges auf dem ich stand, befindet sich eine junge Rebenanpflanzung. Dort wischte der Hase, weit vor dem Hund, rüber. Ich lief den Weg runter und sah den Hasen eine Rebenzeile hinunterhoppeln, genau auf mich zu. Das ist eine klare Sache … dachte ich – und schoß den

Hasen wie ein Anfänger vorbei. Ein richtig schlechtes Gewissen hatte ich, als der Hund zu mir kam und mich fragend anschaute: „Na, Alter, wo ist denn unser Hase?“

Jagen mit dem Hund ist spannendes, hochbeglückendes Weidwerk. Hier geht es nicht darum, „dicke“ Beute zu machen, hier steht echtes, ursprüngliches Jagen im Vordergrund des Geschehens, hier hat das Wild mit seinen uns überlegenen Sinnen die größeren Chancen!

Nach einjähriger Praxis wurde der Hund in seinen Leistungen wesentlich besser und gefestigter, was beim Verlauf einiger Schweißarbeiten deutlich sichtbar wurde; auch anläßlich gelegentlicher Hasensuchen erkannte ich eine kontinuierliche Leistungssteigerung. Allein das Zuschauen, wenn der Hund mit tiefer Nase sucht, dabei weder Dornen noch sonst unwirtliche Gewächse scheut, läßt das Herz jedesmal höher schlagen.

Selbst im Fach „Wasserarbeit“ stand und steht dieser den Alpenländern entwachsene Hundeschlag durchaus seinen Mann; längst hat „Brax“ auch in diesem Fach die Gesellenprüfung bravourös bestanden. Das Bringen einer Ente aus tiefem Wasser bereitet dem Rüden keine Probleme. Nach meinem Kommando „Bring die Ente“ hechtet er ins Wasser, packt den Vogel und bringt ihn mir ans Ufer. Dann beginnt allerdings ein Ringen um die Beute. „Brax“ sieht es einfach nicht ein, weshalb er mir „seine“ mühselig erarbeitete Beute abliefern soll. Aber diese Kraftproben verlaufen in der Regel so, daß der Leithund die Oberhand behält; das wäre ja noch schöner: Ein kurzer, nicht destoweniger energischer Griff auf die empfindsamen Lefzen und die Ente hat den Besitzer gewechselt.

Aber diese gelegentlichen Entenjagden laufen gänzlich nebenher. Meist schaue ich, wenn das Bestreben, einen Löffelmann zu überlisten, fehlgeschlagen ist, mal eben am Moselufer nach den Breitschnäbeln (die hier bei uns viel zu selten bejagt werden, so daß die einstmals so scheuen Vögel gegendweise fast handzahm wurden). Wenn sie da sind, na gut, dann schießt man eben eine oder zwei, schon um dem Hund die Freude an der Wasserarbeit zu erhalten. Damit hat es sich dann aber auch.

Am Vorabend des ersten Advents rief Freund Günter an und bat mich, am nächsten Morgen einen Krummen nachzusuchen. Obwohl ich für jeden Einsatz des Rüden dankbar bin, mußte ich in diesem Falle jedoch zunächst einmal absagen. Warum? Nun, die

Herbstlicher Kugelhase aus dem Revier Briedel/Mosel.

Steil gegen den Hang verlaufender Pirschweg mit eingehauenen Stufen und stabilem Handlauf.

Der Leitersitz im Rohbau.

Hasenspur, ohnehin mit Wittrung nicht übermäßig behaftet, verliert nach wenigen Minuten schon so viel an „Duft", daß selbst die hervorragende Hundenase sie nicht mehr wahrzunehmen vermag. Das sagte ich meinem Freund. Doch er ließ nicht locker: „Ja" erwiderte er, „das weiß ich alles. Aber dieser Fall hier ist anders gelagert; ich beschoß den Hasen vom Hochsitz aus mit der kleinen Kugel (22 Magnum). Auf dem Anschuß liegt ein ganzer Haufen Wolle und der Fluchtspur konnte ich mit bloßem Auge folgen – überall Schweiß. Der Krumme liegt mit Bestimmtheit in der Fichtendickung!"
„Na ja, wenn das so ist, dann kann man es ruhig mal versuchen", gab ich zur Antwort. Als wir am nächsten Morgen kurz vor 9.00 Uhr am Anschuß standen, präsentierte sich der Wald in schönstem Rauhreif. Herrlich sah das aus. Jeder Landschaftsmaler gäbe wer weiß was dafür, ein solches Motiv mit dem Pinsel einzufangen. Aber ich ... nein, ich vermochte mich – die bevorstehenden Schwierigkeiten für die Hundenase im Sinn – überhaupt nicht darüber zu freuen, wohl wissend, daß dieser Eisbelag, wie eine Isolation wirkend, die Wittrung abdeckte. Da an dieser Waldkante kaum mit Sonneneinwirkung und alsbaldigem Hinwegtauen des Rauhreifes zu rechnen war, legte ich den Hund am ersten Schweiß „zur Fährte". Und wider Erwarten hielt er zielstrebig die Spur oder, besser gesagt den Schweiß. In der „warmen" Dickung lag – außer auf den kleinen Blößen – kein Reif.
Günter hatte recht: Der Krumme schweißte derart stark, daß man annehmen mußte, ihn jedem Moment zu finden; und dort, wo er verhofft hatte, sah es aus wie im Wundbett eines Stück Schalenwildes. Aber das Blatt wendete sich: Plötzlich wurde der Schweiß von Meter zu Meter geringer und nach etwa 300 Meter kamen wir nicht mehr vom Fleck. Ende! Ich zog den Hund ab, gab die Suche schweren Herzens auf. Das war leider nichts zu machen, der Hase hatte zweifelsfrei einen Streifschuß.
Das gute Wetter ermutigte mich, am zeitigen Nachmittag – zwischen Mittagessen und Kaffee – nach „Stuben" zu fahren. An Sonntagen ist es dort besonders günstig – meist ist man mit dem Hund allein; weder Auto noch Traktor machen die Gegend unsicher; das ist ein gutes, beruhigendes Gefühl ...
Mit gewohnter Intensität suchte „Brax" die von den Hasen häufig aufgesuchten, windgeschützten Felsenköpfchen und brombeerbe-

wachsenen Brachen ab. Nichts. Es schien so, als seien die Hasen „ausgewandert". In solchen Fällen versuche ich es – quasi als „letzte Rettung" – am unteren Rand der Weinanlagen zur Mosel hin; zwischen den untersten Rebstöcken und dem Fluß wuchern auf lockerem, trockenem Sandboden Weidengehölze und Rohrgewächse aller Größenordungen sowie eine mannigfaltige Krautflora. Hier mußte, so glaubte ich, mit Verstärkung gearbeitet werden.

Also schickte ich auch noch Falk, meinen elfjährigen Sprößling, mit ins Dichte. Wo, wenn nicht hier, sollten die wetter- und windempfindlichen Hasen liegen.

Als Falk meinem Stand näherkam, rief ich ihn zurück, denn dort, wo er mühselig herumkraxelte, war kurz vorher schon überall der Hund gewesen. Gemächlich flankierten wir hinter dem Hund in Richtung Grenze hinunter. Und just, als ich die Aktion als gescheitert zu beenden trachtete (das wäre nicht das erste Mal!) bemerkte ich, wie der Hund sehr heftig und konzentriert eine weinbergsnahe Brache mit Erfolg „durchackerte". Mit schneller werdendem Herzschlag sah ich, wie „Brax" den langgesuchten Hasen „sticht" (so sagt der Brackenjäger, wenn der Hund den Krummen hochmacht) und durch die blattlose Rebanlage jagte.

Meister Lampe kam im Bogen dem Weg zugeflitzt, wo ich ihn, mit der Flinte im Voranschlag, sehnsüchtig erwartete. Und da war er schon fast über die schmale Freifläche hinweg; erst im buchstäblich letzten Augenblick „warf" ich, mehr vom Instinkt geleitet, als schießstand- und schulmäßig erlernt, die Fünfer-Schrote hinüber. Verärgert stellte ich fest, daß der Krumme mit unverminderter Geschwindigkeit bergwärts weiterflüchtete, gefolgt von der spurlaut jagenden Bracke.

„Der Has' hat Schrot!" sagte ich zu dem hinter mir stehenden Jungen. Ich glaubte, eine leichte Richtungsänderung bemerkt zu haben. Lauthals ging derweil die Jagd weiter. Wie lange mochte „Brax" wohl diesmal die Spur arbeiten? Ich schaute schon auf die Uhr. Dann plötzlich Ruhe. Kein Laut mehr. Has' tot? Möglich wäre das schon. Eilends hasteten wir den leicht ansteigenden Hang hoch, überquerten mehrere Wirtschaftswege – und da sah ich weit oben in einer Rebenzeile den hirschroten Hund auf seiner Beute „thronen". Ja, das war die richtige Bezeichnung: Jeder Zentimeter ein stolzer Sieger, mit weißflockiger Hasenwolle umflortem Fang und kühnem Blick ... Aber je höher ich zu dem ungleichen Paar hochstieg, je näher ich herankam, um so mehr veränderte der Hund seine Haltung. Und als ich endlich über den beiden stand, lag „Brax" mit dem Kopf flach auf dem starken Hasen, zugleich ein furchterregendes, abgrundtiefes Knurren aus dem geöffneten, starken Fang hervorgurgelnd. „Brax" weigerte sich – wie immer – entschieden, „seine" mühsam erjagte Beute freiwillig herauszurücken. Falk kannte die Eigenarten des Hundes und verdrückte sich ins Auto. Das war mir recht so; in dieser Situation war es besser, mit dem giftenden Rüden allein zu sein. Nun, es mag Jäger geben, die ihren Vierbeiner in derartigem Fall mit rigorosen Mitteln zurechtknüppeln würden. Ob das richtig oder falsch ist, möchte ich dahingestellt sein lassen. Ich jedenfalls versuchte es andersherum: In monotonem Tonfall sprach ich beruhigend auf den erregten Hund ein. Er duldete sogar – was einer anderen Person nie und nimmer möglich gewesen wäre –, daß ich ihm sanft über den Kopf streichelte; anstatt ihn zu bestrafen, wurde er zunächst mal für seine „gute Tat" gelobt und abgeliebelt. Es wäre kaum von Vorteil gewesen, den Hund in dieser Situation zu bestrafen; er hatte, seiner Erbanlage entsprechend, etwas völlig Legales getan, was zudem von mir stets gefördert wurde. Deshalb ließ ich ihn eine Zeitlang gewähren. Dann faßte ich mit mählich fester werdendem Griff den linken Behang, griff nach, packte eine handvoll Kopfhaut dazu und drückte den nunmehr praktisch wehrlosen Hund entschlossen (nicht brutal) zu Boden – und der leicht zerzauste Krumme wechselte den Besitzer. In der gleichen Sekunde war „Brax" wieder der liebenswerte Freund und Jagdbegleiter ...

Um seine künftigen Hasenspurinteressen weiterhin zu steigern, schärfte ich den Löffelmann auf, entnahm ihm Lunge, Leber und Herz und machte den Hund, nach Art der Schweißhunde, ausgiebig „genossen". In meinem Bestreben, das Interesse des Hundes für die Hasenspur zu intensivieren, schreckte ich vor nichts zurück. Selbst totgefahrene Hasen, die man zu unserem Leidwesen ja immer wieder findet, zerkleinerte ich, beließ wohlweislich sogar Balgfetzen daran und warf sie dem Hund in den Zwinger. Wenn dies mein Nachbar sah (stolzer Besitzer eines auf Winzigkeit gezüchteten Yorkshire-Terriers), ein pensionierter Mathematiklehrer, dann standen ihm die spärlich verteilten Haupthaare buchstäblich kerzengerade zu Berge.

Es mag zutreffen, daß selbst Führer von Jagdhunden meine Methode stirnrunzelnd und mit nachdenklich wiegendem Haupt zur Kenntnis nehmen, vielleicht sogar kritisieren bzw. mit dem Argument kategorisch ablehnen: Der Hund wird so förmlich zum Anschneiden abgerichtet. Nun gut, der Einwand mag berechtigt sein. Und dennoch bin ich der Meinung, daß man die Dinge differenzierter betrachten sollte; denn gesunde Hasen bekommt der Hund nicht, und wenn mal einer krankgeschossen wird, bin ich ja in der Regel gleich zur Stelle, um ihn mir anzueignen.

Ein Hasenjagderlebnis ist in meiner Erinnerung besonders nachhaltig haften geblieben. An einem Novemberwochenende hatte der Weingutsbesitzer, Ph. H., zu einer kleinen Hasenjagd in der Vulkaneifel eingeladen, bei der auch weibliches Rehwild freigegeben war. Deshalb entschloß ich mich bei der Waffenwahl für den Drilling. Diese Entscheidung sollte sich später als ein ausgesprochener Glücksfall erweisen ...

Das erste Treiben, ein teils mit Hecken, teils mit Stangenholz bewachsener Hang, bescherte uns östlich postierten Flankenschützen unerwarteten Anblick – und mir unverhoffte Beute.

Wir standen auf einer wenig befahrenen Landstraße. Mein nördlicher Nachbarschütze, ein 65jähriger Jungjäger, sollte später noch auffallen.

Die Treiber hatten die ersten feldnahen Hecken erreicht, da war plötzlich der Teufel los: Eine starke Rotte Sauen flüchtete auf einem grabenartigen Geländeeinschnitt zu und verschwand, ein Eichenstangenholz querend, in einen riesigen Dornenverhau. Nur einer gelang dies nicht.

Der Deutsch-Kurzhaar des Revierinhabers hatte einen kräftigen, etwa 50pfündigen Frischling gestellt und attakierte ihn dermaßen, daß er der Rotte nicht folgen konnte. Blitzschnell kramte ich das Ziefernrohr aus dem Rucksack, hakte es ein und ging, die Leitplanke als Auflage benutzend, in Anschlag. Mittlerweile hatte sich das Kampfgetümmel in eine brachliegende Wiese verschoben. Würde der Rüde die Sau noch eine Sekunde beschäftigen, dann war sie mein. Hinter mir hörte ich Stimmengemurmel; ein halbes Dutzend Zuschauer hatte sich versammelt, Autofahrer, die die Sache mit Begeisterung verfolgten. Noch konnte ich nicht schießen, zu dicht deckte der Hund die Sau. Nur Ruhe. Irgendwann würde der Abstand ausreichen, den Schuß anzutragen, ohne den wertvollen

Hund zu gefährden. Da zerriß eine Schrotdetonation die Stille des Tales. Nanu, was sollte das denn bedeuten? Im Blickwinkel des rechten Auges sah ich, wie mein Nachbar die Waffe absetzte, Rauchwölkchen kräuselten aus der Mündung ...
Verdammt und zugenäht! Hatte dieser Kerl doch die Sau mit Schrot beschossen – auf 75 bis 80 Meter. So ein Wahnsinn! Fürchterlich, dieser Jagdneid ... Die besten Freundschaften sind daran schon gescheitert!
Erneuter Blick durch's Zielfernrohr. Erleichtert sah ich, daß Hund und Sau noch an gleicher Stelle standen. Jetzt war ich an der Reihe: Der Hund machte einen Satz nach rückwärts, und in gleichem Sekundenbruchteil peitschte mein 7 x 57 R Teilmantelgeschoß (9 g) aus dem Lauf und warf die Sau auf die Wiese. Applaus in meinem Rücken. Ach ja, da standen die Zuschauer ja noch. Ich war so mit dem Wild beschäftigt und hatte alles um mich herum vergessen.
Meinem Nachbarschützen sagte ich nur: „Du hättest Deinen Drilling mitnehmen sollen, dann wäre diese Sau da drüben Dein gewesen – Deine erste! ..."
An diesem Tag schoß ich keinen Krummen mehr. Aber mit dem Ergebnis dieser Hasenjagd war ich dennoch sehr zufrieden ...

# Eine außergewöhnliche Leiter-Kanzel

In welcher Gegend auch immer ich mich aufhalte, schaue ich mir mit wachem Interesse die jeweiligen Reviereinrichtungen an, um mir einerseits für die eigene Praxis Anregungen zu holen, und um andererseits ein Bild über die örtlichen Jäger zu erhalten; denn Hochsitze sind die jagdliche Visitenkarte der Revierinhaber.
An dieser Stelle könnte ich jetzt wieder einige Mißstände in deutschen Revieren, in unserer ohnehin so sehr gebeutelten Landschaft anprangern, aber das habe ich schon so oft getan, daß ich hier getrost darauf verzichten kann. Diesmal soll von einer Hochsitzkonstruktion die Rede sein, wie ich sie in dieser wirklich ausgereiften, wenngleich eigenwilligen Form, noch nirgendwo zu Gesicht bekam, ja, ich gehe sogar noch weiter und behaupte: Sie ist wohl einmalig, was Sitzkomfort, Sicherheit und Einfügungsvermögen ins Landschaftsbild betrifft.
Die Innen-Aufstieg-Konstruktion ist zwar keineswegs neu, aber es dauerte lange Jahre, bis sie – durch fortwährende Verbesserungen – zur heutigen Perfektion gelangte.
Damit man einen anschaulichen Gesamtüberblick über Bauweise, Bemaßung, Material sowie das benötigte Werkzeug bekommt, möchte ich „meine“ Leiter in Wort und Bild dem interessierten Leser vorstellen. (Ich bin gern bereit, Interessenten den Sitz im Revier zu zeigen).
Die Gesamthöhe beträgt sechs Meter (oder nach Bedarf), mit einer Sitzhöhe von etwa fünf Meter. Die Breite und Tiefe ergeben sich einmal aus der Sprossenlänge (ein Meter) und den beiden Riegeln, auf denen das Sitzbrett befestigt wird (1,10 Meter). Der Sprossenabstand (von Oberkante zu Oberkante) beträgt 28 Zentimeter.
Als Fußstütze hat sich ein umklappbares, stabiles Brett bewährt, das im Abstand von ca. 45 Zentimeter von der Sitzbrettoberkante angebracht wird; das Sitzbrett (etwa 0,97 Meter breit und mindestens 0,50 Meter tief) ist geteilt und wie die Fußstütze mit verzinkten Scharnieren ausgestattet, so daß man bequem von unten einsteigen kann.

Das Dach ist – vom Sitzbrett gemessen – vorne 95 Zentimeter und hinten 1,20 Meter hoch. Die vordere Stützgabel (im Foto gut zu erkennen) wird zwischen Sitzriegel und Gewehrauflage mit starken Nägeln (mindestens 180 mm lang) befestigt. Um eine effektive Abstützung nach vorne und zu beiden Seiten zu erhalten, verlaufen die etwa 5,50 Meter langen Stangen rhombusartig auseinander; der untere Seitenabstand beträgt mindestens vier Meter; die Stützgabel wird unten horizontal und nach oben diagonal verstrebt und durch zwei zusätzliche Stangen mit der Leiter verbunden, wodurch eine kompakte Einheit mit außerordentlicher Stabilität entsteht. Um die allerletzten seitlichen Schwingungen des Aufbaus herauszunehmen, werden schräg nach hinten ebenfalls zwei stabile Diagonal-Stützen (ca. sechs Meter) gesetzt. Der Sitz steht jetzt bombenfest – obwohl er ja nicht im Boden eingelassen wurde – als wäre er einbetoniert.
Doch gegen die Urgewalten der wilden „Wibke“ waren zwei Leitern nicht gefeit – sie wurden regelrecht ausgehoben und auf's „Gesicht“ geworfen. Wenn man bedenkt, daß im Hochwald hinter der Hütte selbst 180jährige Eichen umgefegt wurden, braucht man sich über nichts mehr zu wundern ... Um mir den traurigen Anblick weiterer Sturmschäden zu ersparen, wurden die beiden letztjährigen Neubauten mit jeweils sechs Erdankern aus Winkeleisen zusätzlich gesichert.
Die Gesamtsicherheit unserer jagdlichen Einrichtungen wird durch die Stärke des verarbeiteten Holzes maßgeblich beeinflußt. Deshalb wähle ich querschnittstarkes Material: Leiterbäume sowie alle anderen Streben haben ca. zehn bis zwölf Zentimeter.
Selbstverständlich werden die kräftigen Sprossen sauber entrindet, angeblättet und in genau ausgearbeiteten Kerben gesetzt. Spätestens bei der Ausführung dieser Arbeit wird man Einblick in die handwerklichen Fähigkeiten des Erbauers erhalten, hier sondert sich gewissermaßen die Spreu vom Weizen. Aber man kann alles erlernen! Das genaue Einpassen der Sprossen kommt nicht alleine der Sicherheit zugute, sondern ebenso dem Jagderfolg, weil beim Besteigen (also bei Belastung) so lästigen Geräusche wie Knacken und Knirschen fast völlig ausgeschaltet werden. Wer das Holz zwecks wesentlich längerer Haltbarkeit konservieren möchte, dem empfehle ich eine sorgfältige Behandlung mit Holzteer oder Bitumen-Streichmasse an den Leitereinkerbungen und den der Witterung

besonders ausgesetzten Kopfenden der Stangen. (Einige Leitern dichtete ich, mit bestem Erfolg, mit stets elastisch bleibender Silikonmasse ab).
Die Bauart der „Leiter-Kanzel“ hat u. a. den Vorteil, daß man sie am Boden – bis auf die später problemlos auflegbaren Dachplatte sowie die eventuell gewünschte Bretter-Seitenverkleidung – fast alles fertigstellen kann. Aufgerichtet wird der Sitz mit vier kräftigen Helfern: Zwei stemmen die Leiter von Sprosse zu Sprosse hoch, während die beiden anderen die zuvor seitlich angenagelten Stützen nachschieben; mit der Wasserwaage wird die Stellung (am besten am Sitzbrett) ausjustiert, die restlichen Stützen und Streben angenagelt – fertig.
Wer gern gut gedeckt und völlig windgeschützt sitzen möchte, kann die Leiter, je nach Bedarf, mit Brettern verkleiden, die wiederum mit Dachpappe oder ähnlichem Material beschlagen werden (verzinkte Pappnägel verarbeiten).

Das benötigte Material:

2 Stangen für Leiter – sechs Meter (oder nach Bedarf)
2 Stangen für Stützgabel – 5,50 Meter (je nach Gelände)
2 Stützstangen für hinten – sechs Meter (je nach Gelände)
2 Stangen für Aufbau – 3,20 Meter
2 Riegel für seitliche Gewehr- bzw. Armauflage – 1,40 Meter
2 Riegel für Sitzbrett – 1,10 Meter
2 Riegel für Dach – 1,80 Meter
16 Sprossen – ein Meter

Zwecks weiterer Verstrebungen und Stabilisierung werden noch vier bis fünf Stangen benötigt.

*Bretter:*
(etwa 1,5 x 15 cm) nach Bedarf

2 Eternitplatten – 1 Meter x 1,80 Meter

*Nägel:*
Für Verkleidungsbretter (je nach Stärke) – 55/65/80 mm;
Sprossen 100/120; Streben 160/180; stärkeres Holz 210 mm

## Leiter-Kanzel (Seitenansicht)

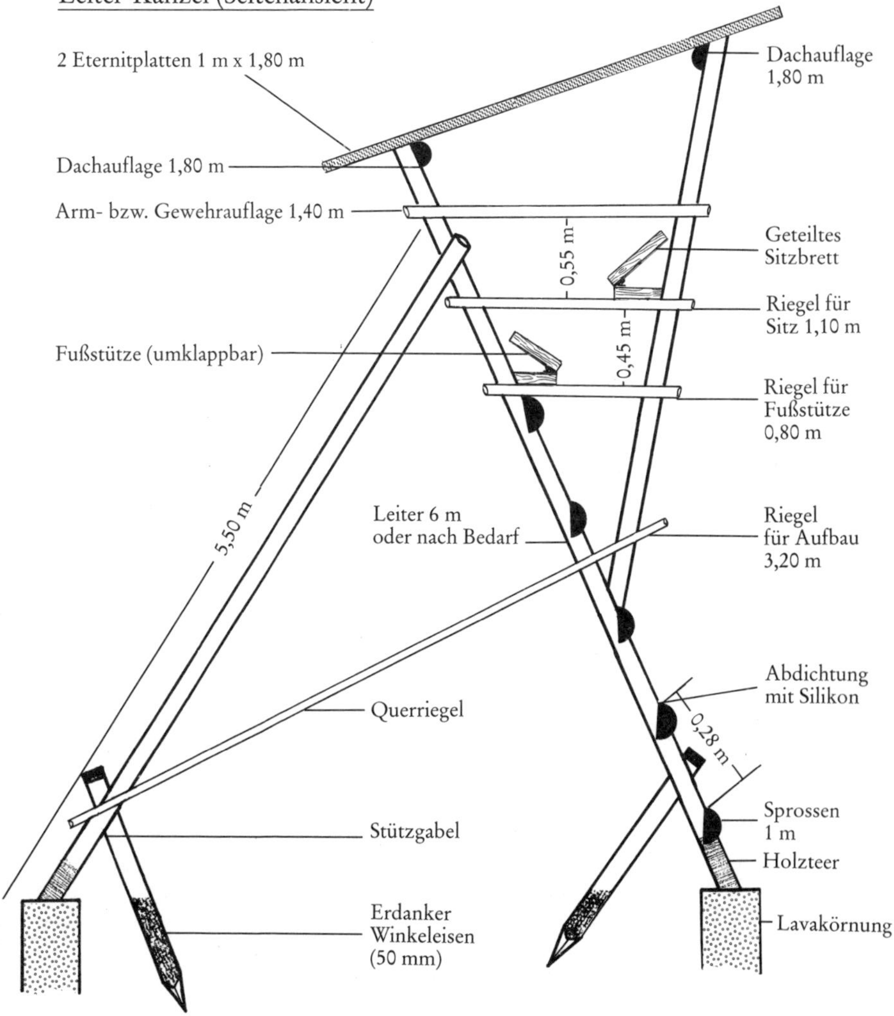


Die rhombusförmige Stützgabel wird im Bereich zwischen Sitz-Riegel und Armauflage befestigt.

Die häufig zusätzlich eingebaute Stütze durch die Mitte der Leiter erübrigt sich hier, weil die Sprossen aus querschnittstarkem Holz gefertigt werden und absolut sicher sind.

*Verzinkte Holzschrauben:* (für Dach):
6 x 90 mm (Man kann das Dach auch nageln.)

*4 Stück verzinkte Scharniere* (mit Schrauben)

*Werkzeug:*
Leichte Motorsäge, Handsäge, scharfe Axt, Hammer, Zollstock, Wasserwaage und Winkel (70°).
Den 70°-Winkel benötig man, um die Riegel für das Sitzbrett sowie Arm-(Gewehr)-Auflage in die richtige Stellung zu bringen.

Am besten werden Fichtenstangen verarbeitet, die im Winter, wenn der Saft draußen ist, geschlagen worden sind; dies ist einmal wegen des wesentlich geringeren Gewichts und nicht zuletzt wegen des Aufreißens des Holzes sinnvoll. Werden die Stangen im Frühjahr/Sommer geschlagen, ist ein allzufrüher Fäulnisprozeß vorprogrammiert.

Der fertige Sitz läßt sich gut verblenden, so daß man ihn von hinten völlig unbemerkt angehen, besteigen und ebenso wieder verlassen kann.

Die Aufstellzeit beträgt (ohne Verkleidung) zwei Stunden. Nicht unerwähnt lassen möchte ich, daß der Sitz auf Lavakörnung gestellt wird, damit das Regenwasser absickern kann. Diese Maßnahme verlängert die Lebensdauer des guten Stücks um einige Jahre. Die Gesamtkosten belaufen sich auf ca. 200,– DM. Hab' ich's nicht gesagt: Ein außergewöhnlicher Sitz?

# Wie alt ist der Bock?

Mit den Böcken ist das so eine Sache; in der Regel reagieren die Revierinhaber da äußerst zurückhaltend, weil sie das männliche Wild selbst oder aber mit den engsten Freunden bejagen möchten. Dafür sollte man Verständnis haben!

Mir selbst war das Glück jedoch insofern hold, als ich gleich zu Beginn meines Jägerlebens Pächter kennenlernte, die mich – aus den unterschiedlichsten Gründen – an der Ernte des Trophäenwildes teilnehmen ließen.

Der erste war ein hocherfahrener Weidmann, der schon unglaublich viel Wild erlegt hatte, so daß er nicht mehr unbedingt jeden Bock selbst zu erlegen trachtete; bei ihm durfte ich vor allem dort frei jagen, wo er als älterer, wohlbeleibter Herr nicht so leicht hinkonnte, das heißt in schwierig zu begehenden Revierteilen, die es hier an der Mosel mehr als reichlich gibt.

Der zweite Pächter war sowohl altersmäßig als auch in jagdlicher Hinsicht genau das Gegenteil: ein junger, unerfahrener Mann ohne jegliche Jagdpassion. Beide Männer waren für mich ein ausgesprochener Glücksfall: Ich durfte den kompletten Abschuß des weiblichen Rehwildes tätigen und etliche Böcke dazu. Da ich beide Reviere (das hunsrückseitige war Neef; auf der Eifelseite Bremm I) teilweise zur gleichen Zeit bejagte, kam es nicht selten vor, daß nach Ablauf des Rehbocksommers bis zu zehn frisch aufgesetzte Gehörne meine Wand zierten. Das waren Zeiten!

Aber schon in der Bibel steht es: „Nach sieben fetten Jahren werden sieben magere folgen ...“ Mir erging es ebenso; die Pachtperioden der beiden Reviere liefen aus, und ich mußte wieder bescheiden in die Reihen jener zurücktreten, die mit freudigem Herzklopfen eine Knopfbockfreigabe entgegennehmen.

Dann wurde es eines Tages wieder etwas besser. Der neue Pächter in Bremm, E. Bärwolf, übertrug mir – nach einigen Jahren der Abwesenheit – neben Jagdschutzaufgaben, ein gewaltiges Arbeitsprogramm. Die Reviereinrichtungen waren restlos heruntergekommen und bedurften einer gründlichen Überholung bzw. Erneuerung.

Mein Einsatz fand Achtung und Anerkennung – und wurde belohnt: Ich durfte in den folgenden Jahren gar manchen Bock nach Hause tragen; auch diesmal war mein Hauptjagdgebiet der Weinberg mit seinen Brachen und Hecken. Wenn ich die Wildschadenbeschwerden der Winzer an den Pächter übermittelte, pflegte dieser nur lakonisch zu sagen: „Red' nicht soviel – schieß'!"
Während meiner genau fünfjährigen Jagdschutztätigkeit im benachbarten Tausend-Hektar-Revier-Beuren, war es mir zwar vergönnt, einige Kümmerer zu strecken – aber nicht einen guten, reifen Bock. Dennoch war ich keineswegs unzufrieden; denn je seltener man auf eine bestimmte Wildart jagen darf, desto überschwenglicher ist die Freude und Dankbarkeit, wenn ... ja, wenn man beispielsweise unverhofft einen Bock freibekommt, dem man nach mühevollem Weidwerk endlich in die Stangen greifen kann.
Als ich in der ersten Hälfte der siebziger Jahre in diesem hervorragenden Revier tätig war, beschränkten sich meine Aktivitäten in der Regel auf Sauen, Füchse und Hasen. Davon gab's genug, und die bei diesen Wildarten so mannigfachen Bejagungsmethoden füllten mich restlos aus. Zu einem Rehgehörnchen kam ich nur dann, wenn der Pächter dringend einen Küchenbock brauchte und partout keinen vor die Büchse bekommen konnte. Das kam, wie ich schon sagte, nicht gerade häufig vor, hin und wieder aber eben doch ...
Jeder Jäger muß sich, wenn er erfolgreich weidwerken möchte, in Geduld und Ausdauer üben; ein „Jäger ohne Revier" muß sich in diesen Eigenschaften geradezu profilieren!
Im Juni und Juli war der Pächter und seine Gäste mit den Gehörnen einiger sogenannter Abschußböcke im Gepäck heimwärts zum Niederrhein gefahren. Nur einer, ein immer griesgrämig dreinschauender, permanent schlechtgelaunter „besserer Herr" kam und kam nicht zu seinem Bock. Seine zynischen Nörgeleien und üblen Verdächtigungen steigerten sich von Tag zu Tag entsprechend seiner Erfolgslosigkeit. Ein Ansitz mit diesem „Jäger" konnte schier zum Martyrium werden.
Eines Abends saß ich mit ihm auf einer uralten Kanzel in leicht ansteigendem, mit Hecken bestockten Hang, am Kopfende einer brachliegenden Wiese; talwärts erstreckten sich ausgedehnte Dickungen und Waldhänge. Der Gast, ein Schwager des Pächters, sollte einen guten Bock schießen. Nach geraumer Weile eisigen Schweigens legte er wieder los: „Was sollen wir überhaupt hier? – Es

ist doch sowieso kein Wild da. – Merkwürdig, daß ausgerechnet Sie immer die Böcke sehen ...!" Was soll man zu solchen Vorwürfen bzw. Verdächtigungen sagen? Nun, unsere Reviere sind nicht eben einfach zu bejagen. Und wer nicht bereit ist sich darauf einzustellen, nun, der hat es schwer ...
Oft steht das Wild in den unwegsamen, ausgedehnten Ginster-, Hecken- und Waldhängen, wo es Ruhe, beste Deckung sowie abwechslungsreiche Äsung hat.
Dauernd, langsam selbst unruhig werdend, sondierte ich mit dem Doppelglas das Gelände. Nichts zu sehen. Keine Kreatur belebte das Grün der Wiese. Der Gast saß rechts neben mir und schälte mit verkniffenem Gesichtsausdruck an einem Apfel herum.
Langsam kam die Dämmerung aus der Senke gekrochen. Mein Gott, wieder ein langer Ansitz umsonst? Nicht aufgeben, eine halbe Stunde hatten wir ja noch! – Drüben, am rechten Rand der Wiesenschlenke, eine schemenhafte Bewegung. Mit schneller werdendem Herzschlag griff ich zum Glas. Ein Bock! Heiliger Hubertus, hab' Dank – ein Bock! Deutlich sah ich den Pinsel. War das eine wohltuende Erleichterung. Endlich, endlich konnte der Gast seinen Bock schießen und würde danach vielleicht ein wenig freundlicher mit uns umgehen. Dann kam die Ernüchterung: Der Kümmerer hatte nichts zwischen den Lauschern stehen – nicht mal Rosenstöcke konnte ich mit dem dämmerungsstarken Glas ausmachen. Der mußte weg, auf jeden Fall. Doch die Reaktion des Gastes rettete ihm zunächst einmal das Leben: „Den schieß' ich nicht! Glauben Sie etwa im Ernst, daß ich meinen guten Bock gegen ein solchesBöcksken tausche!" Sprach's – und baumte ab ...
Ein paar Tage später kutschierte er als Schneider heimwärts. Das geschah ihm recht so!
Als der Pächter den Bericht hörte, gab er mir spontan diesen Bock frei. In der folgenden Zeit versuchte ich mit großem Eifer, seiner habhaft zu werden. Vergebens. Weder im Bereich der Wiese noch auf dem höher liegenden Kahlschlag, noch in der Nähe der nördlich emporragenden, waldnahen Feldkanzel, sah ich ein rotes Haar von ihm. Die stärkeren Böcke hielten den armen Wicht wohl ständig auf Trab; nur der Zufall konnte hier helfen.
Am 20. August saß ich wiedermal an der Wiese. Ein etwa drei- bis vierjähriger Spießer, den ich auch schon in der Nähe der beiden anderen Kanzeln sah, vertrieb mir die Zeit. Nach einer Stunde

gesellte sich ein weiteres Stück, unten aus der Hecke ziehend, hinzu. Zwei kaum erkennbare Erhebungen zwischen den nach Fliegen schlagenden Lauschern machten mich neugierig. Na endlich, da war er ja der vom Gast verschmähte Knopfbock. Die beiden Böcke äugten sich regungslos ausharrend an, bös der eine, ängstlich – absprungbereit – der andere. Jeden Augenblick mußte die Reise abgehen. Eile war geboten. Ein schneller Griff zur Büchse, kurz „Maß genommen" und „rumms" lag der Wicht im Kraut. Endlich! Freude und Genugtuung in meinem Inneren ...

An einem Sonntag im Juli hockte ich neben dem Jagdpächter in einem ginstergetarnten Schirm, um dem hier öfters gesichteten Rehbock die Kugel anzutragen. Meist zog er, wenn er nicht gerade im hohen Gras niedergetan döste, aus dem nördlich liegenden Dickungskomplex. Entgegengesetzt, in südlicher Richtung, breitete sich eine großflächige Wiesensenke aus. Obwohl zu ebener Erde sitzend, hatten wir einen geradezu phantastischen Überblick. In etwa 250 Meter Entfernung stand eine mäßig bestockte Ginstergruppe. Unmittelbar davor sahen wir plötzlich ein Reh. Nach sorgfältigem Ansprechen durch das aufgelegte Glas, erkannte ich, daß es ein geringer Bock mit nach innen gedrehten Spießchen ist. Als ich mein Ansprechergebnis dem Pächter zugeraunt hatte, rückte dieser, zu meiner nicht geringen Verwunderung, in Schußposition und schon donnerte der erste Schuß hinaus – vorbei; repetiert – Schuß – vorbei; repetiert – Schuß – vorbei. Obwohl die Büchse gut, ja optimal auflag, schoß der Mann sein ganzes Magazin leer, ohne dem Bock ein Haar zu krümmen. Wir brachen den Ansitz ab, und der Pächter war sehr still geworden. Während wir zum Auto gingen, brach es plötzlich aus ihm heraus: „Goergen, schießen Sie den Bock!"

In der darauffolgenden Woche schoß ich den Bock im hohen Gras glatt vorbei. Paar Tage später sah ich bei der Frühpirsch seinen mir nun schon bestens bekannten Kopf aus dem bunten Wiesenwuchs hervorlugen. Am Ostende der Wiese stand eine Kanzel, die ich genau eine Woche nach der ersten Begegnung mit dem Bock zum Frühansitz erklommen hatte. Kurz vor 8 Uhr zog der Bock aus der Ginstergruppe und äste sich behäbig zum vor der Kanzel verlaufenden Weg hin. Als er kurz vor dem Weg verhoffte, schoß ich, merkte aber sofort: Das ist nicht gutgegangen, kann nicht gutgegangen sein, weil ich gemuckt hatte.

Schwerfällig zog der Kranke auf den Weg hinaus, verhoffte zwischen den eingefahrenen Wagenrinnen und gab mir somit Gelegenheit, eine zweite, besser gezirkelte Kugel anzutragen.
Der Jagdpächter hatte seinen Freunden vom Niederrhein einen Rehbraten angekündigt. Aber trotz zahlreicher Ansitze, hing bis zum Tag der Abreise keiner im Kühlschrank. Das sind dann die Situationen, in denen sich von einer auf die andere Minute entscheidet, ob der „helfende Gast" oder der Revierbetreuer einen Bock freibekommt. Ja, so war's auch diesmal: „Schießen Sie einen geringen Bock. Aber nur unten in den Hanglagen, wo wir nicht so leicht hinkommen! Und, was ich noch sagen wollte, vergessen Sie die zu Schaden gehenden Sauen nicht über dem Handel!" Das versprach ich gern.
Um die schwarzen Zigeuner im ersten Morgengrauen auf dem Rückwechsel zu erwischen, verbrachte ich ungezählte Nächte draußen. An einem Julimorgen fuhr ich nach durchwachter Nacht – diesmal erfolglos geblieben –, dem heimischen Kessel entgegen. Wenige hundert Meter vor der Hauptstraße mündete ein Waldweg genau in die scharfe Linkskurve hinein. Dort hielt ich traditionsgemäß an; denn wenige Meter links gibt es eine Stelle, von der man das idyllische Erdenbachtal mit seinen saftigen Blumenwiesen vorzüglich zu überschauen vermag. In der vagen Hoffnung, es könnte ja mal ein „passender" Bock im Wiesengrund verweilen, schlich ich zu meinem Beobachtungsplatz. Zunächst fiel mir nichts auf; und weil mir bis zum Dienstbeginn nur noch wenig Zeit verblieb, schwenkte ich nochmal hastig mit dem starken Glas die Wiese längsseitig von oben nach unten ab – und da sah ich „ihn" unter einer bach- und grenznahen Schwarzerle flammend rot „leuchten". Eigentlich kaum zu übersehen. Wo, um Himmelswillen, hatte ich vorhin nur meine Augen?! Ein Riesensatz zum Auto, Büchse raus, Anschlag auf der grasgepolsterten Böschung – und dann ganz ruhig warten, bis der im Wildpret massige Bock, mit verbogener linker Stange und bebrillten Lichtern seine Breitseite zeigen würde. Er schien jedoch was anderes vorzuhaben, denn konstant spitz zog er zum nahen Bach hin, in dessen dichtem Ufergesträuch er bald unterschlüpfen würde. Ich mußte was tun! Aber was? Da fing ich zu schrecken an, laut und rauh, wie ein aufgebrachter, verärgerter (das war ich ja auch) Rehbock, daß es bös zurückschallte. Den Bock riß es nach links herum; argwöhnisch zu mir hochäugend stand er

jetzt breit. Und hinaus war das 10,5 g TIG und warf den Krummspießer in die bunte Wiese.

Im Jahre 1969 hatte ich, wie vorn schon erwähnt, in den beiden Mosel-Revieren „Bremm“ und „Neef“ freies Weidwerk auf alle vorkommenden Wildarten. Wegen der zahlreichen Sauen griff ich tief in die Tasche und erwarb eine neue Büchse. Man hat durch das Repetieren doch ganz wesentlich schneller einen eventuell erforderlichen zweiten Schuß parat, was ja bekannterweise gerade bei Sauen wichtig ist. Sitze ich mit dem bewährten Drilling an (er ist und bleibt die Idealwaffe der Mittelgebirgs- und Mischreviere), liegen stets mehrere Patronen griffbereit neben mir auf der Sitzbank, um notfalls möglichst schnell nachladen zu können. Das Nachladen der Kipplaufwaffe hat den nicht unerheblichen Vorzug, daß es völlig geräuschlos vor sich gehen kann, aber eben den gleichwertigen Nachteil, daß es in der Eile des Gefechtes zu lange dauert. Ein weiterer Aspekt, der mich zum kostenaufwendigen Neuerwerb einer Waffe beflügelte, war das für Sauen (und Rotwild) doch etwas schwache Kaliber des Drillings (7 x 57).
Eines Tages, rechtzeitig zum Aufgang der Bockjagd, hielt ich das gute Stück in den Händen, eine elegante „Mannlicher“ (mit 65 cm langem Lauf), im Kaliber 7 x 64, eingeschossen mit dem 10,5 g schweren Brenneke TIG.
Hätte ich allerdings den auf mich zukommenden Ärger nur erahnt, mein Gott, dann hätte ich mir den teuren Kauf wahrhaftig noch einmal überlegt. Nach jedem abgegebenen Schuß klemmte der Zylinderverschluß derart fest, daß ein weiteres Repetieren nicht mehr möglich war. Nur mit Handkantenschlägen auf den Kammergriff, die sich mit der Zeit recht schmerzhaft bemerkbar machten, vermochte ich die abgeschossene Hülse hinauszubefördern.
Es half alles nichts, ich mußte mich von der Waffe trennen und sie zur Überprüfung einschicken. Auf dem Bahntransport von Bullay nach Coburg brach, um die Pechsträhne abzurunden, auch noch der herrliche Ölschaft hinter dem Verschluß in zwei Teile. Angeblich war der Spezial-Karton bei diesem Gewaltakt unbeschädigt geblieben und ich mußte den Schaden (250,– DM) selbst tragen. Als dann, nach vielen Monaten, die kostspielige Waffe endlich zurückkam, sollte sie sogleich getestet werden, sowohl der Verschluß als auch die Treffpunktlage. Eine Scheibe wurde aufgestellt und mehr-

Eine Salzlecke, die nicht umfällt.

Die von mir gebaute, gedeckt stehende Kanzel kann man unbemerkt erreichen und ebenso verlassen.

mals beschossen. Ergebnis: Gerade noch Scheibentreffer, sehr tief. Zu allem Ärger und Verdruß, mußte ich noch eine halbe Schachtel Munition dranhängen und das gute Stück selbst einschießen. Aber: Jeder Ärger hat einmal ein Ende, so auch dieser. Um die Büchse im praktischen Jagdbetrieb ausgiebig zu testen, führte ich sie nunmehr täglich.
Eines Abends saß ich in einem Erdsitz, der kunstvoll in einer Hainbuchengruppe versteckt stand. Unmittelbar vor dem Sitz fiel der Hang steil ab, bis hinunter zum „Kandelbach". Die Gegenseite stieg ebenso steil wieder an. Im halben Hang, oberhalb eines Wirtschaftsweges, lag eine schmale Rebenanpflanzung, darüber, bis zur Feldkante reichend, Niederwald mit starken Verfilzungen am Rande. Genau gegenüber meinem Sitz hatte der Winzer eine doppelstubbengroße Blöße hineingeschlagen, auf der üppiger Stockausschlag wuchs. Aus Erfahrung wußte ich, daß dort mit Sicherheit Rehwild austreten würde; nur was – Ricke oder Bock? – das mußte ich noch herausfinden.
Plötzlich wurde es rot zwischen dem jungen sattgrünen Eichenstockausschlag. Das Glas gab mir Bescheid: Schmalreh. Es wurde von einem herabhängenden Hainbuchenast etwas verdeckt, was sich beim eventuellen Erscheinen des insgeheim erwarteten Bockes nachteilig auswirken konnte; also zog ich den daumendicken Ast vorsichtig herunter und schnitt ihn ab. So, nun durfte mein Bock kommen! Und – er kam ...
Das Schmalreh war, nachdem es ein paar zarte Blättchen gezupft hatte, wieder eingezogen. Eine habe Stunde später erschien am oberen Blößenrand ein weiteres Reh, stark im Wildpret und fahlgelb die Decke. Der Bock? Ja, er war es! Ihn anzusprechen bedurfte keiner großen jägerischen Kenntnisse. Der massige Hals, grauer Kopf und die sich oben fast berührenden, knuffigen Sechserstangen ließen mich sofort zur Büchse greifen. Die Entfernung betrug ca. 120 Meter. Ich hatte den Sitz so gebaut, daß man die Waffe gut auflegen und die Ellenbogen optimal abstützten konnte. Mit Blitz und Donnerschlag fuhr dem Bock das Geschoß ins Leben, woraufhin er mit Bersten und Krachen in die am unteren linken Rand der Blöße wuchernde Schwarzdornhecke flüchtete, aus der ich ihn nur mit größter Mühe bergen konnte.
Das Gehörn war – wie angesprochen – knuffig und das Alter schätzte ich auf gut und gerne acht Jahre. Aber dieser Bock hatte

noch eine Besonderheit aufzuweisen: Der linke Rosenstock war in jungen Jahren – durch Absturz oder Anfliehen eines Hindernisses – aus dem Schädel gerissen und genau daneben, oberhalb der Augenhöhle, wieder fest eingewachsen. Jene Stelle, wo der Rosenstock ursprünglich stand, überspannte eine Kallusschicht, die, wenn man den Schädel gegen helles Licht hält, sehr dünnwandig und äußerst zerbrechlich wirkt. Was es nicht alles in freier Natur gibt!

Es kam die Blattzeit. Mein Jagdherr Dr. Z. gab mir im weitab liegenden Revierteil „Breusch" noch einen guten Bock frei. Der Anstieg zur hoch auf der Bergkuppe stehenden Kanzel war beschwerlich. Mit viel Arbeit und Zeitaufwand legte ich einen serpentinenförmig verlaufenden Pirschpfad an, der durch privaten Mischwald, leidlich begehbar, hinaufführte und an der Hochsitzleiter endete. Der offene Sitz stand am Scheitelpunkt einer vier bis fünf Meter breiten, rechtwinklig verlaufenden Schneise, auf deren linker Seite ein klobiger Eichenstubben mit gut angenommener Salzlecke hochragte. Im Umkreis der Salzlecke hatte das Rehwild die breitflächig wuchernden Stockausschläge verschiedener Weichhölzer stark verbissen und zahlreiche daumenstarke Stämmchen verfegt. Da mußte also was los sein!

Am 31. Juli pirschte ich kurz vor 6 Uhr bergan. Am Bestandsrand, kurz vor dem Hochsitz, blieb ich stehen und blickte, wie immer, die Schneise hinunter – und sah gerade noch eine brandrote Ricke, dicht gefolgt von einem – wie ich sofort sah – guten Bock mit markant eng stehenden Sechserstangen. Mit zwei, drei weitausholenden Sätzen erreichte ich die Kanzel und kniete an einem Eckpfosten nieder, die Büchse schußfertig in den Händen. Im Holz hörte ich Äste knacken, vermischt mit dem Keuchen des Bockes. Da teilten sich die dicht belaubten Äste eines Hasels und die Ricke zog, weniger als zehn Meter vor mir, ins Freie; dahinter der Bock mit verdrehten Lichtern. Die beiden Hochzeiter waren so mit sich beschäftigt, daß sie nicht mal meine wenige Minuten alte Spur bemerkten.

Im Schuß warf es den Alten um, doch blitzschnell stand er wieder auf den Läufen, keilte heftig nach hinten aus und sprang in Richtung Pirschpfad von dannen. Verdammt, schoß es mir in den Sinn, den hast Du weidwund geschossen ... Noch hörte ich, angespannt lauschend, die Fluchtgeräusche, dann Knistern, Knacken, Laubgeraschel an einer Stelle – Bock tot!

Nach der Brunft saß ich im gegenüberliegenden Revier Neef auf einen guten Bock an, den der junge Pächter mir großzügig freigegeben hatte. Aber es wollte und wollte nicht gelingen, ihn vor den Büchsenlauf zu bekommen. Kein Wunder; denn die Böcke saßen müde und faul in der hohen Frucht oder schattenspendenden Gehölzen, um sich von den Strapazen der Blattzeit zu erholen. – In über vierzehn Tagen hatte ich nur einen jungen Sechser in Anblick. Beim 17. Ansitz wurde meine Ausdauer belohnt. Abends hatte ich eine halboffene Kanzel erklommen, die zwischen einer stark verfilzten Dickung einerseits und einem Weizenschlag bis zum Weg andererseits stand. Im mittleren Bereich der Parzelle (etwa 90 Meter entfernt), stand die sonst üppige Frucht recht dünn und niedrig. Dort bemerkte ich eine schemenhafte Bewegung. Durch das aufgelegte Glas sah ich einen guten Sechserbock, von dem nur der hochbewehrte Kopf sowie eine handbreite vom Hals über die Ähren hinausragten. Würde er nur einen Meter vorziehen, dann … Ruhig stand das Absehen auf dem Hals dicht über den im Wind hin- und herwogenden Ähren. Raus war das Geschoß – der Bock verschwunden! Drüben rührte sich nichts mehr. Leise raschelten die Halme im Abendwind. Spätsommerstimmung. Erntezeit. Mit freudig klopfendem Herz kämpfte ich mich durch den Halmenwald zum Bock. Ja, das war einer meiner Guten – und alt genug war er auch! Und das Geschoß auf dem Halswirbel ließ ihn augenblicklich verenden.

Damals, lieber Leser, war ich mächtig stolz auf meine brillante Schießleistung. Wenn ich freilich heute über diesen wirklich zweifelhaften Haltepunkt und seine möglichen Folgen nachdenke, sträuben sich meine Nackenhaare. In der „Pirsch“ Nr. 4/83, S. 202 und Nr. 15/91, S. 34 habe ich meine Gedanken und negativen Erfahrungen dazu veröffentlicht und möchte sie an dieser Stelle wiederholen; man kann nie genug auf diese Dinge hinweisen.

Die Bedienungsgriffe meiner beiden Gewehre waren mir in Fleisch und Blut übergegangen, und die Ergebnisse meiner Schüsse (siehe oben!) machten mich langsam übermütig. Bald schoß ich das Rehwild bis zu achtzig, neunzig Meter Entfernung nur mehr auf den Träger, worauf ich mächtig stolz war.

Das klappte jahrelang vorzüglich. Dann beschoß ich an einem Dezembertag ein nur vierzig Meter entferntes Rickenkitz. Zu meinem Erstaunen fiel das Stück nicht – wie gewohnt – um, sondern

sprang in den nahen Ginster ab, wo ich es längere Zeit elend röchelnd hörte, daß mir übel wurde.
Das Geschoß hatte, statt den Halswirbel zu zertrümmern, nur die Drossel gefaßt, so daß beim Atmen dieses widerliche Röcheln entstand, das ich mein Lebtag nicht vergessen werde.
Von diesem Tag an schoß ich dorthin, wo das Geschoß bei sämtlichen Schalenwildarten hingehört – nämlich auf die Kammer (Herz, Lunge). Wie leicht kann es bei diesen „Kunstschüssen" auf das dünne Hälschen auch zu schwersten Kieferverletzungen kommen, die in den seltensten Fällen Nachsuchenerfolg bescheren. Nein, mir reichte es!
Natürlich vertrete ich meinen heutigen Standpunkt auch anderen Jägern gegenüber. Allerdings sollte man als sogenannter Altjäger gegenüber weniger erfahrenen Jungjägern nicht den überheblichen Schulmeister oder allwissenden Jagdpapst herauskehren. Andererseits wiederum sollten Jungjäger, die jahrelang ihren theoretischen Stoff gebüffelt haben, nicht in besserwisserischer Manier ältere Jäger provozieren. Ausnahmen wird es – wie überall – auf beiden Seiten geben.

Ein Mann in mittleren Jahren, drei Jagdscheine in der Tasche, pries seine tollen Schießleistungen: „Ich schieße mein Rehwild ausschließlich auf den Hals!" waren seine kernigen Worte. Na, dachte ich, der muß ja schon einiges an Erfahrung gesammelt haben, und forschte vorsichtig nach, wieviel Schalenwild er erlegt habe. „Fünf Stück", lautete die lapidare, mich nachdenklich stimmende Antwort.
Dieser Jäger durfte eine von mir bestätigte uralte Ricke schießen, die – aus welchen Gründen auch immer – in diesem Jahr keine Kitze führte. Ich gab ihm im Verlaufe eines Gespräches den Rat – aus eigenem Mißerfolg klüger geworden –, dort hinzuschießen, wo man am besten trifft, nämlich aufs Blatt. Eines Tages erschien er nach dem Ansitz und jammerte über sein Mißgeschick. Nach dem „obligatorischen" Schuß auf den Hals – er konnte „seiner Gewohnheit" nicht widerstehen – flogen büschelweise Reh-Winterhaare auf dem Anschuß herum. Das Reh war abgesprungen, die Nachsuche, wie fast immer in solchen Fällen, erfolglos. Mit echtem Bedauern schwor er: „Nie mehr schieße ich auf den Hals!"

Nach meinem Dafürhalten ist, selbst bei geringster Entfernung, nur der Schuß auf die Kammer weidmännisch vertretbar. Das gleiche gilt natürlich bei Sauen. Wenn ich in Erlebnisschilderungen häufig lese oder in Unterhaltungen höre, wie man den Sauen „hinter die Teller schießt", plagen mich immer große Zweifel. Wer die Anatomie des Schwarzwildes einigermaßen kennt, wird diesen Zielpunkt energisch ablehnen; denn bei der starken Nackenmuskulatur der Sauen sind die Halswirbel, mehr noch als bei anderen Wildarten, nur zu erahnen. Erfahrene Jäger wissen das – und die sehr aktiven Schweißhundführer können „ein Lied davon singen!"
Um die Winzer bei Laune zu halten, gab mein Jagdherr mir – diesmal wieder in Bremm – außer dem weiblichen Rehwild, noch einen Bock frei. Es ist wichtig, den Leuten im Dorf zu zeigen, daß man ihre Sorgen ernst nimmt und ihnen, anstatt was vorzulügen, den erlegten „Weinbergs-Schädling" vorzeigt – und zwecks weiteren guten Zusammenwirkens, sogar eine frische Rehleber „frei Haus" serviert. Das hinterläßt immer einen guten Eindruck!
Mit diesem Bock klappte es wesentlich besser. Die brunftmüden Hochzeiter hatten sich mittlerweile erholt und zogen allenthalben zur Äsung aus; karge Zeiten standen bevor, und es mußte was „für die Figur" getan werden. Plötzlich sah man sie wieder, die man zuvor schon in den Ewigen Jagdgründen vermutet hatte. Da mir keinerlei Beschränkung – die Güteklasse betreffend – auferlegt worden waren, brauchte ich auch nicht so lange abzuwägen. An einem sonnenüberfluteten Endseptembertag kniete ich mit pochendem Herzen im nassen Kraut neben einem knuffigen, ungeraden Sechser.

Ein überaus erfolgreicher Rehbocksommer neigte sich dem Ende. Mein eingangs erwähnter Ärger mit dieser Büchse wurde durch die Erlegung der vier starken und alten Böcke zwar nicht gänzlich verdrängt, aber doch bedeutend erträglicher.
Bei der Bockjagd gab es mit dieser Waffe nur noch einen Zwischenfall, den ich gern erzählen möchte, weil er so trefflich veranschaulicht, niemals eine Zielfernrohrmontage zu wählen, die an der unteren Preisgrenze liegt.
In einem raumen Lärchenstangenholz, in dem vor ein paar Jahren arge Schneebruchschäden für eine ungewollte „Durchforstung" sorgten, hatte ich eine freistehende, einfache Leiter errichtet. Auf ihr

„thronte“ ich an einem stimmungsvollen Sommerabend, um den vom Jagdpächter freigegebenen Bock nach langen vergeblichen Versuchen endlich zu strecken. Gemütlich kauerte ich in der rechten Ecke und lauschte dem Rufen des unermüdlichen Kuckucks, dem Liebeswerben des Ringeltaubers, dem vielhundertstimmigen Konzert der Singvögel – aber auch, und das war weniger schön, dem Verkehrslärm, der aus dem Moseltal heraufdröhnte: Schiffs-, Eisenbahn- und natürlich Autogeräusche konnten von der zarten Geräuschkulisse der Natur nicht überstimmt werden.
Da wurde es plötzlich in der üppigen Vegetation vor mir „rot“. Im Zeitlupentempo tastete die rechte Hand zum neben mir liegenden Glas hinunter, ergriff es und hob es bedächtig vor die Augen. Und schlagartig beschleunigte sich mein Herzschlag: Der rote Fleck entpuppte sich als ein Bock, der vertraut in meine Richtung äste. Als er in einer Pflanzenreihe endlich breit stand, sandte ich ihm das Geschoß hinüber. Nach dem Schuß war es zunächst still; sogar die kleinen, gefiederten Freunde hatten ihr Abendkonzert eingestellt. Dann sah ich, daß dort drüben, an der Stelle, wo der Bock liegen mußte, die Grasspitzen zittern – der Bock lebte also noch. Vorsichtshalber blieb ich zunächst noch sitzen und beobachtete besagte Stelle durch das Zielglas. Nach einigen Minuten wurde mir klar: Der Bock kam nicht mehr auf die Läufe. Zielfernrohr runter und vorsichtig den Kranken anpirschen, war jetzt das einzig Richtige; aus fünf Meter Entfernung gab ich dem Bock – einem etwa fünf- bis sechsjährigen, gering vereckten Sechser – den Fangschuß. Endlich! Meine Vermutung über den Sitz des Geschosses erwies sich als absolut richtig: Das Rückgrad war getroffen. Wie, um Gotteswillen, war das möglich? Hätte das Geschoß, in Anbetracht der geringen Schußdistanz, tief im Wildkörper gesessen, ja, dafür hätte es – und das weiß jeder Jäger – eine simple Erklärung gegeben. Aber dieser extrem hoch sitzende Treffer stimmte mich nachdenklich und ich gelangte zu der Überzeugung, daß – weil ein Zielfehler mit Sicherheit ausschied – ein technischer Defekt vorliegen mußte.
Die sorgfältige Untersuchung der Büchse brachte des Rätsels Lösung: Am hinteren Montagefuß hatte sich die Lötstelle gelöst, wodurch das Absehen vorne in eine tiefere Position gelangte und logischerweise einen Hochschuß verursachen mußte. Es gibt für alles eine Erklärung … In diesem Falle war mir das Glück insofern hold, weil das beschossene Stück so schnell zur Strecke kam.

In den darauffolgenden zehn Jahren schoß ich keinen guten Bock mehr; ich hatte mich auf „Knopfer“ spezialisiert. Wenn man als Gast irgendwo mitjagen darf, vor allem in einer staatlichen Verwaltungsjagd, muß man mehr als vorsichtig zu Werke gehen, sonst herrscht, kaum daß es begonnen hat, wieder „Hahn in Ruh“.
In einem Revier des Forstamtes Wittlich-Ost beantragte ich, nachdem ich bescheiden auf Kahlwild und weibliches Rehwild geweidwerkt hatte, alljährlich einen Bock der Klasse IIc. Unter diese Kategorie fallen ja nicht „nur“ Knopfböcke, sondern ebenso echte Einstangenböcke, Bastböcke (ab Juli) und sämtliche Spießer unter sechs Zentimeter Stangenhöhe.
Aber in aller Regel konnte man davon ausgehen, nach manchmal wochenlangen Ansitzen, den papierdünnen Schädel eines Jährlings-„Knopfers“ aufs Brett zu setzen. Das Erlebnis ist es doch, was in erster Linie zählt und nicht ausschließlich die „Hörner“. Die Sache hat noch einen weiteren Vorteil: Man verärgert niemanden mit einem falschen – oder zu guten! – Abschuß ... Ein halbes Dutzend dieser Böcke durfte ich in einer Zeitspanne von fünf Jahren für einen erschwinglichen Jagdbetriebskostenbeitrag von 75,– DM erlegen.
Starke, alte Böcke sollte man nur dort mit ruhigem Gewissen schießen, wo man die Einstellung des Revierpächters und eventuell mitjagender Freunde genau kennt. E. Bärwolf aus Moers, der das Bremmer Revier lange Jahre gepachtet hatte und zu Beginn der dritten Pachtperiode (1985) verstarb, war nicht nur sehr großzügig beim Freigeben, er – und das ist das Wesentliche – gönnte sowohl dem Jagdaufseher, als auch seinen Gästen neidlos die starke Trophäe. Ihm habe ich manchen guten Bock, Hirsch, Keiler, ungezählte weibliche Stücke sowie die Erlegung sämtlicher vorkommender Wildarten zu verdanken.
Um den älteren, z. T. auch kränklichen Jägern im gut begehbaren Bereich der mit Hochsitzen flankierten Feldflur nicht durch meine über das ganze Jahr sich ausdehnenden Aktivitäten die Erfolgschancen zu schmälern, verzog ich mich – wie seit eh und je – in die tieferen Hanglagen.
Die Chance, dort ein Stück Wild zu erlegen wird dadurch begünstigt, daß in diesen Lagen die Wildbestände meist relativ hoch sind, da sie praktisch nie bejagt werden; hier trifft man häufiger als in anderen Revierteilen, alte, knorrige Böcke mit starken Schädeln und

klotzigen Rosenstöcken, auf denen meist gering vereckte Stangen emporragen.
In der Blattzeit pirschte ich oberhalb des Dorfes einen Waldweg entlang. Kurz bevor ich aus dem Holz ins freie Weinbergsgelände trat, hörte ich links über mir im Mischholz Äste knacken. Das konnten nur treibende Rehe sein. Wie angewurzelt verhielt ich auf der Stelle. Da tauchte der Kopf einer Ricke aus der wildverwachsenen Wiese oberhalb des Weges, die zwischen dem Waldhang und weiter nördlich hochragenden Rebenhang leicht muldenartig eingebettet liegt. Mit langsamen Bewegungen ergriff ich den Drilling, machte ihn schußfertig und wartete auf das Erscheinen des Bockes. Dann war's soweit: Die Krautstauden teilten sich, und der Bock stand keine fünfzig Meter entfernt vor mir. Jawohl, das war so einer der heimlichen Sorte, der in seiner zurückgezogenen Waldeinsamkeit nie einen Hochsitz eräugt hatte. Und erfahrungsgemäß läßt es sich dort, wo diese Dinger nicht stehen, besser, vor allem länger leben. Stehend freihändig (es ging nicht anders!), zirkelte ich dem alten Burschen eine saubere Kugel aufs Blatt.
Ein paar Wochen später kam ich mit dem Auto vom Dorf her die Straße hochgefahren. An einer Stelle hielt ich an und musterte, wie ich dies heute noch so häufig tue, die Hänge nach „roten Tupfern" ab. Im Laufe der Jahre habe ich herausgefunden, daß das Rehwild einige Äsungsplätze bevorzugt, die ich natürlich zuerst anpeile. Und sofort sah ich in der oben erwähnten wald- und wiesennahen Brache ein fahl-rot-gelbes Reh. So weit wie möglich fuhr ich bergan, stellte den Wagen in der Wegeinmündung ab und pirschte sehr vorsichtig bis zum Bestandsrand, wo rechts vom Weg ein starker, wilder Kirschbaum steht; langsam ging ich auf das rechte Knie hinunter, strich das Glas am Stamm an, um anzusprechen; auch dieses Mal genügte ein Blick: Hoch über die Lauscher ragende, völlig glatte Spieße, ohne jegliche Perlung und, im Gegensatz zum vorherigen Bock, von heller, strohgelber Färbung. Büchsenknall – Kugelschlag – Bock tot!
Ohne Schwierigkeiten, ohne Geplage, kunstlos erlegt; keine zehn Minuten war ich im Revier … Herrschaftszeiten, warum soll ein meist entsagender, sich mit vielfältigen Revierarbeiten abplagender Jäger nicht auch mal ein solches Geschenk dankbar annehmen dürfen!?

Auch dieser „Mörder", wie die Alten derartige glattstangigen Spießer früher nannten, hatte ein biblisches Alter – sieben bis neun, wenn nicht sogar zehn Jahre mochte er alt sein.
Mehrmals sprach ich das Alter des Wildes an; bei diesem Thema möchte ich gern verweilen, weil in Jägerkreisen oft die unterschiedlichsten Meinungen darüber herrschen, wenn es heißt: „Wie alt ist der Bock?" Feststehen dürfte, daß die Abnutzung der Zähne in starkem Maße von den Äsungspflanzen des Lebensraums abhängig ist. Nach meinen Erfahrungen zeigen die in den Niederholzhängen stehenden Rehe eine wesentlich höhere Zahnabnutzung, als die erlegten Stücke in Feldnähe. Nicht selten sind sogar die Schneidezähne bis zum Zahnfleisch herunter abgenutzt. Nach reiflichem Abwägen und intensivem, jahrelangem Beobachten, gelangte ich zu der Überzeugung: Es kann nur – wie schon angedeutet – an der unterschiedlichen Äsung liegen. Das Nahrungsangebot der „Heckenrehe" besteht überwiegend aus Knospen, Stockausschlägen und Brombeerblättern, die in ihrer Konsistenz ja wesentlich härter sind, als etwa Markstammkohl, Raps, Rübenblätter, Klee oder zarte Roggensaatspitzen. Zu berücksichtigen ist auch die farbliche Beschaffenheit der Zähne; Rehe mit dunkelbraunem Dentin sind altersmäßig höher einzustufen, weil der Zahn an sich härter ist und weitaus geringer abnutzt.
Viele Jäger neigen dazu, das Alter des Wildes zu hoch einzuschätzen. Das ist nach meiner Meinung unrealistisch und ich stelle mir gelegentlich die Frage: Was möchte man eigentlich damit bezwekken? Wenn ein gut veranlagter Bock mit drei Jahren – nach übereiltem Schuß – „ins Kraut beißen mußte", mein Gott, dann ist er eben drei Jahre alt. Wem bringt es was, wenn man ihn hinterher – wohl einem aufkeimenden schlechten Gewissen zufolge – auf stattliche fünf Jahre „hochjubelt" ...!?
Ist die Altersschätzung an erlegten Stücken schon nicht ganz einfach, wie problematisch mag dies erst bei lebenden, womöglich auf größere Entfernungen stehende Stücke sein? Ein Bock mit kleinem Schädel wirkt meist jünger als einer mit langem Schädel. Im Jahre 1969 schoß ich zwei etwa sechsjährige Böcke. Während mir der glattstangige, nur gering vereckte Sechser (Schädelmaß von der hinteren Schädelbasis bis zum Nasenbein 165 Millimeter) aus dem Bullayer Bachtal überhaupt keine Ansprechprobleme bereitete, wußte ich mit dem ein paar Wochen später erbeuteten Sechserchen

im Revier Bremm (Schädelmaß 142 Millimeter) überhaupt nichts anzufangen. Nach dem überhasteten Schuß überfiel mich ein ungutes Gefühl, das selbst dann nicht ins Gegenteil umschlug, als ich über dem Gestreckten stand. Erst der aufgeschärfte Äser brachte mein arg ramponiertes Innenleben wieder „ins recht Lot“: Der Schwache mit dem „Kinderkopf“ hatte den Zahnabschliff eines gestandenen sechsjährigen Bockes. Na also – wer sagt's denn ...
Jahre danach schoß ich im Weinberg unweit der Ortschaft einen Bock mit wenig über lauscherhohen, breit auf dem Schädel stehenden Spießen krank. Mit schußfertiger Büchse ging ich den im Wundbett Sitzenden an – und erschrak bis tief ins Mark, als ich plötzlich drei Schritte vor ihm stehend, in ein dreieckiges „Kindergesicht“ blickte. Mein Gott durchfuhr es mich siedendheiß, was hast du da angerichtet! Es war nicht mehr zu ändern ... Nach dem Fangschuß und Versorgen schaute ich so ganz nebenbei in den Äser und war überrascht und erfreut zugleich: Der Bock war sage und schreibe acht bis zehn Jahre alt!
Während einer Juniwoche schoß ich gleich zwei uralte Böcke, deren Alter kein Mensch, kein noch so erfahrener Weidmann und Rehwildkenner vorher zu bestimmen imstande gewesen wäre. Nach dem Zahnabschliff zu urteilen, dürften beide so um die zehn, zwölf Sommer erlebt haben.
Beide Böcke kannten weder Hochsitze, noch Jäger. Dafür um so besser Reben, Winzer, Wanderer und Spritzhubschrauber – die aber allesamt keine Gefahr bedeuteten.
Den ersten sah ich in einem hoch verkrauteten Weinberg, der westseitig von Niederwald flankiert wird. Als ich ihn durch das an einem Rebenpfahl angestrichene Glas betrachtete, sagte ich ganz spontan: „Donnerwetter, der ist alt!“
Ein paar Tage danach begegnete ich ihm an gleicher Stelle wieder. In aller Ruhe suchte ich mir einen passenden Platz im Steilhang zwischen den Rebstöcken, klemmte, als ich, neben einem Mäuerchen sitzend, freies Schußfeld gefunden hatte, das Laufbündel des Drillings zwischen Rebe und Pfahl, stützte den rechten Ellbogen ab und schoß übers Tal hinüber. Im Zielfernrohr sehe ich den Bock sich mehrmals überschlagend den Hang hinunterrollen. Dann lag er still.
Jetzt hatte ich Zeit. Ohne Eile gehe ich zum Auto zurück und fahre hinüber. Vom Weg geht's noch gut sechzig Meter steil abwärts, dann

stehe ich vor dem Bock – und sehe, daß er noch lebt; mit geübtem Griff fange ich ihn hinter dem Blatt blitzschnell ab.
„Na, und wie alt war er?", höre ich jetzt jemand fragen. Nun, von der jenseitigen Talseite aus betrachtet, kam mir der Bock – wegen dem gänzlich ergrauten Kopf und der rotgelben Deckenfarbe – uralt vor. Doch jetzt ... Ja, jetzt, wo ich über ihm stand, war ich mir längst nicht mehr so sicher: Die dünnen, glatten Stangen ragten ein paar klägliche Zentimeterchen über die Lauscher und wurden von kaum sichtbaren Rosen gesäumt; ein schmuckloses, unansehnliches Gehörn, das zudem noch auf extrem dünnen Rosenstöcken stand. Nun gut, dann hatte ich mich eben verschätzt; selbst wenn der Bock erst zweijährig sein sollte, wäre sein Abschuß immer noch gerechtfertigt ... Also, erneut Messer raus und Äser aufschärfen. Im gleichen Moment durchzuckt es mich freudig: „Mensch, der ist nicht nur alt, der ist sogar uralt".
Mit dem zweiten Bock – ebenfalls in einem Seitental der Mosel gestreckt – verliefen Erlegung sowie Altersansprache fast parallel. Nur befanden wir uns an diesem Tag in umgekehrten Positionen – diesmal stand der Bock im rechten Hang (von der Mosel aus gesehen) und ich im linken. – Und es war ein Morgen ...
Spät war ich aus den Federn gekrochen, spät vom Frühstückstisch aufgestanden und dementsprechend spät ins Revier gefahren. Unterwegs hielt ich an und plauderte ein geraumes Weilchen mit einem Mann der anderen Zunft; denn zwischen den beiden Ortschaften Bullay und Neef fand an diesem Sonntag ein Preisangeln statt.
Noch ein paar Minuten Fahrt, und ich war schon im Revier. Als ich mit „Brax" den breiten Holzabfuhrweg emporstieg, standen die Zeiger meiner Uhr auf halb elf. Aber aus Erfahrung wußte ich, daß die fortgeschrittene Zeit für die Bockjagd keine nachteilige Bedeutung hat; erst recht nicht, wenn in der Nacht zuvor starker Regen niederging und der Morgen sich in strahlendem Sonnenschein präsentierte. Rechts des Weges wurde im zur Fätchelbach abfallenden Hang Brennholz geschlagen. Die Eichen-Buchen-Haselstubben trieben saftig-frischen Stockausschlag in die Höhe, so daß hervorragende Äsung sowie Deckung für das Wild entstand. Da dieser üppig sprießende Hang jedoch morgens im Schatten liegt, vermutete ich das Rehwild im gegenüberliegenden, sonnenüberfluteten Hang, der in bunter Mischung mit Ginster, Robinien, Reben und sonstigem Gekräut und Geheck bestockt ist – ein Dorado für Rehwild.

Kaum hatte ich 100 Meter vom Auto zurückgelegt, sah ich zwischen den Rebstöcken der ersten, schmalen Rebenanpflanzung, unterhalb einer Mauer, ein Stück Rehwild. Wollte ich das Stück genauer in Augenschein nehmen, mußte ich runter, tiefer in den Hang. Zwischen den doppeltmannshohen Stockausschlägen und hohem Krautwuchs tastete ich mich, stets das Reh im Auge haltend, tiefer und tiefer; sobald der Bock – ein solcher war es, wie ich mittlerweile sah – hinüberäugte, verhielt ich auf der Stelle, erst dann, wenn er den Kopf zum Äsen senkte, ging es weiter.
An einem dicken Eichenstubben legte ich den Hund bei meinem Hut ab. Weiter ging's, noch tiefer in den Hang. Hinter einem mäßig starken Holunder hockte ich mich ins nasse Kraut. Jawohl, jetzt sah ich mehr: Die rechte Stange – ein bleistiftdünner, heller Spieß – reichte knapp an die Lauscherspitzen, und links stand ein etwa drei Zentimeter kurzes Stümmelchen. Und wie alt? Ja, das war wieder ein Problem! Nichts ließ darauf schließen, daß der Bock alt war; allenfalls die gelblich-rote Decke. Dennoch konnte ich diesen Bock bedenkenlos schießen; selbst wenn er nur ein Jahr alt sein sollte, wäre seine Erlegung gerechtfertigt.
An dem wackligen Holunderstämmchen vor mir strich ich den Drilling an und zirkelte den schwierigen, weiten Schuß hinüber. Den Bock riß es herum, kurzes Schlegeln – aus. Vorbei.
Eine Viertelstunde später kniete ich neben einem meiner ältesten Böcke; zehn, vielleicht zwölf Jahre mochte er auf dem Buckel haben.

Wenn ich an meinem Schreibtisch sitze, gleitet der Blick häufig über die bunte Trophäenwand. Und dort, wo das Eichenschild hängt mit der Aufschrift „Bremmer-Auslese“, verweilt das Auge länger, vermag sich kaum sattzusehen an den wirklich ausgesuchten, auserlesenen Raritäten aus diesem herrlichen Revier.
Bei einigen Böcken verlief die Sache allerdings in umgekehrter Folge.
In Strömen fiel der Regen vom schwarzverhangenen Himmel. Zusammengekauert saß ich in einem offenen Schirm unter rauschendem, triefenden Blätterdach. In der nassen Wiese vor mir stand der Bock, dessen rotleuchtende Fegestellen an den bachnahen Erlen ich erst am Morgen entdeckt hatte. Stark war er im Gebäude; den massigen Hals trug er in waagerechter Haltung, und die

Sommerkopffärbung – mit Brille –, ließ keine Zweifel in mir aufkommen, daß der Bock jung sein könnte ... Nun, um es kurz und schmerzlos zu machen: Der Bock war zwar nicht falsch geschossen – aber meine Altersschätzung ein glatter Reinfall. Anstatt der erwarteten fünf bis sieben Jahre, zeigte der Zahnabschliff es deutlich: dreijährig. Da er nur bleistiftdünne, kurze Spieße zwischen den Lauschern trug, konnte ich ihn mit gutem Gewissen heimtragen.
Man sieht, daß selbst die so häufig in Jagderzählungen zitierte Sommerkopffärbung sowie die Figur kaum ausreichende Hinweise geben, die uns eine nur halbwegs präzise Altersansprache ermöglichen. Demzufolge wird es auch zwangsläufig immer wieder, selbst bei versierten Weidmännern zu Fehleinschätzungen und Irrtümern kommen. Da soll sich keiner ausnehmen! Jäger, die anläßlich ausgedehnter Stammtischrunden oder ähnlicher Veranstaltungen, ihre Rehbockerlebnisse u. a. mit unfehlbarer Altersschätzung zum besten geben, wirken auf mich stets unglaubwürdig; am besten läßt man sie reden und denkt sich seinen Teil; meist handelt es sich bei diesen unfehlbaren Ansprechkünstlern um selbstherrliche Schwätzer, die ihr Können reichlich überbewerten. Ich kam mit den Jahren jedenfalls zu dem Ergebnis, daß man es schon als durchaus guten Erfolg einstufen kann, wenn man ein Reh als jung, mittelalt oder alt anzusprechen vermag.

In unseren Jagdzeitschriften finden gelegentlich sogenannte Ansprechwettbewerbe statt unter der Überschrift: „Wie alt ist der Bock?“ Für die unter großem Erfolgsdruck stehenden Redaktionen heißt es, die Leser bei Laune zu halten; es muß etwas geboten werden, sonst wird die Zeitschrift abbestellt und eine der sonst noch zur Auswahl stehenden abonniert. Die hohen Teilnehmerzahlen beweisen es: Die Sache kommt – vor allem bei jüngeren Jägern – gut an, durch beachtliche Gewinnpreise zusätzlich motiviert.
Nun, wenn bei diesem Ratespiel – es ist nämlich nichts anderes – zugegebenermaßen ein gewisser Prozentsatz mit der Altersangabe richtigliegt, dann ist das dennoch purer Zufall. Man wird selten erleben, daß erfahrene Jäger bei derartigen Wettbewerben mitmachen, es sei denn: Sie reizt das Glücksspiel ...

Ein schöner, stimmungsvoller Septembertag neigte sich dem Ende. Auf der Anfahrt ins Revier hielt ich am Ortsrand den Wagen an und

suchte die in der Abendsonne liegenden Steilhänge des „Calmont" nach Rehwild ab. Ich hatte vom Jagdherrn einen Bock freibekommen, den ich in diesem unwegsamen Gelände erlegen wollte – und auch sollte. Und mit 47 Jahren fühlte ich mich noch längst nicht zu alt für diese interessante, körperlich alles abverlangende Jagdart. Was mir allerdings weniger behagte, das waren die gelegentlich unvermeidbaren Weitschüsse.
Es währte nicht lange, da standen zwei betagte Winzerveteranen neben mir und es entwickelte sich ein interessantes Gespräch über Wein – Wild – Wald – und Jäger. Die lebenserfahrenen, von Wind und Wetter gegerbten Männer haben ein feines Gespür dafür, wer als Jäger etwas taugt – und natürlich ebenso, wer als Schaumschläger und Schwätzer einzustufen ist. Wogte das amüsante Geplaudere auch in diese oder jene Richtung, so vergaß ich nicht den Hauptgrund meines Hierseins; hin und wieder hob ich das Glas und schaute über die Moselschleife hinweg in die höheren, brachliegenden Regionen des von letzten Sonnenstrahlen übergossenen Steilhanges. Als mein Glas bis zur Felsenrippe nahe der Reviergrenze geschwenkt war, erspähte ich plötzlich etwas „Rotes" – ein Reh. Ob Ricke oder Bock? Nun ja, das konnte man selbst mit der besten Optik auf diese Distanz nicht ausmachen. Also aufsteigen und nachschauen. Je höher ich hastete (abends muß man sich tunlichst beeilen, sonst wird man von der Dunkelheit überrascht) um so schwerer wurden die Schritte. Bald war die Weinbergsgrenze erreicht. Mußte man bis dahin zwar steil ansteigen, so kam man auf den schmalen Winzerpfaden dennoch relativ zügig voran. Was jetzt kam, wußte ich nur zu gut: Steine, hüfthohe Brombeeren, Buchsbaum, Schwarzdorn; ja, vor allem Dornen waren es, die das Weiterkommen enorm erschwerten, manchmal fast unmöglich machten. Hände und Beine zeigten bald rote, blutige Striemen, Schuhriemen und Strümpfe (diesmal waren es sogar neue) zerrissen. Nur nicht aufgeben! Immer weiter, immer höher, da gab's kein Verschnaufen. Recht so: Das ist ursprüngliches Jagen! Wache Sinne, körperliche Geschicklichkeit, Kraft und Zähigkeit entscheiden letztendlich über den jagdlichen Erfolg …
Um an jene felsige Stelle zu gelangen, von der ich im Laufe vieler Jahre gar manches Geschoß abgefeuert hatte, mußte ich eine vierzig bis fünfzig Meter lange Freifläche – unbemerkt – überwinden, was nicht immer gelang. Aber heute war Diana mir hold. Aufatmend lag

ich langausgestreckt, die „Hinterläufe“ im wüsten Brombeergeranke verhakt, hinter dem Rucksack. Im aufgelegten Glas äugte ich dem Stück zuerst mal zwischen die Lauscher. Ja, es war ein Bock! Und, wie mir schien, kein ganz junger; die Decke wirkte gelblich, der Kopf fast schneeweiß. Oho, der kam mir recht! Die Mannlicher wurde vorgeschoben, das Absehen dem zu Tal äugenden Bock auf's Blatt gezirkelt. Donnerwetter durchfuhr es mich heiß, das ist verteufelt weit. Näher heran konnte ich jedoch erfahrungsgemäß nicht. Es mußte gehen! Im Knall stieg der Bock hoch, flüchtete dann schräg hangaufwärts und tauchte schließlich in einen Schwarzdornverhau hinein. Im letzten Moment sah ich noch den schweißigen Ausschuß im Bereich der linken Blattschaufel.

Aufatmend richtete ich mich aus der verkrampften Lage hoch und kraxelte zufrieden hinüber zum Bock. Das heißt: Ich hatte die Absicht; denn als ich zwanzig Meter davorstand, wurde der Verendetgeglaubte hoch und verschwand im dornigen Wirrwuchs, bevor ich irgendetwas unternehmen konnte. Mein Gott, wie war das möglich? Ich hatte doch deutlich die Schußverletzung am linken Blatt gesehen. Nun, da half kein Hadern, am nächsten Morgen mußte ich mit meinem „Brax“ nochmal hochklettern und den zweifellos schwerkranken Bock nachsuchen.

Die Anschußkontrolle stimmte mich nicht gerade fröhlich: Zwei schweißige Röhrenknochensplitter lagen anklagend im Schiefergestein. O Gott, das konnte ja was werden! Ich stieg weiter hoch zum Wundbett. Der hirschrote Hund wurde zur Fährte gelegt, und die schwierige Arbeit begann. Der Bock war, trotz seiner schweren Verletzung, in den Felsen steil nach oben geklettert wie ein Gams. Der vor mir im Riemen liegende Rüde wurde an der Weitersuche erheblich gehindert, weil es mir einfach nicht gelingen wollte, ihm so zügig zu folgen. Als die Sache langsam kritisch, ja sogar gefährlich wurde, entschloß ich mich – wenn auch schweren Herzens – den Hund zu schnallen. (Ein schwerer Felsbrocken krachte unmittelbar neben mir zu Tal). An der Art der Suche erkannte ich, daß Brax auf der Fährte arbeitete. Wenn er meinen Blicken entschwand, verweilte ich geduldig an der Stelle des zuletzt gefundenen Schweißes. So gelang es uns, bis hinauf ins Eichenholz zu gelangen. Dort wird Brax plötzlich sehr heftig, gibt Laut und umspringt eine Eichenholzgruppe. Vorsichtig pirsche ich näher. Ja, dort sitzt der Bock mit erhobenem Kopf im Wundbett. Ruhig warten, bis der

Hund nach rechts ausweicht, dann schieße ich dicht an der linken Eiche vorbei und der Bock ist erlöst. Mit Erleichterung im Inneren stehe ich einen Augenblick regungslos auf der Stelle. Der Bock schlegelt noch etwas, dann rollt er in Rückenlage, beginnt zu rutschen, wird immer schneller und ehe ich mich besinne, „schießt" er förmlich in eine Felsenrinne – und ist verschwunden. Herrje, auch das noch! Erschöpft lasse ich mich zu Boden fallen.
Das Gelände ist so steil, daß ich die Büchse nirgendwo ablegen kann, ohne Gefahr zu laufen, daß sie ebenso hinabschießt, wie soeben der Bock. Ich breche an der nächsten Eiche einen Ast ab und hänge die Waffe an den stehengebliebenen Stumpf. Dann steige ich, mit dem Schweißriemen „bewaffnet", in die Felsenrinne hinab. Als ich endlich vor meinem Bock stehe, bin ich erstmal „nur" froh. Ja, ich bin froh, dieses Stück Wild mit meinem Jagdkumpan „Brax" nach großen körperlichen Anstrengungen gemeinsam zur Strecke gebracht zu haben.
Die Einzelheiten des strapaziösen Abstiegs möchte ich nicht aufzählen. Nur eins sei abschließend gesagt: Keins meiner zahlreichen Rehgehörne habe ich mit so großer Genugtuung an die Wand meines Jagdstübchens gehangen, wie diesen erkämpften Calmont-Bock aus Bremm.
Nur über sein Alter war ich – wiedermal! – verwundert und zugleich ein wenig enttäuscht. Der vermeintliche Felsen-Methusalem erwies sich zwar mit den knubbeligen, unvereckten Stangen als „richtig geschossen", war aber nach dem Zahnabschliff erst dreijährig.

Helle, glatte Stangen, geringe Rosen und dünne, hohe Rosenstöcke zeichnen diese uralten Böcke von Bremm aus.

Im ersten Sonnenlicht: Guter Bock aus dem Calmont.

Die etwa 10jährige Ricke mit einseitiger Gehörnbildung kam im Revier Bremm zur Strecke.

# Hegemedaille für weibliches Rehwild

Auf der Fahrt ins Revier sagte der Jagdpächter plötzlich: „Nächste Woche gehen die Ricken auf, dann beginnt Ihre große Zeit!"
Dieser Satz war symptomatisch für viele Jahre meines Jägerlebens. Die überwiegende Zahl der Revierinhaber jagte lieber auf das Trophäenwild und hielten sich beim weiblichen Rehwild meist zurück, genauer gesagt: Sie übertrugen mir das gesamte Bejagungssoll. Es gibt nicht wenige Jagdpächter, die den Abschuß von Ricken und Kitzen auch deshalb anderen Jägern überlassen, weil sie angeblich eine innere „Hemmschwelle" zu überwinden haben, auf dieses Wild zu schießen. – „Böcke, Sauen und Rotwild, ja, da habe ich keine Probleme! – Aber ein Kitz, ein Schmalreh, eine Ricke schießen? – Nein danke! Das kann ich nicht, die tun mir leid ..."
Diese oder ähnliche Worte kann man zu hören bekommen. Und ehrlich gesagt: Uns „Jägern ohne Revier" kann das nur recht sein. Warum sollten wir eine solche Einstellung kritisieren?! Wir profitieren doch nur davon. Obwohl ich sicher bin: Wenn den Schmalrehen Gehörnstangen zwischen den Lauschern wachsen würden, dann wären diese Hemmungen bei den meisten Zeitgenossen schlagartig verflogen ...
Noch in den sechziger Jahren beargwöhnten die Unteren Jagdbehörden und Forstämter uns Jäger, weil sie den Verdacht hegten, es würde zu viel Wild geschossen. Heute sind es die gleichen Institutionen, die scharf dahinter her sind, daß möglichst viele Rehe geschossen werden, damit die so häufig zitierten Wildschäden reduziert bzw. verhindert werden. Das führt sogar soweit, daß man – mit dem Segen der Unteren Jagdbehörde – die Abschußzahlen um 25% überziehen darf, ohne daß es einer besonderen Formalität bedarf. Das wäre vor zwanzig Jahren noch undenkbar gewesen, ja hätte möglicherweise sogar den Verlust des Jagdscheines bedeutet. So ändern sich die Zeiten – und die Ansichten. Dabei waren zu jener Zeit die Wildbestände wesentlich höher. Würden heute die jährlich festgesetzten hohen Bejagungszahlen restlos erfüllt, wäre in kurzer

Zeit – das ist meine feste Überzeugung – der Reh- sowie Rotwildbestand jagdlich nur mehr schwerlich zu bewirtschaften, das heißt: nur mehr mit immensem Zeitaufwand zu bejagen, ein Wochenendjäger hätte da keine Chance mehr! Daß die Rehwild- (auch Rotwild-) Freigaben häufig nicht annähernd erfüllt werden können, sagt doch eigentlich schon alles. Nur in jenen Revieren, in denen die freigegebenen Stücke restlos erlegt werden, die laut Bejagungsplan frei sind, stimmt wohl das Verhältnis Bestandshöhe/Bejagungssoll. Über dieses Thema wurde schon heiß und endlos diskutiert, und selbst die Jagdgegner sind sich – welch ein Wunder! – da uneinig, was anläßlich einer Fernsehdiskussion (im Zweiten Programm) deutlich zutage trat; rechts neben der Moderatorin saß ein Naturschützer, der über die hohen, waldvernichtenden Schalenwildbestände (Rot- und Rehwild) jammerte und der links sitzende Professor klagte die Jägerschaft an, aus reiner Lust am Töten, mehrere Millionen Wildtiere umgebracht zu haben.
In dem Revier, in dem ich (mit geringer Unterbrechung) seit 1963 jage und dessen Wildbestand ich durch tägliches Draußensein bestens kenne, waren früher stets zwölf Böcke und vierzehn bis fünfzehn weibliche Stücke frei. Heute – 25 Jahre später – hat sich dieses Zahl um über ein Drittel erhöht. Und das ist kein Einzelfall. Ich kenne Reviere, da werden mehr Rehe zur Bejagung freigegeben, als – von der Größe her gesehen – eigentlich darin leben dürften.

Auf einer Treibjagd in einem Mosel-Waldrevier schoß ich ein schwaches Rickenkitz, als es, zurück ins Treiben äugend, verhoffte; drei weitere Rehe hatten das Treiben beim rechten Nachbarschützen verlassen. Mein linker Nachbar war der zuständige Forstamtsleiter. Als er nach dem Treiben vom Anblick der Teilnehmer hörte, begann er sofort zu rechnen – und die Abschußzahlen zu erhöhen …
Nun, ich bin zwar kein Forstmann, aber wahrscheinlich zeitmäßig weitaus häufiger draußen in Wald und Flur als diese. Nach meinen Beobachtungen wäre man gut beratern, einen artenreichen Mischholzbestand zu bewirtschaften, der reichhaltige Knospen- und Stockausschlagäsung bietet. Aber davon soll hier keine Rede mehr sein, weil ich anderweitig schon darüber geschrieben habe. Nur eins möchte ich noch kurz loswerden, selbst wenn ich mich wiederholen sollte: Durch ein natürliches, vielseitiges Äsungsangebot, könnte

man manchen ärgerlichen Verbiß- und Schälschaden verhindern ...
Über die Bejagungsmethoden des Rehwildes habe ich ebenfalls schon an anderer Stelle berichtet. Deshalb möchte ich lediglich ein paar nicht ganz alltägliche Erlebnisse aufzählen mit z. T. außergewöhnlichen Schußzeichen und, anhand einer Beobachtung auf die katastrophale ethische Einstellung einiger Jagdscheininhaber hinweisen.
Selbst eingefleischte Naturschützer stört es heute kaum noch, daß unser Rehwild nicht mehr so zurückhaltend und wählerisch bejagt wird wie in der Vergangenheit. Im Gegenteil: Meist hat sich auch in diesen Kreisen die Meinung eingebürgert: „Zahlenmäßige Abschußerfüllung geht vor selektive Auswahl". (Vor Jahren wären die noch für das Gegenteil auf die Barrikaden gegangen!) Daß dies, zumindest gegendweise, richtig sein kann, möchte ich hier nicht in Frage stellen, was allerdings nicht heißen soll, daß die Weidgerechtigkeit, die Achtung vor der Kreatur, brutal mißachtet werden darf. So ist beispielsweise mit keinem noch so gutem Argument der Abschuß einer führenden Ricke zu rechtfertigen, schon gar nicht im frühen Herbst (September), wenn das Gesäuge noch prall mit Milch gefüllt ist. Das war früher eine Schweinerei und ist es heute noch! Geschieht dies trotzdem in voller Absicht, hat das mit gerechter Jägerei nichts mehr zu tun, und man müßte einem solchen „Jäger" die Jagderlaubnis entziehen.

Anfang der achtziger Jahre lernte ich einen evangelischen Pfarrer kennen, der als zahlender Gast freies Jagdausübungsrecht im Revier hatte. Im September kreuzte er mit einem Freund auf, um auf weibliches Rehwild zu jagen. Als ich die beiden geistlichen Herren in der Jagdhütte besuchte, saßen sie dort mit betrübten Gesichtern und machten einen niedergeschlagenen, depremierten Eindruck. Auf meine Frage, was sie denn so sehr bedrücke, sagte der Freund des Pastoren mit dem Blick eines Bernhardiners: „Es ist zum Verzweifeln, wir haben noch nichts geschossen"...
Am nächsten Morgen wurde ich zur Nachsuche einer Ricke gerufen. Der Pastor hatte, als sei dies die normalste Sache der Welt, eine Ricke beschossen, die mit ihrem Kitz etwa 90 Meter vor dem Hochsitz stand; leider wäre das Stück nach dem Schuß in die nahe Dickung geflüchtet.
Nun, wir fanden das Reh nicht, es hatte wohl nur einen Streifschuß

erhalten. Das negative Resultat der Nachsuche brachte den Gemütszustand des Gottesmannes vollends in Unordnung; er sprach kaum noch ein Wort. Dagegen schien mir der stets salbungsvolle Gesichtsausdruck des Freundes von einem zarten Anflug der Zufriedenheit, ja Aufgekratztheit umflort zu sein. Kein Wunder, der Knabe hatte eine starke Ricke am Baum neben der Jagdhütte hängen, Mutter zweier gut entwickelter Bockkitze, die ich später häufiger sah, aber nicht erlegen durfte, weil ich kein Reh mehr schießen sollte ...

Im nachfolgenden Winter schoß der Pastor (der übrigens in seiner Heimat als stellvertretender Hegeringleiter fungierte und jüngst in einer deutschen Jagdzeitschrift eine schmalzige Hubertuspredigt veröffentlicht hat, wo in jedem zweiten Satz die Güte Gottes erwähnt wird), gewissermaßen als krönenden Abschluß, eine 18-Kilo-Ricke. Das Maß war übergelaufen: Der Jagdherr scheuchte ihn zum Teufel ...

Man kann sich das kaum vorstellen: Diese beiden Männer, mit sensiblem, dotterweichem Wesen ausgestattet, bewegte es nicht im geringsten, daß ihnen beim Versorgen des Wildes die warme Muttermilch über Hände und Messer lief, ja, sie empfanden dabei sogar noch Genugtuung und Freude über den Jagderfolg.

Immer wieder kann man als stiller Beobachter feststellen: Bei der Jagdausübung in Gottes freier Natur offenbart sich häufig der wahre Charakter eines Menschen. Und es ist durchaus keine Seltenheit, daß der selbstbewußte, im täglichen Berufsleben absolut souveräne, scheinbar unfehlbare Direktor oder der über Unmoral und sonstige menschliche Unzulänglichkeit erhabene geistliche Würdenträger, der anläßlich seiner sonntäglichen Predigt das Wort Gottes gekonnt verkündet, sich im Revier als arger Aasgeier entpuppt – und der einfache Hilfsarbeiter vom Bau als Heger und Pfleger der Wildbahn voller Achtung und Respekt den „Schöpfer im Geschöpfe ehrt“ ...

Der Jagdherr hatte mir kurzfristig Rehwild freigegeben. Und eine Kanzel, die inmitten eines Ödlandstreifens stand, schien mir zu diesem Zeitpunkt am erfolgversprechendsten. Nach halbstündigem Ansitz wechselte ein einzelnes Reh aus der tiefer liegenden Fichtendickung, zog an einer Salzlecke vorbei und verhoffte schließlich am Rande der westlichen Stoppelparzelle. In aller Ruhe hatte ich inzwischen den Drilling schußfertig gemacht und trug dem etwa 60 Meter entfernten Stück das neun Gramm-Geschoß an; erstklassig war ich abgekommen. Um so mehr verwunderte mich das folgende Verhalten; wie ein störrisches Pferd hatte das Stück nach hinten ausgekeilt und flüchtete dann etwa 70 Meter am Ginster entlang, wo es schließlich hinter einem lückigen Strauch verhoffte. Dort stand es einige Sekunden völlig still; erst dann trippelte es rückwärts, knickte hinten ein, überschlug sich zwei-, dreimal und lag endlich verendet im Gras.

Als ich ein paar Minuten später an das Stück herantrat, sah ich, daß es ein Blattschuß hatte (Lunge), wie er besser nicht hätte sein können.

Jeder erfahrene Praktiker wäre zweifellos der Meinung gewesen: „Weidwundschuß ..."

Ende der siebziger Jahre betreute ich – leider nur ein halbes Jahr – das Hunsrückrevier Irmenach (oberhalb von Traben-Trarbach). Es währte nicht lange, da hatte ich – dem vorzüglichen Wildbestand angemessen – etliche Sauen, Rotwild und Füchse geschossen. Nur mit Rehwild lag ich noch im argen. Um dem abzuhelfen, pirschte ich an einem naßkalten Novembermorgen eine gras- und moosgepolsterte Waldschneise entlang, die an einem hektargroßen Rapsschlag endete, auf dem häufig Rehwild stand. So auch an diesem unfreundlichen Herbstmorgen: Als ich die Waldkante umlugte, gewahrte ich drei Stücke – Ricke mit zwei Kitzen. Im Zeitlupentempo ging ich hinunter auf das rechte Knie, visierte dem Rickenkitz kurz hinter den linken Vorderlauf und ließ das neun Gramm-Geschoß (7 x 57 R) fliegen. Die Wirkung war verblüffend. Das Kitz lag zwar im Knall, aber dort, wo es vor wenigen Sekunden noch gestanden hatte, hing eine regelrechte „Dampfwolke" über dem nassen Raps, die sich allmählich auflöste.

Auf meiner schweren BMW sitzend, leuchtete ich mit dem Glas die schroffen Steilhänge des „Calmont" ab. Die zwischen den schroffen Felsen gebetteten Weinlagen, jede Rinne, jede Vertiefung hat ihre spezielle, dörfliche Bezeichnung. Im sogenannten „Layering" sah ich zwei Rehe in den kniehohen Brombeeren stehen. Es war nicht gerade einfach, schußgerecht an das Wild heranzukommen. Aber diesmal gelang es mir! Auf einem Graspolster schob ich den Drilling in Anschlag und beschoß zuerst das links breitstehende Stück. Im Knall lag es in den Brombeeren. Mit jagdfiebrigen Hän-

den lud ich den Drilling nach. Das zweite Stück – ebenfalls ein Schmalreh – argwöhnte herüber und schien abspringen zu wollen. Doch ich war fertig und peilte bereits wieder durch das Zielglas. Als das Stück etwas weiterzog und endlich breitstand, rührte ich am Abzug. Laut und schrill klagend, flüchtete das Stück etwa zwanzig Meter nach rechts, dann wurde es vorn ganz niedrig und sank zusammen.
Nun, dieses Verhalten und Zeichnen war eigentlich nichts Außergewöhnliches. Was diesen Schuß aber dennoch so spektakulär machte, sah ich erst, als ich nach gewagter Kletterpartie am Anschuß stand. Das relativ kleine Teilmantelgeschoß hatte dem Reh das unverletzte Herz in seiner Gesamtheit aus dem Körper gerissen; ein makabres, niemals zuvor (und danach) gesehenes Schußzeichen auf dem Anschuß. Da der Ausschuß kurz hinter dem Vorderlauf, kaum die Größe eines Fünfmarkstückes aufwies, muß man sich die Frage stellen: Wie kam das Herz dort hinaus?

Die alte Kanzel in der „Pittersbach" hatte ich nach sorgfältigem Abwägen zu einem herbstlichen Abendansitz erkoren. Mit einem Pirschstock des abwesenden Jagdherrn zusätzlich „bewaffnet", pirschte ich alsbald durch den Hochwald dem in waldgesäumter Wiesenschlenke leicht überhöht stehenden Hochsitz zu. Als ich vorsichtig eine Wegbiegung umlugte, hinter der eine mit Stockausschlag bedeckte Blöße lag, sah ich mit freudigem Herzklopfen fünf gute Bekannte; die Ricke mit ihren Vierlingen! Jawohl, ich zählte wenige Monate zuvor mit Staunen vier sich zum milchprallen Gesäuge drängelnde Kitze. Dieser höchst seltene Anblick machte mich stolz; denn viele Jäger wird es wohl nicht geben, die ähnliches beobachten konnten. Drei Kitze kann man schon mal öfter sehen. Aber vier ... Das ist wahrhaftig ein sagenhaftes Erlebnis!
Im Laufe der Zeit sah ich die geplagte Mutter insgesamt dreimal: Im zeitigen Sommer weilte ich auf einer mächtig hohen Baumkanzel am Rande eines schmalen Kleeschlages, dem Roggen- und Haferparzellen folgten. Bei gutem Licht wechselte eine Ricke in den Klee. Sie wirkte unruhig, äste nur wenig, warf dauernd auf, äugte immer wieder in den höher liegenden Roggen. Plötzlich standen im ungemähten Rotklee zwei Kitze und tollten in übermütigen Sprüngen um die besorgte Ricke. Auf mehrmaliges Fiepen sprangen zwei weitere, keineswegs schwache Kitze aus der Frucht und mühten

sich redlich um den lebenerhaltenden Milchquell. Nach geduldig ertragener Säugeprozedur zogen sie allesamt in den rückwärtigen Hochwald. Aufgrund der sich langsam entfernenden Geräusche hätte ein Ahnungsloser leicht auf eine Rotte Sauen schließen können.
Und heute sah ich die „Rotte" zum zweitenmal. Stockausschlag äsend, gewahrten sie mich erst, als der Schuß hinausbellte, das beschossene Kitz leblos die Böschung hinabrutschte. Die Ricke und ihr immer noch reichlicher Nachwuchs sprangen in die nahe Dickung ab. Ich vertrat die Meinung – obwohl die Stücke keineswegs schwach waren –, daß drei Kitze immer noch zuviel Substanz von der Ricke forderten, denn der kräfteverzehrende Winter stand ja noch bevor. (Im Winter sah ich übrigens unweit jener Stelle die verbliebenen Drillinge – allesamt Böckchen mit über lauscherhohen Spießen – im Hochwald wieder).
Mit Muße brach ich das Stück sauber auf, trug es im Rucksack – nach alter Väter Sitte – gemütlichen Schrittes zur Hütte und ließ es mit gespreizter Brust – sowie Bauchhöhle am eigens dafür vorgesehenen Eichenstamm ausschweißen und -kühlen. Mit einem guten Tropfen „bewaffnet", tat ich mich vor der Hütte so nieder, daß ich einerseits meine versorgte Beute im Blickfeld hatte, zum anderen, das selbst in der Dämmerung noch phantastische Panorama meiner Hunsrück-Mosel-Eifel-Heimat genießen konnte.
Zufrieden und innerlich ausgeglichen schob ich mich beizeiten auf dem uralten Sofa ein. Gern überdenke ich in den Minuten vom Niederlegen bis zum Hinüberdämmern ins Land der Träume jene Dinge, die mich über Tag am regsten beschäftigten. Diesmal hielten sich Gut und Böse nicht, wie sonst meist, die Waage; jedoch der Aufenthalt in Gottes freier Natur hatte meine strapazierten Nerven schnell beruhigt, Existenzkampf und Alltagssorgen vergessen gemacht. Mit einem Mal schien mir die Welt wieder in Ordnung, die Menschen längst nicht mehr so unverträglich. Jetzt freute ich mich sogar auf den morgigen Besuch eines Kollegen. Frische Rehleber mit gedünsteten Zwiebelringen, dazu ein gutes Glas Bier ...
In halber Nacht spektakelte der vorsintflutliche Wecker und riß mich unsanft auf die Läufe. Morgentoilette erübrigte sich; der Fahrtwind trieb den Rest Schlaf aus den Knochen, machte die Augen hell und klar. Doch mein zeitiges Aufstehopfer lohnte nicht; der Mond präsientierte sich, wie so oft um diese Jahreszeit, ohne

jedwede Leuchtkraft. Er zog gemächlich seine Bahn. Bald würde er hinter dem fernen Eifelhöhenzug vertauchen. Zaghaft, fast schüchtern, meldete sich schließlich der neue, junge Tag.
Mein ungeduldig schwenkendes Glas erhaschte keine verdächtige Bewegung, keinen dunklen Klumpen auf der vor mir ausgebreiteten, von Mischwald umsäumten Feldmark. Aber warum verzagen! Im Sommer holte ich mir in den Kartoffeln drei schwache Überläufer. Drei, vielleicht vier würden im Winter, wenn die Sauen die „warmen" Moselhänge aufsuchen, noch dazukommen ...
Bei vollem Tageslicht packte ich zusammen und fuhr hinüber zur Hütte, stärkte mich, ging anschließend ohne Beutetrieb, nur von dem Gedanken beherrscht, ausspannend in der Natur zu verweilen, zu schauen, den bunten, strahlenden Herbstmorgen zu genießen, dem idyllisch gelegenen Hochsitz „Kleine Eiche" entgegen. Vorsichtig bewegte ich mich von Westen her zur gedeckt stehenden Leiter, vergrämte somit das Wild nicht, welches vielleicht auf der nach Osten leicht abfallenden Feldkante ausgetreten war.
Einige, kaum wadenhohe Brombeersträucher bedeckten den brachliegenden Ackerstreifen. Hei, dort stand ja ein Stück Wild! Glas auf die Kanzelbrüstung und ansprechen. Ein Fuchs. Mit „spitzen Lippen" naschte der alte Feinschmecker die köstlichen, vollreifen Brombeeren. Es wäre mir ein leichtes gewesen, ihn ins taunasse Kraut zu strecken, so wie vor Monaten die drei Jungfüchse. Aber ich hegte andere Pläne mit Reineke: Im Winter, mit weißledrigem Balg sollte er mein werden. Just hatte ich vom Glas aufgeschaut, den Blick am Bestandsrand entlangschweifen lassen, als ein starkes Stück Rehwild mit sattrot leuchtender Decke auf dem Wechsel im Sonnenlicht stand. Was für ein Anblick!

Der Doktor bejagte das Revier im letzten Pachtjahr, und die Chancen, es wiederzubekommen, standen äußerst ungünstig. So hatte er mir einen guten Bock freigegeben. Zudem war der Bejagungsplan noch längst nicht erfüllt. Man wird sich fragen: Was hat das mit dem Reh dort drüben zu tun? Nun, dieses Reh, das so prahlend in der Herbstsonne verweilte, entpuppte sich als ein guter, ja für unsere dürftigen Verhältnisse sogar sehr guter Bock; handbreit über die Lauscher ragten die klobigen, gut geperlten Stangen, die Figur war geradezu „klotzig". Flugs ergriff ich meine Mannlicher, visierte dem mittlerweile gänzlich ausgetretenen Bock hinter dem linken Vorderlauf auf die Kammer und krümmte den Finger. Durch das sechsfache Glas sah ich meinen Bock in der Fährte niedersinken. Herrgott, war das ein herrliches Wochenende, ein erfülltes Jägerleben! Ich sank, nachdem ich aufgeregt den Sitz verlassen hatte, mit zittrigen Knien zu Boden, griff immer wieder beglückt in die taunassen Stangen, betastete die prächtigen Rosen, jede Perle; waren die Vereckungen auch mäßig, ein Ende gar abgekämpft – Masse hatte das Gehörn. Und reif war es auch. – Das zweitbeste an meiner Wand.

Schwer drückte der Bock ins Kreuz. Aber was machte das schon. Gern buckelte ich die fast 20 Kilo im Rucksack zur Hütte hoch. Wie wenig haben doch jene Jäger von ihrer Beute, die sie gleich nach dem Schuß im Kofferraum ihrer Luxuskarosse verstauen, schnellstens aus dem Revier schaffen und das Gehörn später von einem Präparator herrichten lassen ...

Mein Bock fand zunächst seinen Platz neben dem Kitz und konnte, derweil ich den Jagdherrn verständigte, auskühlen. Plötzlich stand das Auto des Kollegen vor der Hütte. Ich hielt mein Versprechen und bereitete ein köstliches Jägermahl her. Doch der geplagte Mann konnte selbst am heiligen Sonntag die Alltagshetze nicht ablegen. Kaum hatte er die zarte, wohlschmeckende Kitzleber in die Backen geschoben, enteilte er mit aufheulendem Motor. So ruhig und ausgeglichen ich zuvor noch war, die nervenzermürbende Hetze des Berufslebens (der Drang zum schnöden Mammon, wie sich unser seliger Schulrat einst auszudrücken pflegte) saß mir nach diesem unruhevollen Besuch schon wieder ziemlich im Nacken ...

In einem Seitental der Mosel, im Geulbachtal, sah ich auf einem winterlichen Pirschgang, weit drüben im Gegenhang, ein einzelnes Reh, das sich merkwürdig ruckartig fortbewegte. Durchs angestrichene Glas erkannte ich, daß das Stück eine schlimme Hinterlaufverletzung hatte (Der Lauf stand in Höhe des Sprunggelenks im rechten Winkel seitlich ab). Was sollte ich tun? Das Stück anzugehen, konnte ich mir sofort aus dem Kopf schlagen. Und von dieser Stelle aus hinüberschießen, grenzte schon fast an Wahnsinn. Wollte ich es an diesem Morgen zur Strecke bringen, bot der Weitschuß (etwa 250 Meter) im Augenblick die besseren Chancen; obwohl ich Weitschüsse wegen ihres (bekannten) Risikos kategorisch ablehne, wollte ich es – in Anbetracht der Verletzung – doch versuchen. Mit dem Rücken gegen eine Weinbergsmauer gelehnt, den Drilling zwischen Rebe und Stock geklemmt, hoch am Rücken angehalten – und Schuß. Vorbei. Genauer gesagt: Drunter. Nächste Patrone in den Lauf, erneut hoch angehalten ... Ohren gespitzt ... Ja, da war er – der Kugelschlag. Diesmal warf es das Stück zwischen die Reben, es überschlug sich ein paar Mal, blieb schließlich an einem Rebstock verendet liegen.

Das war der weiteste Schuß meines Lebens! Stolz? Nein, nicht im geringsten, nur erleichtert, die Ricke mit ihrem körperlichen Gebrechen der Wildbahn entnommen zu haben.

Noch etwas Schießtechnisches zu dem Treffer: Daß der zweite Schuß überhaupt traf, lag nicht etwa an meiner vorzüglichen Schießleistung, viel mehr an einem leicht erklärbaren technischen Vorgang: Bei der rasch aufeinanderfolgenden Schußabgabe mit kombinierten Waffen, kommt es – wegen der einseitigen Erwärmung des eingelöteten Laufes – zu erheblichen Verspannungen. Folge: Die Schüsse „klettern".

An einem stimmungsvollen Spätsommermorgen saß ich auf einem freistehenden, geschlossenen Leitersitz, am unteren Rande eines etwa vier Hektar großen Stoppelschlages. Am oberen Feldrand, zum Wald hin, stand unser langer, schmaler Haferwildacker noch voll auf dem Halm. Und weil in den letzten Nächten die Sauen dort gehaust hatten, hockte ich allmorgendlich vor Tag und Tau auf der Leiter, die man über einen pfleglichen Pirschweg von hinten völlig unbemerkt angehen kann.

Oben, gute 250 Meter in westlicher Richtung, verläuft ein seit Jahren geteerter Wirtschaftsweg. Das ist schon fast die Regel: Jedes ärmliche Eifel- oder Hunsrückdörfchen in strukturarmer Region, leistet sich heutzutage den Luxus, die Feld-, teilweise sogar die Waldwege, mit einer Teerdecke zu „schmücken". Weiß der Teufel, wer denen die Mittel für derartigen Unfug zur Verfügung stellt! Bei obigem Weg sollte es, wie man sagte, militärische Hintergründe gegeben haben. Die Nachbargemeinde, auf deren Territorium diese Einrichtung (man spricht von einer Radaranlage) entstehen sollte, hatte sich vehement dagegen gewehrt. Vergebens! In dieser Hinsicht unterscheiden wir uns gar nicht so sehr von den Praktiken in der ehemaligen DDR: Das benötigte Land, in diesem Fall immerhin stattliche 25 Hektar unbeschadete Natur (sofern man davon über-

haupt noch reden kann), wurde kurzerhand enteignet. Fertig. So einfach ist das! Wenn man dann noch bedenkt, daß der Warschauer-Pakt praktisch zusammengebrochen ist und kaum noch eine ernstzunehmende Bedrohung darstellt, fällt es schwer, der Dringlichkeit und dem Nutzen einer solchen Einrichtung Glaubwürdigkeit einzuräumen.
Nun rollen unaufhörlich die gigantischen Betonmischer heran und bedecken mit ihrem Inhalt ein lauschiges Fleckchen Natur. Der geschätzte Leser kann sich vorstellen, wie empfindlich und nachhaltig das Gefüge der Wildbahn durch solche Aktivitäten gestört, ja geradezu belastet wird; befindet die Baustelle sich auch in etwa 1,5 km Entfernung im Nachbarrevier, so werden letzten Endes noch drei Reviere in Mitleidenschaft gezogen. Abendansitze kann man seit langem getrost „an den Nagel hängen", denn ständig muß mit irgendeiner Störung gerechnet werden. Doch morgens, oh ja, morgens lohnt ein Ansitz immer noch! Im letzten Herbst schoß ich, trotz aller Widrigkeiten, immerhin noch drei Sauen auf der Stoppel vor dem Sitz ...

Drüben, im gut 100 Meter entfernten Wildacker, stehen regelmäßig drei Stück Rehwild; ansprechen konnte ich sie bisher nie so richtig, weil sie stets – ist das ein Wunder? – im ersten Grauschimmer des werdenden Tages zu Holze zogen. Würden sie heute mal länger aushalten? War vielleicht sogar ein Knopfbock dabei? Eine Frage, die mich deshalb besonders beschäftigte, weil ich nur einen Bock dieser Klasse frei hatte.
Ein Stück war schon wieder verschwunden. Doch die beiden anderen zupften genüßlich den goldgelben Hafer. Dabei vergaßen sie wohl, sich beizeiten zu verdrücken. Und nun herrschte volles Tageslicht. Längst lag das Glas auf der Brüstung, und ich musterte die beiden Stücke eingehend; das links stehende, deutlich schwächere, drehte gerade den Kopf, und ich glaubte gegen den hellen Haferhintergrund eine knubbelartige Verdickung bzw. Erhöhung zwischen den Lauschern zu erkennen. Ja, nun sah ich es deutlich – ein Knopfbock, ohne jeden Zweifel. Jetzt oder nie! Das war meine Chance.
Im Zielglas bemerkte ich vor dem Blatt etliche Halme. Nur ruhig Blut, gleich mußte der Bock, wenn er in dieser Richtung weiterzog, auf eine winzige Blöße treten, dann sollte, dann mußte es knallen.

Und das tat es sehr bald. Nach dem Blitz und Donnerschlag sah ich nur noch einen roten Wischer, dann war die morgendliche Bühne leer.

Nach zehn Minuten verließ ich den Sitz, um mir Gewißheit zu verschaffen. Und dann stand ich, nur 20 Meter vom Anschuß, vor dem „Geiß-Bock". Ja, in der Tat, der vermeintliche Knopfbock war eine steinalte Ricke, die glücklicherweise keine Kitze führte und nur armselige zehn Kilo auf die Waage brachte. Auf der rechten Schädelseite hatte sich ein ganz normaler Rosenstock gebildet, auf dem eine relativ stark entwickelte Rose saß, die allerdings kaum verfegt war. Ein wirklicher Hegeabschuß, über den ich mich von Herzen freute, obschon ich ja im Grunde genommen falsch, um nicht zu sagen fahrlässig und oberflächlich gehandelt hatte. Hätte ich nicht, bevor der Finger den Abzug berührte, erst nach dem Pinsel schauen müssen? Kaum auszudenken, wenn die Geiß Kitze geführt hätte.

In früheren Jahren konnte man auf sämtlichen Trophäen-Ausstellungen (heute nennt man sie richtigerweise „Hegeschauen") eine fürchterliche Unsitte beobachten. Da wurden sogenannte Hegemedaillen an Leute verteilt, die man eigentlich hätte rügen müssen. Warum? Nun, diese Medaille bekam nämlich meist derjenige Revierinhaber, der die meisten Knopfböcke vorn an der Wand hängen hatte.

In einem Frühjahr – ich war damals noch ein junger Jäger – packte ich die Unterkiefer der im letzten Jahr erlegten Uralt-Ricken und übergab sie den Verantwortlichen, mit der Bitte, sie wegen ihres hohen Alters (Im Institut für Jagdkunde auf 9 bis 12 Jahre geschätzt) an eine Tafel zu hängen. Der Vorstand übergab mir – das war damals eine kleine Sensation! – die Hegemedaille der Kreisgruppe. Die Leute hatten völlig richtig erkannt, daß man die Hegeabschüsse nicht nur bei den Böcken tätigen darf. Überalte Ricken werden zwar selten unfruchtbar, aber das Gesäuge bietet dem hungrigen Nachwuchs nur unzureichend Nahrung; die dürftige Milchquelle versiegt bald – und mickrige, elend kümmerliche Schmalrehe und Knopfböcke im Folgejahr sind das Ergebnis.

# Rotwild – Schadwild?

Wenn es sich in meinem Jägerleben mal ergab, ein Stück Rotwild zu erlegen, dann war dies stets ein gewaltiges Ereignis, das mit einem guten Moseltropfen gebührend gefeiert wurde. Etliche hundert Stücke Rehwild, fast genau so viele Sauen, zahlreiche Füchse, Hasen usw. füllen die Seiten meiner Schußbücher. Doch die Rotwildeintragungen sind höchst sporadisch: etwa 25 Stück in 30 Jahren.
Das erste Stück, ein Alttier, erlegte ich in meinem Lieblingsrevier Bremm. Der damalige Revierinhaber gab es mir frei und freute sich selbst riesig, als ich abends vor ihm stand und von meinem Weidmannsheil mit immer noch klopfendem Herzen berichtete.
Im Jahre 1970 verließ ich schweren Herzens das kurz zuvor neu verpachtete Revier und betreute fünf Jahre lang den westlich von Bremm liegenden tausend Hektar großen Nachbarjagdbezirk Beuren, eine vorzügliche Hochwildjagd mit ungemein hohem Schwarzwild- und gutem Rotwildbestand. Wenn sich der vom Niederrhein stammende Jagdpächter auch als ein überaus schwieriger Zeitgenosse entpuppte, genoß ich dennoch die Tage und Wochen, in denen ich allein im Revier sein durfte, in vollen Zügen, schoß viele Sauen und so manches Stück Rotwild.
Daß es zu diesen Rotwildfreigaben überhaupt kam, hatte ich nicht etwa dem Wohlwollen des Pächters zu verdanken, sondern vielmehr dem permanenten Zeitmangel jener in der Industrie viel beschäftigten Leute, die zur Erfüllung des Bejagungsplanes auserkoren waren; in den meisten Jahren wurden die freigegebenen Stücke nicht annähernd erlegt, obwohl die damalige Bestandsdichte dies ohne große Schwierigkeit ermöglicht hätte. Dieser Zustand fand allerdings keine Zustimmung bei der Unteren Jagdbehörde, und es drohte letztlich die Gefahr einer Herabsetzung des Bejagungssolls. Und daran war nun wirklich keiner interessiert!
Meist waren es Kälber, die ich schoß, weil man diese am sichersten anzusprechen vermag; und da – wohl wegen der fehlenden Trophäe – selten ein Mitjäger verärgert bzw. neidisch wurde (menschliche Regungen, vor denen ich mächtigen Bammel habe).
Meinen ersten Hirsch erlegte ich in einem brachliegenden Wein-

bergsteilhang im Üßbachtal, unweit meines Heimatortes Bad Bertrich, am Rande des Kondelwaldes. Der Rebenhang übte auf das Wild – wegen der üppigen Brombeeräsung und „warmer" Südhanglage – insbesondere in den Wintermonaten, eine große Anziehungskraft aus, was die stark ausgetretenen Wechsel eindeutig bekundeten.

Ein klarer, sonniger Januarmorgen zog mich beizeiten hinaus ins Revier. Später, schon wieder auf der Heimfahrt durch das idyllische Üßbachtal, machte ich, wie so oft, einen kurzen Abstecher zum Weinberg. Am unteren Rand der verwucherten Rebanpflanzung erstreckte sich eine relativ flach verlaufende, etwa ein Hektar große, mit Apfelbäumen bestandene Wiese. An einem wegnahen Baum verhielt ich, lehnte das 9 x 63 am Stamm an und spekulierte gespannt in den Hang. Jeder Meter wurde mit der guten Optik systematisch abgesucht – zunächst erfolglos.

Der mit Strauchwerk, einigen verrotteten Rebstöcken sowie stellenweise mannshohem Brombeergebüsch und mit Schiefersteinen reichlich übersäte Altweinberg lag vor mir im winterlichen Sonnenschein. Am linken oberen Eck stand ein kugelförmiger Haselnußstrauch. Etwas überhöht davon – mir seit Jahren bekannt – mündete der gut belaufene Wechsel in die Freifläche. Als ich das Glas leicht nach links zwischen die Randbäume des Niederwaldes schwenkte, sah ich mit schneller werdendem Herzschlag die Läufe mehrer Stücke Rotwild; regungslos verhielt das Wild, vorne das starke Leittier, und peilte minutenlang die Lage. Da, endlich setzte sich das Leittier in Bewegung, zog hinaus in die Brombeeren, im Gefolge das Kalb und den Schluß des Rudels bildete ein Schmalspießer mit verkümmertem Hauptschmuck. Oho, der wäre mir schon recht! Bescheidene Anfänge soll der Jäger machen! Es muß nicht gleich ein Zwölf-Kilo-Hirsch sein …

Nach kurzem Abwägen entschloß ich mich, mein Heil zunächst auf das Kalb des zuletzt ausgetretenen Alttieres zu versuchen. Im Donnerhall des Schusses flüchtete das Stück im Bogen den Steilhang hinunter, verhofft plötzlich, dann legt es sich ganz behutsam – als wolle es instinktiv einem möglichen Absturz in die Tiefe entgegenwirken – gegen den Hang und verendete.

Der Rest des Rudels war geflüchtet, dann aber sichernd stehengeblieben, so daß ich in aller Ruhe den Spießer ausmachen konnte, der scheibenbreit im Hang verhoffte und zum verendeten Kalb hinab-

äugte. Auch dieses Mal kam ich sauber hinter dem Blatt ab. Der Hirsch flüchtete, wie zuvor das Kalb, im Bogen steil nach unten dem Niederwald zu, erreichte ihn jedoch nicht mehr. Kurz davor verhoffte er abrupt, legte sich – wie gehabt – gegen den Hang und rührte kein Haar mehr. Beide Stücke hatten gute Blattschüsse.
So, nun lagen zwei im Wildbret durchaus starke Stücke (das Kalb wog, wie sich später herausstellte, 50 kg, der Spießer 80 kg) Rotwild dort oben. Wie ich sie bergen sollte, darüber hatte ich mir zuvor keinerlei Gedanken gemacht. Es ging dann aber besser als erwartet. Unser Forstmann, der mit mir zusammen den Jagdschutz ausübte, und der am Jagdhaus stehende Geländewagen (mit angebauter Ladefläche) halfen mir dabei.

An einem tristen, grauen Wintermorgen wurde ich in der Firma zum Telefon gerufen. Am anderen Leitungsende meldete sich in seiner kurz angebundenen Art der Jagdpächter H. Ohne Umschweife kam er zur Sache: „Ich kann in der nächsten Zeit nicht im Revier sein, schießen Sie unbedingt noch zwei Stücke Kahlwild und die restlichen weiblichen Rehe, sonst bekomme ich Ärger mit der Jagdbehörde!"
Der Apparat machte „klack" – aufgelegt. Das ging alles so schnell, mich völlig überrumpelnd, daß es seine geraume Weile dauerte, bis ich die Worte so recht begriffen hatte. Ja, ja, der mahnende Zeigefinger des Kreisjagdmeisters und das jüngst eingegangene Schreiben der Unteren Jagdbehörde hatten auch dieses Mal ihre Wirkung nicht verfehlt – zu meinem Glück, muß ich sagen …
Die verflossenen Jahre gaben mir reichlich Gelegenheit, das Revier, die Wechsel und Einstände bestens kennenzulernen. Deshalb fiel es mir nun auch nicht sonderlich schwer, in der Kürze der Zeit einen passablen Plan auszuhecken.
Im Revierteil „Zimmeskaul – Marzenhölle" stand immer Rotwild. Die Aussichten, die freigegebenen Stücke in diesem abwechslungsreichen Gebiet mit Wald, Ginster-, Schwarzdornenverhauen und eingesprengten landwirtschaftlichen Parzellen waren mehr als gut. Aber auch im Umfeld des jenseits der Straße liegenden „Lienenwaldes", auf dessen höchster Kuppe eine gut erreichbare geschlossene Kanzel steht, waren die Erfolgschancen nicht schlecht. Nach ausführlicher Aussprache mit unserem Forstmann teilten wir uns das Revier auf, damit keiner dem anderen ins Gehege geraten

würde. Also verlegte ich meine Aktivitäten auf die andere, südwestliche Straßen- bzw. Talseite. Dort hatte das Rotwild hervorragende Äsungsplätze, die meist schon zeitig am Morgen von der wärmenden Januarsonne beschienen wurden, so daß sich speziell das Rotwild an diesen Stellen bis weit in den Tag hinein aufhielt. Doch die ersten so hoffnungsvoll begonnenen Ansitze verliefen enttäuschend – nicht mal ein Hase ließ sich sehen. Kurz entschlossen wurde umdisponiert: Als erstes beantragte ich im Eilverfahren ein paar Tage Urlaub; meine Bemühungen sollten letztlich nicht an fehlender Zeit scheitern. Deshalb hielt ich für solche Besonderheiten stets genügend Freitage in Reserve. Zweite Maßnahme meines taktischen Plans: Ich ging – anstatt abends – nun morgens raus. Das Wild ist von der Nacht her noch auf den Läufen, wodurch die Chancen wesentlich erhöht werden.
So pirschte ich eines Morgens, kurz vor 9.00 Uhr, den leicht abfallenden Weg zur „Zimmeskaul“ hinunter, blieb alle paar Gänge stehen und suchte jede Blöße, jede noch so kleine Lücke des rechten Südhanges nach Wild ab. Plötzlich erhaschten meine Augen eine Bewegung – Rotwild? – Ja, jetzt sah ich es deutlich, konnte die vier Stücke, die keine siebzig Meter vor mir auf dem Weg standen, sogar ansprechen: Zwei Alttiere mit je einem Kalb; seit geraumer Zeit war mir dieses kleine Rudel gut bekannt. Das jetzt links des Weges stehende Alttier trug deutliche Züge der Vergreisung: Sowohl Haupt, als auch die ständig auf „Empfang“ stehenden Lauscher, wirkten knochentrocken und überlang, zudem war es weiß wie ein Albino; 15 Jahre – wenn nicht mehr – mochte es wohl alt sein. Vor zwei Jahren führte es noch selbst, durch mannigfaltige Erfahrungen gewitzt, ein siebenköpfiges Rudel durch Wirrnisse und Gefahren der Wildbahn. Und nun stand es im „zweiten Glied“ und hatte die verantwortungsvolle Leitung einem jüngeren, starken Alttier überlassen.
Ruhig, das Glas vor den Augen, wartete ich, bis das Rudel in den rechten Ginsterhang zog. Erst dann pirschte ich, behutsam geräuschdämpfende Gras- und Moospolster mit den derben Schuhen ertastend, weiter. Als ich jene Stelle erreichte, an der vor wenigen Minuten noch das Wild stand, sah ich zwar im lockeren Bewuchs des Hanges die graubraunen Wildkörper und hin und wieder das auffällige weiße Haupt des Uralttieres, aber an Schießen war da nicht zu denken. Gemächlich zogen die Stücke, hier ein Brom-

Der älteste Hirsch, der seit Menschengedenken im Kreis Cochem-Zell erlegt wurde. Experten schätzen ihn auf 15 bis 17 Jahre.

Mein liebster Platz nach der Jagd.

Reiche Beute im ersten Schnee des Jahres 1990.

beerblatt zupfend und dort eine Ginsterspitze verbeißend, hangaufwärts.
Weiter runter mußte ich, an das Ende des Ginsters, wo der kleine, in diesem Jahr brachliegende Wildacker in Wald und Hecken gebettet lag. Just hatte ich mein Ziel mit zittrigen Kniegelenken erreicht, da sehe ich die Stücke frei und breit inmitten einer sonnenbeschienenen Blöße stehen.
Außer Atem setzte ich mich auf den Boden, stützte beide Arme auf den angewinkelten Knien ab, visierte, so gut es nach den körperlichen Anstrengungen möglich war, dem zweiten Kalb auf die Rippenpartie – und zog durch –. Mit dumpfem „Pflupp" hörte ich das Teilmantel-Geschoß aufschlagen, woraufhin das Kalb mit allen Läufen zugleich hochsprang. Dann verschwand es mit wenigen Fluchten in einer dichten Ginstergruppe unterhalb des Wechsels. Das „weißköpfige" Rottier indes preschte, vom Schußecho irritiert, genau auf mich zu und verhoffte schließlich etwa vierzig Gänge vor mir. Blitzgeschwind hatte ich nachgeladen und den Drilling schußbereit an der Backe; nur noch anzutippen brauchte ich den gestochenen Abzug ... Nein, ich ließ den Finger gerade, setzte, als das Stück letztendlich absprang, die Waffe ab.
Gemäß meinem Auftrag hätte ich dieses zweifache Weidmannsheil fürwahr rechtfertigen können; dem alten Förster gegenüber wäre es – aus moralischen Gründen – jedoch nicht ganz hasenrein gewesen. Obwohl ich mir freilich sagen mußte, daß einem so deutlich überalterten Stück Wild die Kugel gebührt hätte ...
Die wackelnden und zitternden Ginsterspitzen zeigten mir die Fluchtrichtung des Tieres. Dann war der Spuk vorbei. Eine fast in den Ohren schmerzende völlige Stille lag jetzt über der einsam liegenden Waldsenke. Drüben, in der Ginstergruppe, die ich ständig beobachtete, rührte sich kein Ästchen. Erst nach gut anderthalb Stunden schlich ich mit dem schußfertigen Drilling den gleichen Wechsel hoch, den das Kahlwild zuvor benutzt hatte. Nach schätzungsweise 70 Metern stand ich vor dem Kalb; es war aus dem Wundbett hochgeworden und äugte fluchtbereit zu mir hinauf. In dieser Situation half kein Zögern, nur schnelles, beherztes Handeln vermochte dem Stück weitere Qualen zu ersparen. Nach dem Schuß flüchtete es krachend durch die Hecken talwärts, querte mit eckig wirkenden Fluchten den Wildacker und sank am Rande, kurz vor der nächsten Dickung, verendet ins dürre Gras.

Auf dem Heimweg vom Abendansitz sah ich inmitten eines Vorjahreskartoffelschlages, nahe der Straße, drei Hirsche. Unbeweglich, wie Bildsäulen, standen sie neben der im Regenmorast steckengebliebenen Erntemaschine. Der Bauer ließ sie dort genau so verwaist stehen, wie die gut und gern 80 Zentner Speisekartoffeln. Er sorgte damit, wenn auch unbewußt, für allerbeste Winterfütterung des Wildes.

Als die Hirsche schließlich in Richtung Wald wegflüchteten, sah ich im Scheinwerferlicht meines Wagens, daß der mittlere eine schwere Vorderlaufverletzung hatte. Eigentlich, so dachte ich, müßte dieser offenbar irgendwo krankgeschossene Hirsch bevorzugt gestreckt werden. Deshalb rief ich spornstreichs Pächter H. in Kl. an und meldete ihm ordnungsgemäß meine Beobachtung. Aber der im Berufsleben arg angespannte Mann zeigte sich von meinem Bericht wenig beeindruckt: „Lassen Sie den Hirsch in Frieden! – Kümmern Sie sich endlich um das Kahlwild!"

Das war eine klare Anordnung, über deren Sinn man freilich geteilter Meinung sein kann; es erübrigt sich, über dieses Thema weitere Worte zu verlieren …

Am letzten Sonntag im Januar entschloß ich mich zu einem Frühansitz auf der hohen Kanzel am „Lienenwald". Gerade hatte ich es mir bequem gemacht, leise das westseitige Fensterchen geöffnet, als im ersten Morgengrau die Umrisse der Bäume und Sträucher sichtbar wurden. Mit dem Glas leuchtete ich über das Tal hinweg zu dem drüben, auf der „Marzenhölle", inmitten von ausgedehnten Ginster- und Brombeerdickungen gelegenen Stoppelfeld und erkannte sieben „dicke Klumpen", die mir irgendwie verdächtig vorkamen. Nach wenigen Minuten wurde es endlich etwas heller. Erneuter Blick durch's Glas. Jawohl, jetzt konnte ich schon Bewegungen ausmachen; sie wirkten ruhig, fast bedächtig. Daraus schloß ich, daß es Rotwild sein mußte. Das Rudel stand äsend in einem ginsterumsäumten Stoppelfeld. Doch trotz dieser intensiven Beschäftigung übernahm ein Stück stets die Sicherung des Rudels.

Flugs verließ ich den Sitz und lief, so schnell dies in voller Ausrüstung möglich war, den weiten Weg zum jenseitigen Flurteil hinüber. Betrug die Luftlinienentfernung auch nur maximal 400 Meter, so mußte ich jetzt versuchen, in möglichst kurzer Zeit, mindestens einen guten Kilometer Feldwege zu überwinden. Dampfend, wie dazumal das kleine Moselbähnchen, erreichte ich mein Ziel, die

„Marzenhöller Kanzel". Ganz vorsichtig, Sprosse für Sprosse, zog ich mich nach oben. Würde das Wild noch draußen stehen? Oder hatte es sich mittlerweile in den Tageseinstand zurückgezogen? Bange Fragen, die ich mir stellte, als ich allmählich an Höhe gewann. Erst der von halber Leiterhöhe mögliche Blick über die Spitzen des hochwüchsigen Ginsters, enthob mich dieser Sorgen.
Vertraut und ruhig stand das Rudel auf der mit allerlei Unkräutern durchwachsenen Stoppelparzelle im nunmehr vollen Frühlicht. Ein guter Anblick, den ich erst mal in mich aufnahm, nachdem ich erschöpft, aber heilfroh in der Kanzel saß. Als sich der rasende Puls endlich normalisiert hatte, griff ich zum Drilling, visierte einem etwas abseits äsenden Schmaltier hinter der linken Blattschaufel auf die Rippenpartie – und krümmte durch. Klatschender Kugelschlag, dem eine fast senkrechte Steilflucht folgte, dann ging „mein" Stück in rasender Flucht – mit dem Rudel – ab. Einige Male krachten noch trockene Äste unter den harten Schalen des flüchtenden Wildes, dann herrschte wieder Ruhe – Sonntagsfrieden, den ich mit meinem lauten Schuß kurzfristig empfindlich gestört hatte. Meiner Kugel war ich mir sicher, da gab's keine Zweifel.
Zufrieden lehnte ich mich zurück. Weit schweifte der Blick über schluchtartige Taleinschnitte, über Wälder, Feldfluren und kleine Eifeldörfchen. Weit unten, im Talkessel des Üßbaches, lag mein geliebter Heimatort Bad Bertrich, idyllisch in das durch Schieferfelsen gewundene Tal eingebettet; letzte Bastion des rauhen Eifelklimas vor dem „warmen" Moseltal.
Dichter Morgennebel wogte über dem stillen Tal. Hin und wieder lugte die fahnenmastbewehrte Spitze des bruchsteingemauerten Bismarckturms, Aussichtspunkt für wandernde, naturfreundliche, Kurgäste, aus der milchig-weißen Masse hervor. Ich hatte Zeit, viel Zeit, genoß den herrlichen Morgen – mit dem huldvoll dargereichten Geschenk Dianas. Hier bin ich aufgewachsen, durchstreifte als Junge, zunächst an der Hand des liebevollen Vaters, später dann alleine oder mit gleichgesinnten Kameraden die ausgedehnten Waldungen, gewann dabei Eindrücke und Erkenntnisse, wie sie ein „spätberufener" Naturfreund und Jäger kaum je im Leben erlangen kann. Hier durfte ich jagen, hier war ich glücklich und zufrieden …
Ich weiß nicht, wie lange ich still gesessen und geschaut, gelauscht und gegrübelt hatte. Die melodischen Glocken des Kurortes began-

nen zu läuten und riefen die Gläubigen zum Hochamt, sie mahnten auch mich, die Beute zu versorgen. Bedächtigen Schrittes ging ich zum Anschuß hinüber. Auf dem Stoppelfeld würde es gewiß nicht leicht sein, ihn zu finden. Als Hilfe hatte ich mir einen am Rande stehenden, gelbgefärbten Ginsterstrauch gemerkt. Als ich jene Stelle erreichte und gespannt das sanft zum südlichen Ginster hin abfallende Feld hinunter schaute, blieb der suchende Blick an einer hellen Erhebung haften. Und beim genaueren Hinschauen entpuppte sich diese als die Bauchseite meines Schmaltieres. Frohgestimmt schritt ich entblößten Hauptes hinüber …
Zwei Stunden später fuhren wir mit dem Geländewagen hinaus und holten das mittlerweile gut ausgekühlte Stück ein.
Förster B., der in früheren Jahren als schneidiger Draufgänger bekannt war, nun aber aus Gesundheitsgründen nicht mehr so mithalten konnte, kam zu guter Letzt doch noch zu seinem Stück Rotwild; mit gewohnt sauberem Schuß, streckte er im Revierteil „Kesselwald“ ein Alttier. Danach herrschte „Hahn in Ruh’“ im Revier.

Nach genau fünf Jahren ging meine jagdliche Tätigkeit in dem mittlerweile liebgewordenen Revier abrupt zu Ende. Der Revierinhaber, zuvor von kopfstarken Saurotten arg gebeutelt, daß ihm vor den finanziellen Forderungen der Bauern angst und bange wurde, hatte uns strikt angeordnet, die Wildschäden auf ein „erträgliches Maß“ zu reduzieren. Das wurde schließlich mit aufopferungsvollem Körpereinsatz durch zwei Maßnahmen erreicht: Erstens stellten wir um die besonders gefährdeten Kartoffelschläge Elektrozäune auf (was damals noch nicht üblich war) und zweitens reduzierten wir drastisch den entschieden zu hohen Schwarzwildbestand, was speziell von mir einen immensen Zeitaufwand und harten Dauereinsatz forderte. Dieser Belastung war ich durchaus gewachsen, ja, mir, dem jüngsten in unserem Dreiergespann, mit geradezu unbändiger Jagdpassion ausgestattet, kam dieses Jagenmüssen sogar sehr gelegen. Dann kam, wie gesagt das Ende. Fünf, teils erfolgreiche, teils deprimierende Jahre gehörten der Vergangenheit an!
In den Jahren danach stand mir St. Hubertus insofern wohlwollend zur Seite, als die Staatsforstämter just dabei waren, ihre bis dahin verschlossenen Reviere für zahlende Gäste zu öffnen.

In der Nähe meines Wohnortes liegt, von den Bächen Üß und Alf flankiert, der staatlichen Kondelwald. Mit über 2000 Hektar zusammenhängender Waldfläche bildet er das Kerngebiet des Rotwildringes Cochem-Kondel. Die drei Förstereien – Alf, Bonsbeuren und Springiersbach – unterstehen dem Forstamt Wittlich-Ost.

Allen Jägern ohne Revier, die es mit einem Antrag, sei es beim örtlichen Forstamt, der Bezirks- oder Landesregierung (je nach der erwünschten Wildart bzw. -stärke) versuchen möchten, rate ich zur Bescheidenheit und Zurückhaltung. Schon die Formulierung des Antrages, die Güteklasse des beantragten Wildes usw., spielen eine nicht unerhebliche Rolle für einen positiven oder auch negativen Bescheid. Eine weitere menschliche Tugend, die einem sehr helfen kann, ist die Geduld (auf der Jagd muß man sie ja auch haben!); man sollte auch mal ruhig warten können, bis man, wegen der Vielzahl der Anträge, an der Reihe ist. Die angeschriebenen Ämter sind zwar – wer würde daran zweifeln! – von überaus korrekten Beamten besetzt, die aber auch „nur" Menschen sind wie Du und ich …

Daß im Staatswald auch ausländische Diplomaten erfolgreich auf Rotwild geführt werden, halte ich für durchaus gerechtfertigt und wichtig – sofern diese Leute echte Jäger sind, denen es nicht nur ums Schießen bzw. um eine diplomatische Pflichterfüllung geht. Wenn allerdings ein afrikanischer Stammeshäuptling hier aufkreuzt, weil er für sein darbendes Land einen Batzen Geld locker machen möchte und zusätzlich noch mit dem Abschuß eines starken Ia-Hirsches belohnt wird, nun, da kann man wirklich zweifeln, ob das in Ordnung ist. Warum diese diplomatischen Klimmzüge?

Wieviel Jagdscheininhaber im eigenen Land träumen davon, nur mal ein Kalb oder Schmaltier zu erlegen; ist dies nach manchmal langer Wartezeit endlich geglückt, denkt ein solcher Jäger ein Leben lang daran und wird – im eigenen Interesse – stets dafür einstehen, daß die Staatsreviere auch jagdlich in eigener, staatlicher Verwaltung bleiben, mit anderen Worten nicht allesamt verpachtet werden – Alptraum vieler passionierter Forstbeamten.

Hin und wieder hat man im Leben Glück. Damals empfand ich das jedenfalls so, als mein Antrag auf Freigabe eines Schmaltieres, sofort bewilligt wurde. Später folgte noch ein Kalb, das ich im schroffen Steilhang zunächst vorbeischoß, dann aber in voller Flucht, mit guter Blattkugel, zur Strecke brachte.

Die Zeit im Staatswald betrachtete ich als Überbrückung zu einer besseren Jagdmöglichkeit, mit freier Begehung und eigenverantwortlicher Revierbetreuung, Freiheiten, die man als zahlender Gast im Staatswald nicht kennenlernt.
Als einen erneuten Glücksfall in meinem bewegten Jägerleben, wertete ich das Vorhaben des Bremmer Jagdpächters, Eduard Bärwolf aus Moers, mich wieder in seinem total heruntergekommenen Revier einzusetzen. Obwohl die Arbeit, für zwei Hände kaum zu bewerkstelligen, als eine enorme Herausforderung zu betrachten war, wollte ich die Chancen, in diesem herrlichen, abwechslungsreichen Revier zu weidwerken, dankbar ergreifen und endgültig festhalten, was ich – schaue ich in meine Jagdtagebücher – bis heute nicht zu bereuen brauchte.
An einem farbenprächtigen Herbstmorgen zeigte sich unser Schutzpatron von seiner besten Seite, obwohl es zunächst überhaupt nicht danach aussah. In halber Nacht hatten die mächtig zu Schaden gehenden Sauen mich aus den Federn getrieben – wiedermal vergebens! Und jetzt stand längst die Sonne rotglühend über den Wipfeln des Hochholzes. Mit Hochwildanblick und Beute wagte ich nicht mehr zu hoffen, am wenigsten noch mit Rotwild. Und dann geschah das Unglaubliche: Auf dem vor mir liegenden Stoppelschlag stand urplötzlich ein Alttier mit Kalb. Oho, jetzt wurde es doch noch spannend!
In den letzten Jahren habe ich mir angewöhnt, die Schüsse ziemlich hoch und nicht so weit hinten, also im Bereich der Blattschaufel, anzutragen. Obwohl die Entfernung reichlich 150 Meter betrug, hielt ich ruhig auf meinen bewährten Haltepunkt und schickte das Geschoß auf die Reise. Während die zweite Patrone ins Patronenlager sprang, hörte ich den deftigen, satten Kugelschlag – und das Kalb sank auf der Stelle zusammen, rührte kein Haar mehr.
Das Alttier flüchtete indes vom Waldrand zurück ins freie Feld. Dort stand es wannenbreit, nur mehr etwa einhundert Meter vor meinem Leitersitz und äugte angespannt und fluchtbereit zurück zum Kalb. Nun mußte eine schnelle Entscheidung getroffen werden: Schießen oder laufenlassen? In Anbetracht dessen, daß man erstens die Feste feiern soll, wie sie fallen, nicht zuletzt jedoch auch wegen dieser, nun ja, fast muß man schon sagen einmaligen Gelegenheit, trug ich dem Tier ebenfalls die Kugel an. Nach kurzer Todesflucht stürzte das Stück eine Böschung hinunter und lag still.

Wenn alle Jubeljahre mal ein Hirsch der Klasse I frei ist, möchten die Jagdpächter diesen verständlicherweise selbst schießen. Mal ganz abgesehen davon, daß es – wie wir ja jetzt wissen – unglaublich schwierig ist, überhaupt auf Rotwild zu Schuß zu kommen, ist es, in des Wortes wahrster Bedeutung, schier einem hochkarätigen Kunststück gleichzusetzen, den „passenden" Geweihten obiger Klasse zu erwischen, denn am Ende der Fährte soll ja schließlich der Richtige liegen – und der muß mindestens zehn Jahre alt sein.
Und damit wären wir bei den Abschußrichtlinien, die hier in Rheinland-Pfalz recht kompliziert und für das Rotwild nicht immer zuträglich sind. (Wenn man bedenkt, daß man bis zum dritten Kopf jeden Hirsch schießen darf, wodurch häufig der allerbeste Nachwuchs der Kugel eines Übereifrigen zum Opfer fällt).
Für den „normalen" Jagdscheininhaber ist das korrekte Ansprechen eines Hirsches schon fast mit einer wissenschaftlichen Doktorarbeit gleichzusetzen. Vorsätzlich möchte kaum ein Jäger etwas schwerwiegend Falsches machen. Aber: Was sollen beispielsweise jene vom Ruhrgebiet und dem Niederrhein zu uns kommenden und mit Rotwild wenig bzw. überhaupt nicht vertrauten Jäger tun? Wie sollen sie sich verhalten? Nun, dazu sei gesagt: Rotwildjäger wird man nicht in zwei Monaten, auch nicht in zwei Jahren! „Was", höre ich jetzt Otto Hasenfänger ungläubig einwenden, „so lange dauert es, bis ich ein erfahrener Rotwildjäger bin?"
„Ja, richtig", würde ihm der Kreisjagdmeister daraufhin zur Antwort geben, „das dauert seine Zeit ...!"
Also muß der Anfänger erst mal eine Ersatzlösung finden, die ihm hilft, wenigstens über die größten Anfangsschwierigkeiten hinwegzukommen: Entweder führt er das von der Obersten Jagdbehörde herausgegebene Merkblatt fein-säuberlich in der Tasche mit und liest es beim Ansitz oder sonstigen Mußestunden immer wieder durch – oder er hat seine Schulaufgaben schon vorher gründlich gemacht und den ganzen Text auswendig gelernt. Das ist zwar kein Allheilmittel, aber irgendwie, irgendwo muß ja mal ein Anfang gemacht werden.
Die letzte Möglichkeit, sich aus der Affäre zu ziehen, ist die „Kofferraummethode": Der bei Nacht und Nebel geschossene Geweihte wird – weil er als doppelseitiger Kronenhirsch vom sechsten Kopf falscher gar nicht sein kann – in einer Zwei-Stunden-Fahrt aus dem „Krisengebiet" abtransportiert. Das wäre allerdings nicht nur

„die letzte Methode" – das wäre schlicht und einfach gewildert und würde, käme die Sache ans Tageslicht, den Verlust des Jagdscheins und sogar des Reviers bewirken.
Es ist müßig, diesen Faden weiterzuspinnen, denn der Gesetzgeber enthebt uns hier aller Sorgen und Spekulationen: Während der Nacht (1½ Stunde nach Sonnenuntergang und 1½ Stunde vor Sonnenaufgang) ist die Bejagung des Rotwildes grundsätzlich verboten; denn selbst bei vollem Mondlicht ist es schier unmöglich, einen Hirsch präzise anzusprechen. Wohl vermag man durchaus die verschiedenen Altersgruppen – jung – mittelalt – alt – anhand der Figur einigermaßen zu ermitteln; keinesfalls jedoch den Geweihaufbau mit der genauen Endenzahl. Das ist unmöglich! Insofern ist das Nachtjagdverbot hundertprozentig gerechtfertigt. Bei der Bejagung des Kahlwildes stelle ich mir allerdings häufig die Frage, ob diese Einschränkung angebracht ist; denn in früheren Jahren gelang es mir stets mit großer Sicherheit, das Kalb im Rudel ausfindig zu machen und auch mit sauberer Kugel zu erlegen.
Die Chance, ein Stück Rotwild zu erlegen war in Bremm immer – von gelegentlichen Zufallserfolgen abgesehen (wie eben geschildert) – gering gewesen. Besonders problematisch wurde es allerdings erst seit die in den fünfziger und sechziger Jahren aufgeforsteten Flächen aus dem Dickungsalter herausgewachsen sind, zudem in den Revieren des Rotwildkerngebietes die Abschußzahlen kontinuierlich höhergeschraubt, und die Reviere zunehmend von menschlichen Störungen verschiedenster Art heimgesucht werden. Nur hin und wieder, wenn beispielsweise die Januarsonne wärmend in die Südhänge scheint oder in den waldnahen Parzellen der Hafer golden heranreift, ist es plötzlich für kurze Zeit da.
In den sechziger und siebziger Jahren waren die Erfolgsaussichten noch am günstigsten. Riesige Dickungen ohne Weg und Steg sowie die kaum durchforsteten Stangenhölzer eines grenznahen Revierteils, bürgten für regelmäßige Rotwildbesuche; ein Zustand, dem der Pächter seinen Lebenshirsch zu verdanken hatte. Diese – für unsere Verhältnisse – Rotwildkonzentration blieb natürlich nicht unerkannt. Folge: Die Schälschäden an Fichte und Douglasie erhitzten die Gemüter, was erfahrungsgemäß dazu führen mußte, daß die Abschußzahlen – wiedermal! – drastisch erhöht wurden; acht Stükke Rotwild sollten der Wildbahn entnommen werden (in der Nachbarschaft sollten es sogar noch mehr sein). Reduktionsabschuß

nennt man das, der hier aber völlig überflüssig gewesen wäre und jedem Kenner der Population ein ungläubiges Kopfschütteln abverlangen mußte. Einige eifrige Beflissene sprachen sogar von einer Rotwild-„Explosion“ (Über diesen fremdartigen Ausdruck in unserer Jägersprache mußte ich sehr intensiv nachdenken, welche Bedeutung er – in diesem Zusammenhang – haben könnte; denn daß die Alttiere wohl kaum explosionsartig massenweise die Kälber zur Welt bringen, sondern schlicht und einfach – wie sich das gehört – ihr jährliches Kalb setzen, müßte selbst jenen Leuten einleuchten, die dieses unpassende, moderne Schlagwort benutzen). Offenbar versucht man mit dieser Formulierung den – angeblich – überhöhten Bestand anzudeuten, um das zu erreichen, was in vielen Rotwildgebieten unseres Landes längst obligatorisch ist und gegendweise einer Ausrottung gleichkommt! Warum, so frage ich mich, versuchen die Verantwortlichen nicht mal was anderes zu tun, als „Schießbefehle“ herauszugeben? Macht man es sich da nicht zu einfach?!
Die so häufig zitierten Schälschäden sind doch, wenn ich das richtig sehe, auch eine Folgeerscheinung von Äsungsmangel und permanenter Beunruhigung der Landschaft: In den Einständen hat das Wild in den meist reinen Nadelholzmonokulturen keine Äsung und draußen auf den freien Flächen, die hin und wieder noch eine dürftige Nahrungsgrundlage bieten könnten, hat es keine ruhige Minute. Da müßte etwas unternommen werden. Aber wer hat den Mut, in dieser Richtung Aktivitäten zu entwickeln? Ich kenne keinen Kommunalpolitiker, der z. B. den Schneid aufbrächte, die sogenannten Rockfestivalveranstaltungen (Disco im Wald) oder ähnlichen Blödsinn aus dem Wald zu verbannen; möglicherweise fehlen die Stimmen jener jungen Leute bei der nächsten Wahl …
Sind zudem die Waldbesitzer und (oder) Forstbeamten dem Wild nicht sonderlich zugeneigt – was heute auch nicht gerade selten vorkommt –, mein lieber Gott, dann wird die Sache schwierig!
In einigen Revieren sah ich, daß man das karge Äsungsangebot zusätzlich arg schmälerte, indem man mit Kulturmesser und Motorsäge die Wegraine gründlich „gesäubert“ hatte. Üppige Brombeer- und Himbeeräsung sowie junger, aufsprießender Ginster, Holunder, Hartriegel, Faulbaum, Hasel, Weiden usw. wurden ein Opfer menschlichen Ordnungssinns (Oder war es mal wieder eine Aktion des ABM-Programms?). Wie dem auch sei: Wer so verfährt, braucht sich hinterher nicht zu wundern, wenn Schälschäden vorkommen.

Zusammenfassend kann man – auch ohne langwierige, wissenschaftliche Forschungen betrieben zu haben – sagen: Das Rotwild verbeißt (also äst) lieber, bevor es zu schälen beginnt. Und wer das erkannt hat, kommt dem Kern der Sache näher und kann mit gezielten Maßnahmen Abhilfe schaffen.

Das Gejammer über die Waldvernichtung durch das Wild tönt laut und drohend durch die Medienwelt, während andere, nicht zu unterschätzende Einwirkungen aus Bequemlichkeit totgeschwiegen werden, so beispielsweise die Rückeschäden, verursacht von riesigen Zugmaschinen in den engen Stangenhölzern. In jüngster Vergangenheit sah ich Fichten- und Douglasienbestände, bei denen auf einer etwa Hektar großen Fläche kaum mehr zehn unbeschädigte Stämme standen. Dieses Problem ist bekannt; gegendweise versucht man dem entgegenzuwirken, indem wieder Pferde eingesetzt werden.

Als Nur-Revierbetreuer kann man diese Dinge nicht beeinflussen. Selbst die gehörig zur Kasse gebetenen Revierinhaber werden allenfalls dann informiert, wenn es um die im Pachtvertrag festgelegte Wald-Wildschadens-Regulierung geht.

Es ist wirklich nicht meine Absicht, zu polemisieren; ich möchte versuchen – soweit dies mit meinen bescheidenen Mitteln möglich ist – objektiv und glaubhaft die überaus schwierige Situation Wald – Wild – Umwelt und Jagd in unserer Region zu veranschaulichen, wie wohl ich zugeben muß, daß es Reviere in unserem Land gibt, die noch weitaus schlimmer dran sind …

Und weil aus all den vorgenannten Gründen eine planvolle Bejagung des sporadisch vorkommenden Wechselwildes geradezu utopisch ist, durfte ich gelegentlich – den Jagdherrn sei's gedankt! – im Rahmen des Erlaubten, Rotwild erlegen. Das führte dann hin und wieder – besonders wenn man täglich im Revier weilte – zu unverhofftem Anblick und auch Jagderfolg.

In halber Nacht wälzte ich mich seitlich aus dem Bett, tappte steifbeinig hinüber zum Fenster und zog behutsam den Rolladen ein Stückchen hoch und hegte, als ich verschlafen durch einen Spalt hinausspekulierte, insgeheim die Hoffnung, es möge alles unter einer dichten Nebeldecke liegen, denn dann hätte ich wieder in die warmen Federn kriechen können … Nun, dem war nicht so: freie Sicht bis hinauf zum Alfer-Sollig, eine der höchsten Erhebungen im Mittelmoselraum. Im Klartext hieß das aufstehen. Nur 25 Minuten später pirschte ich bereits in Richtung „Keilerkanzel", der Sauen

wegen, die dem südlich liegenden Wildacker in letzter Zeit mehrmals Besuche abgestattet hatten. Bald war das Ziel erreicht. Auf dem oberen Drittel der Leiter angelangt, sah ich etwa sechzig Meter unterhalb, an der rechten Stirnseite des Wildackers, eine einzelne Sau. Was tun? Schießen? Nein, ich wollte abwarten, etwas heller müßte es werden, damit ich zumindest erkennen konnte, ob Frischlinge dabei waren. Vorsichtig und ohne das geringste Geräusch zu verursachen, bestieg ich die Kanzel. Aber dann war die Sau doch weg; leise wie ein Fuchs hatte sie sich verdrückt. Da konnte ich noch so oft mit dem starken Glas schauen, sie blieb im dichten Gesträuch verborgen.
Langsam wurde es im Osten, drüben über den „Geul"-Fichten, schummrig. Zaghaft kündete der neue Tag sein Werden an. Gelangweilt und wegen der verschwundenen Sau ein wenig griesgrämig, drehte ich mich um, duckte den Kopf tief zwischen die Schultern und schaute in dieser verdrehten Haltung aus dem rückwärtigen, viel zu tief eingebauten Fensterchen. Da durchfuhr es mich wie ein Blitz – oben, unterhalb des Weges, den ich erst vor knapp einer Stunde entlanggegangen war –, stand ein starkes Stück Wild. Und als ich den „dicken Brocken" im Doppelglas sah, konnte ich es zunächst kaum glauben – ein gewaltiger Hirsch! Noch nie in meinem Leben hab ich einen derart massigen Wildkörper gesehen – ohne Geweih ... Oder hatte ich die Stangen übersehen? Deshalb hielt ich zunächst noch meinen rechten Zeigefinger „im Zaum". Der Hirsch senkte das Haupt und begann zu äsen. Diese paar Äser voll Gekräut kurz vor dem Einziehen ins deckende Holz, sollte ihm zum Verhängnis werden; denn mittlerweile war es so hell geworden, daß ich zumindest zu erkennen vermochte: Da ragt nichts über die Lauscher hinaus. Und just in der Sekunde, als ich den Koloß im sechsfachen Zielglas sehe, muß er seine Verspätung bemerkt haben. Ruckartig schnellte das Haupt hoch und im scharfen Troll strebte er dem nur mehr sechzig Meter entfernten Holz zu. Jetzt wurde es Zeit! Ein uriger Aufschrei aus meiner Kehle (der selbst den stimmgewaltigen Tarzan beeindruckt hätte), ließ den alterfahrenen Rekken abrupt verhoffen – und gleichzeitig peitschte mein Geschoß (7 x 64 TIG, 10,5 g) aus dem Büchsenlauf und ... ja, da war er, der vertraute, satte Kugelschlag. Wie ein Pferd steilte der Hirsch vorne hoch, flüchtete dann über die Stoppel, überfiel den Weg, und ein pendelnder Randast zeigte mir jene Stelle, an der soeben der Wild-

körper in die „grüne Wand“ hineingetaucht war. Die Kugel hat er, dachte ich, als ich die Büchse nachlud, vermutlich sogar mitten im Leben. Aber genau weiß man das ja erst, wenn das beschossene Stück vor einem liegt.

Bedächtig verließ ich den Sitz und pirschte den Weg entgegengesetzt hinunter, mit der Absicht, die Douglasien auf dem unteren, parallel zur Feldkante verlaufenden Weg zu umschlagen. Sollte der Hirsch wider Erwarten doch krank sein, müßte er mir eigentlich hier unten, in der Verbindung zum angrenzenden Laubholzbestand kommen. Als sich der Kreis langsam zu schließen begann, ohne daß ich was „Verdächtiges“ sah, machte sich ein „gutes Gefühl“ in mir breit, nun war ich mir sicher: Der Hirsch liegt!

Dicht neben der Stelle des Einwechsels verlief eine Feuerschutzschneise, vom oberen bis zum unteren Weg den Bestand teilend. Dort schlich ich auf weichem Graspolster in geduckter Haltung hinein, die schußfertige Büchse in der Hand. Da entdeckte ich den Hirsch – etwa in der fünften oder sechsten Baumreihe – im Wundbett sitzend. Sein greisenhaftes Haupt in regelmäßigen Abständen nickend vor und zurück bewegend (Dieses „Pumpen“ sah ich übrigens in früheren Jahren schon mal bei einem mit Lungentreffer nahe beim Anschuß stehenden Hirschkalb). Im Knien gab ich dem Rekken einen Fangschuß spitz von hinten auf den Träger. Ganz sachte sank das Haupt zur Seite, es war vorbei. Mit abgezirkeltem Blattschuß (Lunge) hat der Hirsch nach über einer Stunde noch gelebt. Unglaublich! Jetzt erst lenkte ich den Blick zwischen die Lauscher; mein Gott, was war von der einst so stattlichen Wehr übriggeblieben! Das, was da zu sehen war, nein, das konnte man kaum mehr als Geweih bezeichnen; nur noch zwei kuhhörnerartige, Stumpen von ca. zwanzig Zentimetern Länge standen flach, nach beiden Seiten abbiegend, vor den verfransten Lauschern; dieses armselige Gebilde stand in keinem Verhältnis zu dem geradezu gigantischen Wildkörper. Unaufgebrochen wog der Hirsch – wie wir später feststellten – 4,5 Zentner, nach dem Versorgen immer noch 176 Kilogramm. Sein Alter wurde von den Rotwildexperten des Kreises Cochem-Zell auf fünfzehn bis siebzehn Jahre geschätzt. Der älteste Rothirsch, der jemals im Kreisgebiet zur Strecke kam! Nach den Rheinland-Pfälzischen Bejagungsrichtlinien mußte dieser Hirsch, obwohl er so gut wie kein Geweih trug, in die Klasse I (über zehn Jahr alt) eingestuft werden. Hab ich’s nicht gesagt: Die Sache ist nicht so einfach!

# Sauen im Revier

Die Schwarzwildjagd ist – so meine ich – kein Handwerk für zarte Gemüter. Das habe ich in den langen Jahren draußen in der Praxis immer wieder feststellen können; in vielerlei Hinsicht fordert sie dem Jäger einiges ab: Ausdauer und Beharrlichkeit, Wetterfestigkeit, ein ruhiges Herz und sichere Hand – und gelegentlich ein gerütteltes Maß Mut, vor allem dann, wenn es sich um Nachsuchen angeschweißter Stücke handelt. – Und zu alledem benötigt man zusätzlich eine gehörige Portion Glück, worauf ich aber später noch zu sprechen kommen werde.
Wenn der Jäger die Sauen im Revier halten möchte, dann sollte er ihnen den Aufenthalt so angenehm wie möglich gestalten. Das heißt: Es müssen Dickungen, Windbrüche und (oder) Dornenverhaue vorhanden sein bzw. geschaffen werden; wichtig ist ein wechselvolles Fraßangebot sowie Suhlen, die zum Wohlbefinden der Sauen wesentlich beitragen und deshalb unentbehrlich sind.
Heute werden die Sauen in fast allen Revieren in „schöner" Regelmäßigkeit angekirrt. Über dieses Thema – dafür oder dagegen kann man endlos lange diskutieren. Entscheidend, ob man sich für das eine oder andere ausspricht, ist die individuelle Einstellung des Einzelnen; es kommt darauf an, aus welchem Blickwinkel man die Sache betrachtet. Ich bin – wenn überhaupt – für eine breitflächige Körnung, die die Sauen über einen längeren Zeitraum beschäftigt, weil sie gezwungen sind, jedes einzelne Korn im Bodenbewuchs zu suchen. Diese Körnungen – im Wald angelegt – sind zudem bestens geeignet, die Sauen von den Feldfrüchten der Bauern fernzuhalten, wodurch dem Revierinhaber höhere Geldverluste sowie ärgerliche Wildschadensdebatten mit erbosten Landwirten erspart bleiben.
Leider ist diese Art der Kirrung nicht die Regel. Mit allen nur denkbaren Hinterhältigkeiten werden die Schwarzen überlistet. Am widerlichsten sind nach meiner Meinung die chemischen und technischen Hilfsmittel, mit denen sie angelockt und dann umgebracht werden. Selbst Weck- bzw. Alarmanlagen werden von erfinderisch begabten „Weidmännern" in die Nähe solcher „Abschußrampen" installiert. Derart verwerfliche Praktiken haben mit unse-

rer herkömmlichen Jagd nichts, aber wirklich gar nichts mehr zu tun und verursachen bei mir ein Gefühl tiefster Abscheu und Verachtung.

Die meisten Schwarzwildreviere meiner Heimat – zwischen Hunsrück und Eifel – sind in auswärtigen Händen. Dieser Zustand hat in den letzten zwanzig Jahren noch drastisch zugenommen und dazu geführt, daß sich die Bejagungsmethoden zunehmend verändert haben. Das soll nicht heißen, daß sämtliche Jäger, die zu uns kommen schießwütige Fleischjäger sind, gewiß nicht. Das kann und darf man so pauschal nicht sagen! Aber dennoch entspricht es der Realität, daß jene abstoßenden Auswüchse speziell in einigen dieser Pachtreviere vorkommen.

Doch nach dieser kurzen Abschweifung nun wieder zurück zu jenen Dingen, die für das kurze Erdendasein der Sauen zuträglicher sind. So ist, neben den aufgezählten Faktoren, die Ruhe im Revier wohl das Wichtigste, damit die im Kessel liegenden Stücke ungestört den Tag verbringen und die Bachen ihren Nachwuchs frischen und aufziehen können. Wenn absolute Ruhe auch nicht die Rolle spielt, wie beispielsweise beim Rotwild, so sollte man dennoch bedenken, daß alte oder führende Stücke sehr empfindlich sind gegen die äußerst verhaßte Menschenwittrung – und entsprechend reagieren ...

Im Winter ist unser Moselrevier relativ ruhig, wir können uns nicht beklagen, wenn man hört, sieht und liest, wie es in anderen Gebieten unseres übersiedelten Industrielandes zugeht. Aber im Sommer ... Oh Gott, im Sommer ist auch bei uns der Teufel los ...

Nach den Sommerferien – im August – wurde es dann tatsächlich wieder erträglicher. Auch das Wetter besserte sich, so daß die Bauern endlich ihre Frucht unter Dach und Fach bringen konnten. Danach sind die Sauen da, überall sind die Stoppelschläge umgebrochen. Mit kribbelnder Ungeduld erwarte ich die zunehmende Rundung des Mondes.

Die beiden ersten Ansitze ließen allerdings noch keine Freude aufkommen: Ungünstiger Wind, einsetzende Regenfälle und Nebelschwaden vermiesten mir die Revieraufenthalte. Erst am dritten Abend – der Mond hatte mittlerweile dreiviertel seines Umfanges erreicht – wurde das Wetter endlich besser. Und prompt stellte sich der Erfolg ein. Gegen 23.00 Uhr schoß ich einen schwachen Überläufer. Obwohl ich mit dem Sechzigpfünder rundum zufrieden war, mußte man dennoch das Ende der Mondperiode erst mal abwarten; denn da konnte ja noch einiges passieren …

Am nächsten Abend erneuter Ansitz auf demselben Hochsitz. Wenn ich auch nicht unbedingt erwarten konnte, die gleiche Rotte anzutreffen, so war ich doch voller Zuversicht, daß mit anderen Sauen durchaus zu rechnen war. Und tatsächlich: Die Zeiger meiner Uhr standen erst auf halb neun, da wurde es drüben am Rande der östlichen, vor mir im hellen Mondlicht liegenden Stoppel lebendig. Schwarze Schatten schoben sich aus dem Wald ins Freie. Nur sehr zögernd bewegten sich die Sauen in meine Richtung, sprangen wieder ab, wechselten erneut mit hochgerichteten Tellern und senkrecht stehenden Pürzeln heran – Mißtrauen vom Wurf bis zur Pürzelquaste. Ist das ein Wunder! Überall, wo diese geplagte Wildart hinzieht, fährt mit Blitz und Donner der Tod in ihre Reihen, reißt (fast) jedesmal eine Lücke in ihren Familienverband, und nicht selten muß sogar die Leitbache dran glauben. Obwohl die schlauen Sauen ihre Lehren daraus ziehen, treibt der nagende Hunger sie letztendlich doch irgendwann wieder hinaus auf die hellen, gefährlichen Feldfluren, die mit Mäusen und wohlschmeckenden Ackerfrüchten für mancherlei Abwechslung sorgen.

Auch heute hatten die Sauen wieder einen Verlust zu beklagen. Als der Schuß in der stillen Mondnacht verhallt war, und die in panischer Flucht zu Holze gestobene Rotte sich wieder ordnete, fehlte ein Frischling, das Sorgenkind der Bache …

Nach dem Schuß blieb ich noch einige Stunden sitzen, dann holte ich den Hund. Ruhig und konzentriert führte er mich zum verendeten Frischling, der mit abgezirkelter Blattkugel noch gut und gerne achtzig Meter der Rotte gefolgt war, bevor er ins Fallaub sank.

In der folgenden Nacht blieb ich zu Hause. Mir fehlte einfach die Motivation, so kurz hintereinander nochmal „Beute zu machen“. Das frisch Erlebte mußte erst mal innerlich verarbeitet werden.

Einige Tage später folgte einem sonnigen Spätsommertag eine ebenso schöne Vollmondnacht. Erst nach 21.00 Uhr konnte ich ins Revier fahren. Und abermals bezog ich den gleichen Hochsitz, weil ich erstens gern dort sitze und mich vergangener Jagderfolge besinne, und zweitens kann man immer mit einer Überraschung rechnen. Gerade dann, wenn man eigentlich überhaupt nichts „Böses“ im Sinn hat, ist St. Hubertus uns ja oftmals überaus wohlgesonnen. Das sollte sich auch in der kommenden Mondnacht wieder bewahrheiten. Behaglich lehnte ich mit dem Rücken in der linken Kanzelecke und ließ die langen Jahre meiner Tätigkeit in diesem Revier an meinem geistigen Auge vorüberziehen. Ich liebe diese Stunden der Abgeschiedenheit. Meine Nachdenklichkeit wurde jedoch jäh unterbrochen – die Sauen waren da! An den äußersten Flanken des Stoppelfeldes, noch zweihundert Meter entfernt, zählte ich mit Hilfe des guten Nachtglases sechzehn Stück aller Kaliber. Eines davon überragte die anderen um ein Vielfaches und verteilte jeder Sau, vor allem den Frischlingen, die ihm zu dicht auf die Schwarte rückten, kräftige Hiebe, so daß man die Gemaßregelten weithin aufkreischen hörte. – Musik für Saujägers lauschende Ohren ... Dann zogen die Sauen näher. Meine Büchse ragte schon gestochen und entsichert aus der Luke, da wurden die Schwarzen ohne erkennbaren Grund flüchtig; erst in Holznähe verhielten sie, drehten um und zogen erneut in meine Richtung. Aber bevor die ersten Stücke auf Büchsenschußweite heranwaren, bogen sie wieder ab, verschwanden schließlich im jenseitigen Fichtenbestand. Na ja, dann eben nicht! Waffe sichern, entstechen und auf ihren angestammten Platz manövrieren.

Zwei Stunden danach – ich hatte zwischenzeitlich ein kleines Nickerchen gemacht –, es war nun schon fast 2.00 Uhr, kamen sie wieder. Einen Frischling wollte ich haben, das ist ja immer richtig. Doch als ich der „dicken“ Sau so ganz nebenbei unter den Bauch schaute, vergaß ich augenblicklich alles um mich herum; das war ja ein Keiler – und was für einer! (Es war tatsächlich so hell, daß ich auf dem hellen Stoppelfeld den Pinsel des Keilers ausmachen konnte). Nun wurde es spannend: In einer Hand die Büchse, in der anderen das Doppelglas, damit ich, sobald der Keiler seine „Breitseite“ darbieten würde, sofort „gefechtsklar“ war. Endlich, nachdem er einem Frischling gehörig in die Seite geknufft hatte, war es soweit. Im Schuß sah ich, daß der Keiler eine gewaltige Steilflucht machte, dann rauschte der ganze Verein übers freie Feld der Fichtendickung zu, verschwand darin, ohne nochmal zu verhoffen. Wo war mein „Keiler“ geblieben?

Nach der üblichen Wartezeit inspizierte ich vorsichtig den nur sechzig Meter entfernten Anschuß, wo ich guten Schweiß fand. Diskret zog ich mich zurück und fuhr beruhigt heimwärts; ein paar Stunden Schlaf würden, nach der verflossenen strapaziösen Woche guttun. Aber die tief im Inneren sitzende Unruhe trieb mich schon

Der stärkste Keiler meines Lebens – 100 Kilo.

Tochter Iris und Enkel Kilian an meiner 200sten Sau.

Die Sau lag im Schuß; der Edelmarder mußte von Brax nachgesucht werden.

Keilerwaffen meiner Saustrecke vom Spätsommer/Herbst 1990.

beizeiten wieder ins Revier hinaus, um mit „Brax“ die Rotfährte zu arbeiten. Straff lag der Rüde im Riemen. Der Keiler hatte einen Bogen geschlagen und war dann übers Stoppelfeld geflüchtet, dabei eine so auffällige Schweißfährte hinterlassend, daß ich deren Verlauf mit dem bloßen Auge zu folgen vermochte. Und als ich mal aufblickte, sah ich drüben, nicht weit vom Waldrand, eine „verdächtige“ Erhöhung über die Stoppel hinausragen. War das etwa die starke Sau? Wenn ja: Hoffentlich hatte ich in der Nacht richtig angesprochen!

Weiter zog der Hund – und war plötzlich auf einer frischen Verleitfährte nach links abgebogen; nach meinem „zur Fährte“ ging die Suche auf der „richtigen Fährte“ weiter. Nach gut 170 Metern stand ich glücklich vor meiner Sau, einem wirklich guten Keiler, mit starken Waffen, wie wir Jäger sie uns in unseren Träumen gern vorstellen. Der Koloß sah aus wie ein zottiger Bär – trotz Sommerschwarte – und wog genau zwei Zentner. – Die stärkste Sau meines Lebens! Fast 25 Jahre hatte ich gebraucht, dabei ungezählte Nächte draußen verbracht, bevor mir ein so starker Basse vor den Büchsenlauf zog.

Nachdem wir die seltene Beute mit meinem R 4 zur Jagdhütte transportiert und gebührend bestaunt hatten, wurde sie brauchtumsgerecht zur Strecke gelegt; das anschließend auf zwei Hörnern geblasene „Sau tot“ – „Bock tot“ (Ein Gast hatte noch einen Bock erlegt) – „Jagd vorbei“ und „Halali“ trug die frohe Kunde in den strahlenden jungen Morgen hinaus …

Im Anschluß an die traditionelle Waldbegehung mit den Persönlichkeiten des Dorfes, sollte ein Wildessen und gemütlicher Umtrunk stattfinden. Für das Essen waren die beiden Jagdherren verantwortlich; die Getränke – natürlich erlesene Moseltröpfchen – spendierte der Bürgemeister; für ihn kein allzugroßes Problem, weil die Flaschen ja schon im kühlen Keller ruhten. Mit dem Wild – diesmal sollte es eine Sau sein – mußte man erstmal sehen. Deshalb wurde ich beauftragt, eine Sau, möglichst einen Überläufer, zu schießen – dringend! Na und, dachte ich, als ich davon erfuhr, nichts einfacher als das, denn Sauen gab’s genug im Revier, und es bedurfte, so glaubte ich selbstbewußt, nur einiger Ansitze während der nächsten Mondperiode und die Sache war erledigt. Doch ich hatte die Rechnung mal wieder ohne die Schwarzkittel gemacht; nach acht

Wochen lag immer noch kein Stück auf der Strecke. Obwohl ständig Sauen gefährtet wurden, scheiterten all meine Bemühungen: Mal war das Licht zu schlecht, mal saß ich auf dem falschen Sitz und ein anderes Mal hielt ich nicht lange genug aus ...

Eines Abends stand der Mond hoch am Himmel, aber außer einem Hasen und drei Rehen sah ich nichts. So entschloß ich mich, die Sauen zu „suchen". Irgendwo mußten sie zu dieser vorgerückten Stunde (23.00 Uhr) unterwegs sein. Also: Runter vom Sitz und pirschen. Zunächst schlich ich durch eine Senke einem Douglasienbestand entgegen. Ganz links, im Schatten der ausladenden Randäste, kam ich gut voran. Nach etwa zweihundert Metern konnte ich die jenseitige Hanglage, wo der schmale Wildacker liegt, einsehen. Schon der erste Blick durch das Glas ließ das Blut in den Ohren rauschen, und heftig böllerte das Herz, als ich anfing die Sauen zu zählen. Nachdem sich die Rotte mehrfach durcheinanderschob, gab ich dieses Unterfangen allerdings auf und besann mich des dringlichen Auftrages; an mir durfte (und sollte) das „Genossenmachen" der Gemeindehonoratioren nicht scheitern. Schnell suchte ich eine Lücke im Geäst, schob mich gänzlich in die Dekkung der ersten Baumreihe und schlich, so gut es ging weiter, um eine bessere Schußposition zu erlangen. Nach schätzungsweise fünfzig Gängen erreichte ich eine schmale Schneise. Nun rechts abbiegend, tastete ich mich behutsam ins Freie, kniete mit gestochener Büchse nieder – und da war's passiert: Die Rotte rüstete zum „Abmarsch", verschwand lärmend etwa fünfzig Meter neben mir im Holz. Mit offenem Mund lauschte ich den Fluchtgeräuschen hinterher, die sich schließlich in östlicher Richtung verloren. Enttäuscht richtete ich mich hoch, sicherte und entstach die Waffe und hing sie über die Schulter. Jetzt könnte ich eigentlich zurückgehen, denn hier war nichts mehr zu holen. Aber irgendetwas hielt mich am Platz. War es das Gefühl der Resignation oder ein Funken Hoffnung, letztendlich doch noch ein Stück zu erwischen? Ich weiß es nicht mehr! Plötzlich vernahm ich Grunzen, Blasen und wisperndes Rascheln. Eine Sau! Ja, schräg kam sie über den Wildacker auf mich zugewetzt – der Benjamin der Rotte, ein Winzling von höchstens dreißig Pfund, hatte den Anschluß verpaßt und versuchte jetzt verzweifelt seine Rottengenossen einzuholen, drehte fünfzig bis sechzig Meter vor mir ab und tauchte unbeschossen in das schützende Holz. Unbeschossen? Jawohl, ich hab ihm keine

Kugel angetragen, weil mir das Risiko zu groß war, das Kerlchen bei den herrschenden Lichtverhältnissen krankzuschießen.
Am folgenden Abend – es war der zweite nach Vollmond – besetzte ich erneut den Sitz vom Vorabend. Es war dunkel, und dicke Regenwolken bedeckten den Himmel. Sicher wäre ich zuhause geblieben, hätte da nicht der unaufhaltsam näher rückende Wildessenstermin drohend hinter mir gestanden. Und diese Nacht bot die allerletzte Chance, die Situation zu unseren Gunsten zu retten. Leise wie ein Indianer schlich ich von hinten über den sauber geharkten Pirschpfad zur Hochsitzleiter, kroch vorsichtig hinauf, verstaute zunächst meine Utensilien, dann mich selbst in dem viel zu klein geratenen Sitz. Wegen des hier ungünstigen Südwestwindes ließ ich das Fensterchen vorsichtshalber geschlossen. Schnell noch ein Informationsrundblick durch das Glas, dann wollte ich bis zum Mondaufgang ein Nickerchen machen. Ja was war denn das? Nur etwa fünfzig Meter vor mir, schwarze Schatten, die sich hektisch hin- und herbewegten. Leise öffnete ich das Fensterchen; mit etwas Dusel könnte der Wind links an den Sauen – sie waren tatsächlich schon da – vorüberziehen. Und nun begann die Sucherei: In der linken Hand das Nachtglas, in der rechten die schußfertige Büchse. Mehrmals mußte ich die Waffe absetzen, weil das anvisierte Stück weitergezogen war. Jetzt etwas links der Rotte stehend, faßte das Absehen einen kräftigen Frischling, und ohne Zögern ließ ich das TIG (10,5 g) fliegen. Während die beschossene Sau laut klagend auf dem Anschuß lag (Rückgratschuß), verschwand die Rotte polternd im Dichten. Zufrieden atmete ich durch, denn soviel konnte ich sehen – drüben war es still geworden – „Sau tot“.

Die Waldbegehung war informativ, interessant und erschreckend zugleich. Der ungemein aktive Forstmann der Gemeinde erläuterte vor allem das traurige Kapitel „Waldsterben“. Seit 1980 hat dieses schlimme und kaum überschaubare Übel so stark zugenommen, daß man Angst vor der Zukunft bekommen kann. Bedrückt und mit nachdenklichen Minen strebten alle Beteiligten am Abend dem urgemütlichen „Waldhaus“ zu. Das anheimelnd lodernde Feuerchen im Kamin sowie der mit großer Spannung erwartete Gaumenschmaus, trug wesentlich dazu bei, daß die Atmosphäre bald wieder gelockerter wurde. Waldarbeiter Herbert, der gute Geist solcher

Veranstaltungen, hatte alles bestens vorbereitet. Und eine wilderfahrene Köchin „lancierte" unter großem Beifall ein Essen auf den Tisch, worüber nach Wochen noch voller Begeisterung gesprochen wurde: Frischlingsrücken, Keulenbraten und Ragout zergingen förmlich auf der Zunge; und die erlesenen Rieslingweine des Bürgermeisters rundeten den Schmaus ab. So war es kein Wunder, daß – aber erst zu vorgerückter Stunde – alle zufrieden dem heimischen „Kessel" zustrebten.

Beim Neubau eines Hochsitzes sollte man u. a. unbedingt besonders darauf achten, daß er möglichst gedeckt erreicht werden kann. Dies ist sowohl bei unserer „Keilerkanzel" als auch der etwa vierhundert Meter davon entfernten „Waldkanzel" der Fall. Es ist zwar kein Fehler, wenn der Ansitzplatz zeitig bezogen wird, andererseits aber kein allzugroßes Übel, wenn man mal etwas später ankommt. So konnte ich in meinem Jägerleben anläßlich später vollzogener Positionswechsel manches Stück Wild erbeuten.

Ein Freund des Jagdherrn hatte sein erstes Stück Rotwild geschossen. Wenn das kein Grund ist, mal kräftig anzustoßen! Der glückliche Weidmann und sein Begleiter, ein Jagdaufseher vom Niederrhein, luden mich ins Dorfgasthaus ein. Die beiden Jäger brachen also ihren Ansitz (der Jagdaufseher saß auf der „Waldkanzel") in der Dämmerung ab, bevor der Mond am nächtlichen Himmel in Aktion trat. Anschließend trafen wir uns im gemütlichen Gasthaus, tranken ein paar Bierchen und plauderten über Gott und die unruhige Welt, natürlich über die Jagd, und andere wichtige Dinge des Lebens. Gegen 21.30 Uhr verabschiedete ich mich unter dem Vorwand: „Ich muß morgen sehr früh raus!" Man hatte Einsehen mit mir ... Als ich meinem Auto zustrebte, stand die blanke, runde Mondscheibe hoch am Himmel über dem Dorf. Obwohl mein altmodischer Wecker morgens zeitig das „Hohe Wecken bläst", konnte ich der inneren Versuchung, „schnell mal nach Sauen zu sehen", nicht wiederstehen. Zunächst pirschte ich die „Keilerkanzel" an, bestieg leise die stabile Leiter – und sah einen starken Wildkörper unten in Waldnähe stehen. Das war der Hirsch, der seit Wochen in diesem Revierteil gefährtet wurde. Die Sauen glänzten durch Abwesenheit. Also: Zurück zum Auto. Nächstes Ziel: „Waldkanzel". Vom abgestellten Auto waren nur etwa zweihundert Meter zurückzulegen, die letzten Schritte mit äußerster Konzentration. Auf halber Höhe der Leiter stehend, sah ich unten am Luderplatz eine Fuchs. Der wäre mir ebenso lieb wie ein Frischling. Doch da tauchte der rote Schlawiner in die Schwarzdornhecken und war verschwunden. Glück gehabt, Reineke! Behutsam bestieg ich den Sitz und öffnete das östliche Fensterchen. Da knackte und knisterte es im nahen Holz: Wild wechselte an. Im gefrorenen Fallaub waren mehrere Stücke zu vernehmen, also Sauen. Angespannt beluchste ich das einsehbare Gelände, schaute dabei den Weg zurück, den ich erst vor wenigen Minuten entlangging, schwenkte den Blick nach links und erstarrte in der Bewegung – die Sauen! Eine Bache mit Frischlingen verhoffte, gleich neben der Salzlecke: Mit steil aufgerichteten Tellern sicherten sie in meine Richtung. Würde die Bache nur ein paar Meter in die Schneise hineinziehen, mußte sie voll in meinen Wind geraten. Da enthob mich die Bache dieser Sorge: sie zog in die andere Richtung und stand nach einigen aufregenden Minuten des Wartens auf der Blöße schräg unterhalb der Kanzel. Während die Bache völlig ruhig umherzog, sprangen die Frischlinge immer wieder ab, kamen ängstlich hin- und herwuschelnd wieder zum Vorschein, so daß ich einige Mühe hatte, einen der Wichte in die Zieloptik zu bekommen. Endlich stand einer breit, und raus war der Schuß. Schlegelnd und blasend verendete der Dreißigpfünder auf dem Anschuß. Neugierig, was die beiden Weidgenossen zu meinem Weidmannsheil sagen würden, fuhr ich – nachdem die Sau versorgt war – zur Hütte, wo ich, wie vermutet, die beiden Mitstreiter antraf. Als sie meinen Bericht hörten, verzog sich das Gesicht des Jägers, der zuvor auf der Kanzel saß; der Mann war maßlos enttäuscht. Als „Entschädigung" für sein Pech (oder war es mangelnde Ausdauer?) erlegte er am nächsten Tag ein Rickenkitz mit sauberer Blattkugel.

Von der „Waldkanzel" schoß ich im selben Winter noch zwei Frischlinge, allerdings nicht aus deren Innenraum, sondern direkt von der Leiter herunter. Beide Male versuchte ich zunächst anderweitig – allerdings vergebens – zu Erfolg zu kommen. In vorgerückter Stunde pirschte ich, nach bewährter Methode – aber stets bei Ostwind –, die Kanzel an und traf jedesmal mit Sauen zusammen. Das passiert einem nicht gerade sehr häufig! Wieviel Nachtstunden verbrachte ich während eines Vierteljahrhunderts erfolglos

draußen im oft eisstarrem, nassem oder stürmischem Revier. Ich vermag sie nicht mehr zu zählen. Und das ist gut so! Würde jeder Tag ein Beutetag sein, mein Gott, das würde mir keine Freude und Beglückung schenken. Ich muß mir die jagdliche Beute verdienen, sonst bin ich bald übersättigt, abgestumpft ohne innere Freude ...
Die Frischlinge wogen im Januar nicht mal vierzig Pfund. Da kann man sich leicht ausrechnen, wie spät sie das Licht dieser naturfeindlichen Welt erblickt haben.
Daß die Sauen hart im Nehmen sind, ist ja jedem Jäger bekannt. Wenn aber ein schwacher Frischling mit erstklassigem Lungentreffer eine beträchtliche Strecke vom Anschuß wegflüchtet, dann mutet das schon unglaublich an. In einem Fall fand ich reichlich weißflockigen Lungenschweiß und sah, daß die Sau eine schenkelstarke Douglasie angeflohen hatte. Doch meine ganze Sucherei half nichts: Der längst verendete Frischling blieb mir verborgen. Erst der herbeigeholte Dackel führte mich zu ihm. Ohne den kleinen Rauhhaarigen wäre ich niemals so zügig „fündig" gewesen. Dazu kommt noch die Freude an der Hundearbeit. Vielen Jägern wiegt die Beute ja um vieles mehr, wenn der vierläufige Weidgeselle geholfen hat, sie zur Strecke zu bringen – und ist es, wie im geschilderten Fall, nur eine kurze Totsuche. (Damals ahnte ich noch nicht, daß dies der letzte Einsatz des Teckels sein sollte. Wenige Wochen später bekam der Hund entsetzliche Erstickungsanfälle. Der eiligst aufgesuchte Tierarzt stellte eine für die ganze Familie niederschmetternde Diagnose: „Lungenemphysem, da ist keine Heilung mehr zu erwarten, Folge einer übergangenen Lungenentzündung!" Er sollte recht behalten: Wenige Tage später hauchte „Daxel" in meinen Armen sein Leben aus).

Die „Kessler-Leiter" spielte in meinem Jägerleben eine besondere Rolle. Zunächst muß ich jedoch richtigstellen, daß es sich keineswegs um einen „Leitersitz" handelt, sondern um eine schöne, wetterfeste Kanzel. Der Ursprung war allerdings eine einfache Ansitzleiter, die später mit Brettern provisorisch zugenagelt wurde, damit der Benutzer leidlich trocken und windgeschützt sitzen konnte. Der Vorteil dieser alten „Leiter" bestand darin, daß man beim Schießen, wegen der Enge des Innenraums, die Waffe sowie beide Arme bombenfest einzuklemmen vermochte, wodurch ein Fehlschuß durch Verwackeln praktisch ausgeschaltet wurde. Der

Nachteil: Man saß derart gedrängt, daß man nicht mal den Körper zu verlagern imstande war. Außerdem scheiterten alle Bemühungen, den Sitz wasserdicht zu machen.
Im Frühjahr trat die Motorsäge in Aktion – die „Kessler-Leiter" wurde gefällt und an gleicher Stelle eine Kanzel errichtet, die sich in den vom Wald in westlicher Richtung vorspringenden Heckenstreifen hineinduckt und das wachsame, kritische Auge des Wanderers und Naturfreundes nicht ärgert ...
Dieser Ansitzplatz übt eine große Anziehungskraft auf mich aus. In vorzüglicher Deckung kommt man über den sauber geharkten Pirschweg, der wie ein Tunnel in die stacheligen Schwarz- und Weißdornhecken hineinführt und genau am Fuße der seitlich des Hochsitzes errichteten stabilen Leiter herauskommt. Die nach Osten und Norden sich ausdehnende Mischwaldfläche mit ihrem mannigfaltigen Wildbestand sorgt dafür, daß es selten langweilig wird: Marder, Füchse, Hasen, Rehe, Sauen und gelegentlich sogar Rotwild geben sich ein Stelldichein. Mancher Fuchs hauchte am zwanzig Meter entfernten Luderplatz im Hagel meiner Schrote sein Leben in den Schnee. Am erfolgreichsten aber waren die Ansitze auf Sauen: Der Winter des Jahres 1986 kam ja erst im Februar so richtig zum Zuge, mit einer grimmigen Kälteperiode, wie schon lange nicht mehr. Bis zu diesem Zeitpunkt hatten wir nur spärliche Erfolge auf Sauen, was ohne Zweifel der guten letztjährigen Eichelmast zuzuschreiben war, die die Sauen im sicheren Wald satt und kugelrund werden ließ.

An einem Wochenende inspizierte ich das Spuren- und Fährtenbild des winterlichen Reviers und fährtete – wie so oft – in der Nähe meiner Lieblingskanzel eine Rotte Sauen. Diesmal könnte es klappen! Beizeiten besetzte ich den Sitz, sah jedoch, außer vier Rehen – darunter ein guter Bastbock – und drei Hasen, nichts. Auf dem Rückweg zum Auto wurde es dennoch spannend. Nur etwa vierzig Meter vor mir stand, unmittelbar am links des Weges verlaufenden Kulturgatter, eine einzelne Sau. Mit hochgestellten Tellern verhoffte sie breit vor mir auf dem Weg. Glas hoch, Blick zwischen die Läufe – kein Pinsel, also Bache. Die Büchse blieb auf der Schulter. Klarer Fall: Nur Frischlinge haben im Februar Jagdzeit. Jetzt wäre es ohnehin ein unverzeihlicher Fehler, Einzelstücke zu beschießen. Die Sauen wirken in der Dämmerung oft schwächer als sie in

Wirklichkeit sind. Verhängnisvolle Irrtümer vermag man nur auszuschalten, wenn einzeln ziehende Stücke geschont werden. Oft sind es tragende Bachen, die sich von der Rotte abgesondert haben, weil sie ihren Frischkessel in Ruhe vorbereiten wollen. Schießen sollte man nur dann, wenn eine Rotte anwechselt, (meist Bache mit Frischlingen) aus der man mühelos das schwächste Stück „herauspicken" darf, worüber man sich hinterher so richtig von Herzen freuen kann.

Am nächsten Abend erneuter Versuch. Diesmal wurde es nach einer Stunde schon aufregend. Die vor mir an den Zuckerrüben äsenden Rehe wurden plötzlich unruhig, sprangen schließlich mit weit gespreizten Spiegeln ab. Wenn ich auch noch nichts sah, so war die Sache doch äußerst verdächtig. Also: Aufpassen! Und dann waren sie da! Eine Rotte von zehn Stücken mit mehreren Frischlingen. Davon wollte ich einen haben. Als einer breit stand, knallte es. Auf dem Anschuß lag ein Keilerchen von dreißig Kilogramm. Genau richtig!

Fünf Tage nach meinem Jagderfolg weilte ich mit dem Jagdherrn im Revier. Die Entscheidung, wer diesen oder jenen Hochsitz besetzen würde, lag in seinem Ermessen. Und weil er seinem Mercedes das Hindernis der Schneeverwehungen nicht zumuten mochte, schickte er mich zur abseits der Landstraße stehenden „Kessler-Leiter". Gegen 19.00 Uhr saß ich warm verpackt in der Kanzel. Es war bitterkalt; zwischen 15 und 20 Grad Frost waren gemeldet. Nach einer Stunde wechselte eine einzelne Sau auf die Schneefläche hinaus, verschwand aber sofort wieder, als sie die drei Rehe an der Rübenmiete eräugte. Eine halbe Stunde später kam sie wieder. Diesmal zogen es die Rehe vor, das Feld zu räumen.

Mittlerweile lugte der zunehmende Mond hinter den Wolken hervor. Der prüfende Blick mit nachtstarker Optik klärte mich auf: Bache, über sechzig Kilogramm schätze ich sie; nach einer Stunde wechselte sie ohne Eile in Richtung Staatswald zu Holze.

Zu dieser Jahreszeit ist das Wild in der Regel zeitig auf den Läufen, bummelt im Holz herum und überrascht so manchen Grünrock, der erst viel später mit Anblick gerechnet hat. Die stärkere Sau hatte ihren Auftritt auf freier Fläche just beendet, da wechselte eine Bache mit fünf Frischlingen vor den Hochsitz. Nachdem ich ein Weilchen dem munteren Treiben der quirligen Gesellschaft zugeschaut hatte, sollte es ernst werden. Im Schuß schlug es den links der Rotte stehenden, etwa sechzigpfündigen Frischling zu Boden, er stand aber sofort wieder auf den Läufen und flüchtete links in eine Hecke. Das gefiel mir überhaupt nicht, denn hinter dem Heckenstreifen standen die Grenzsteine des Fiskus. Und dort gibt es ja keine Wildfolgevereinbarung, wie beispielsweise bei den anderen angrenzenden „normalen“ Nachbarn. Es half aber nichts, nachgesucht werden mußte in jedem Fall.

Als mein Dachsbrackenrüde „Brax“ die gut sichtbare Schweißfährte aufnahm und zügig mit mir im Staatsrevier verschwand, ahnte ich noch nicht, was sich wenig später abspielen würde. In anbetracht dessen, daß der Schweiß auf einen tödlichen Schuß schließen ließ, und die Sau zudem nicht stark war, begann ich die Arbeit ohne Schußwaffe: lediglich das Messer steckte seitlich in meiner Kniebundhose. Nach einhundert Metern: das erste Wundbett am Rande eines breiten Weges. Ich mußte den Hund „zur Fährte“ mahnen, da er dauernd, wohl wegen der Nähe des Wildes und der überall im Holz stehenden Sauwittrung, mit hoher Nase weitersuchen wollte; inzwischen erreichten wir ein Fichtenstangenholz. Der Wurzelteller einer im Sturm gefallenen Fichte ragte vor uns empor. Als wir uns dieser Stelle näherten, vermutete ich bereits, daß dort das nächste Wundbett sein würde – plötzlich wurde das Wutzchen schwerfällig hoch und zog rechts in den Hang hinein. Ich streifte dem Rüden die Halsung über die Behänge, und ab ging die Reise. Unterhalb des Fichtenbestandes schloß sich ein Buchenhochwald an. Von dort vernahm ich wenig später den tiefen Standlaut der Bracke. Jetzt wurde es ernst; ich legte den Schweißriemen und die Messerscheide an den Wurzelausläufen einer Buche ab und pirschte mit gutem Wind die Sau an. Am Rande der Fichten angelangt, bot sich mir ein eindrucksvolles Bild: Die Sau saß auf den Keulen, und der hirschrote Hund verbellte sie Schlag auf Schlag, aber stets mit gehörigem Sicherheitsabstand. Das war gut so; denn wem nutzt es, wenn der Hund scharf wie Blücher angreift und irgendwann von einem wehrhaften Stück zu Tode geschlagen wird! Als die Sau mich eräugte, nahm sie sofort an. Mit einem Satz zur Seite, ließ ich sie passieren und rammte ihr mit Wucht das Messer hinters Blatt. Daraufhin drehte sie ab, was mich zu neuen Taten ermutigte. Im Laufschritt rannte ich neben ihr her, packte sie am rechten Teller, ließ mich zur Seite fallen, riß die Sau herunter und fing sie mit wohlplatziertem Messerhieb ins Herz ab.

Der Hund hatte nicht tatenlos zugesehen. Immer wieder griff er mit heftigen Attacken in das Geschehen ein, lenkte die Sau ab und hatte so maßgeblichen Anteil an der Erbeutung des Stückes.
Mancher Leser wird möglicherweise denken: Mein Gott, eine Sau – fast unbewaffnet angehen – ist das nicht zu leichtsinnig? Nun, bei einer stärkeren Sau wäre das in der Tat ein großes Risiko. Aber hier stand ja fest, daß es sich um ein schwächeres Stück handelte. Solche Sauen sollte ein Jäger, ein durchtrainierter, beweglicher Kerl, auch mit dem langklingigen Hirschfänger oder Weidmesser zur Strecke bringen können, sonst hat er nicht das Prädikat „Saujäger" verdient.

Die Jagd auf Frischlinge bescherte mir mannigfaltige unbeschwerte Stunden und ungetrübte Freude, weil einem kaum ein Fehler unterläuft, und man erweist dem Schwarzwildbestand zudem einen hegerisch wertvollen Dienst: Die erfahrenen Bachen bleiben der Wildbahn erhalten – und die Keiler können alt und stark werden. Schon unser alter Kreisjagdmeister, Forstamtsrat H. Stump aus Cochem, wies immer wieder darauf hin: „Meine Herren, schießen Sie Frischlinge"! Der alterfahrene Praktiker wußte, was er sagte.

In meiner langen Jagdaufsehertätigkeit in zum Teil hervorragenden Schwarzwildrevieren, sah ich bisher nur ein Exemplar, das vom allgemein üblichen Aussehen her deutlich abwich. Davon möchte ich nun erzählen, weil von einer ähnlichen Abnormität, soviel ich weiß, noch nie berichtet wurde.
Sobald am ersten September das weibliche Rehwild zu Bejagung frei war, begann meine mit ungeduldiger Erwartung herbeigesehnte „Große Zeit". Wenn man alle Stücke – und das waren damals nicht wenige – sauber zur Strecke bringen wollte, dann war das harte Arbeit, aber eine gern verrichtete Arbeit, die mich zudem mit großer Befriedigung erfüllte. Manchmal gab's jedoch auch nette Überraschungen, die mein jagdliches Dasein interessant und abwechslungsreich gestalteten. So kam eines Tages ein ortsansässiger Jagdpächter zu mir nach Hause und bat mich flehentlich, in seinem nahegelegenen Revier nach den stark zu Schaden gehenden Sauen zu sehen. Die schwarze Gesellschaft hatte seit Wochen völlig ungestört den Geldbeutel des wenig erfahrenen Jägers arg geschmälert. Und für die nahe Zukunft schien er noch Schlimmeres zu befürchten. Nun, ich ließ mich überreden, da ich den Jagdbezirk von früher her bestens kannte und versprach dem merklich aufat-

menden Revierinhaber, den Sauen auf die Schwarte zu rücken, obwohl ich in anderen Revieren noch reichlich zu tun hatte. Ende Oktober, die Feldfluren waren mittlerweile abgeerntet, inspizierte ich erstmals die weit verstreut liegenden vorjährigen Kartoffelparzellen, die nun mit Winterfrucht eingesät waren – und wurde sogleich für die bevorstehende Mondperiode nachhaltig motiviert: Unmittelbar vor einem alten, halboffenen Hochsitz erstreckte sich eine schmale Parzelle, die von einer einzelnen, stärkeren Sau gänzlich „auf den Kopf gestellt“ war. Die Bauweise des Hochsitzes entsprach zwar nicht meiner Geschmacksrichtung, aber der Zweck heiligt ja bekanntlich die Mittel. So sollte er für einige Zeit mein halbnächtliches Domizil sein.

In einer der ersten klaren Mondnächte bezog ich Posten und harrte geduldig der Sauen, die da kommen sollten – vergebens. Auch während der drei nachfolgenden Nächte – nichts. Vollmond war nun schon vorbei, und ich mußte notgedrungen auf das zum Ansprechen und Schießen so dringliche Licht einige Stunden warten. Um den versäumten Schlaf ein wenig nachzuholen, rollte ich meine 180 Zentimeter auf der viel zu schmalen Knüppelbank zusammen und schlief erschöpft ein.

Wie lange ich so lag, weiß ich nicht mehr, jedenfalls wurde ich vor Kälte und Schmerzen wach. Die Rundhölzer dieser ach so ungastlichen Liegestatt hatten mich gehörig gemartert. Blank stand der Mond am Himmel und übergoß Wald und Flur in gespenstisches Silberlicht. Fröstelnd schob ich die Hände in die Durchgriffe des Lodenmantels in Richtung molligwarmer Hosentaschen, gleichzeitig einen gelangweilten Blick auf die mittlerweile weißbereifte Feldflur werfend.

Allmächtiger, träumte ich? Links, kaum mehr als sechzig Meter entfernt, wechselte soeben ein massiger Klumpen aus dem Waldschatten und begann sofort mit deutlich hörbarem Behagen Kartoffeln zu zerknatschen. Der Keiler!

Mit mächtigem Herzklopfen brachte ich die Büchse hoch, was in Anbetracht der Wildnähe, der Enge meiner Behausung, aber auch der dicken Kleidung wegen gar nicht so einfach war, und trug dem vertraut brechenden Keiler (ich hatte mir eingeredet, daß es nur ein solcher sein konnte, obwohl zu dieser kühnen Prognose keinerlei Anhaltspunkte vorlagen) das 8 x 57 IS-Teilmantel-Geschoß, 12,7 g, an. Die Sau schnellte um hundertachtzig Grad herum und tauchte

in den schwarzen Waldschatten hinein. Dort, ich hatte mich wohl nicht verhört, abruptes Verstummen der rhythmischen Fluchten, dann wirbelten schlegelnde Läufe trockenes Geäst und Fallaub hoch. Schließlich Ruhe. Nur der Waldkauz jammerte noch im hohen Holz. Ich verschob die Nachsuche auf den nächsten Morgen.
Zeitig war ich zur Stelle. Doch eine Nachsuche erübrigte sich. Schon beim ersten Hineinschauen ins Holz sah ich den Wildkörper liegen. Mit einem Griff zwischen die Hinterläufe überzeugte ich mich: Ja, richtig, Keiler. Na also! Erst der zweite galt dem Gebrech. Nun, der Freude tat's zwar keinen Abbruch, aber die Verwunderung war dennoch groß: Der vermeintliche ältere Keiler präsentierte sich nämlich als ein – allerdings überaus starker – Überläufer von fast 150 Pfund. Eine Trophäe von absolutem Seltenheitswert bescherte mir hingegen die Schwarte. Bei keiner meiner zahlreichen gesehenen und gestreckten Sauen beobachtete ich Ähnliches. Die Borsten waren von hellbrauner Färbung und lagen dicht an dicht in üppiger Wellenform; sie gaben dem Keiler ein ungewohntes, ein merkwürdiges Aussehen. Die prachtvoll „ondulierte“ Schwarte hängt nun, dekorativ in grünen Filz gefaßt, inmitten meiner Trophäen und erfreut das Auge des Betrachters.

Als Junge lief ich mit Freunden auf dem Bertricher Schwanenteich Schlittschuhe. An der östlichen und nördlichen Flanke des Weihers erhebt sich ein steiler, mit bizarren Schieferfelsen überdeckter Waldhang, der sich hinaufzieht bis zum Bismarckturm, einem massiv gemauerten Aussichtspunkt mit Blick über unsere Voreifellandschaft bis hinunter zur Mosel. Von dort dröhnte plötzlich das Böllern etlicher Schüsse zu Tal. Damals, im Alter von dreizehn Jahren, pulsierte schon eine wilde Jagdpassion in meinen Adern. Die Schlittschuhe wurden von den Füßen geschleudert, die Beine in die Hand und hinauf, hoch hinaufgehetzt, um nachzuschauen, was die Jäger wohl geschossen hatten; das wollte ich sehen, da wollte ich dabeisein. Vielleicht hatten die Jäger sogar eine Sau geschossen. Und tatsächlich: Das Treiben war abgeblasen und die Jagdgesellschaft umstand eine schwache Sau, die von mehreren Schüssen getroffen, zur Strecke lag. Aber wer war der glückliche Schütze? Nun, das schienen die grünen Gestalten mit ihren prachtvollen Jagdwaffen selbst noch nicht zu wissen. Lebhaft gestikulierend, begleitet von lautstarkem Palaver, rekonstruierten sie den Hergang des Treibens, forschten nach, wer wo stand und von welcher Seite die Ein- bzw. Ausschüsse lagen. War das ein Hin und Her. Schließlich wurde ein Jäger mit gewaltiger Körperfülle als Erleger ermittelt. Die kalte Winterluft – vielleicht auch ein wenig der Glühwein – hatten sein rundliches Gesicht gerötet, und freudig glänzten seine Augen ... Damals hat sich in meinem Inneren vieles geregt. Lieber Gott im Himmel, das wollte ich auch mal erleben. Jawohl, eine zottige, schwarze Sau im verschneiten heimatlichen Revier erbeuten, das war fortan mein Traum, der mich nie mehr los ließ.

Von meinem Vater, der ein großer Naturfreund und Kenner seines Heimatwaldes war, wußte ich, daß in den zwanziger und dreißiger Jahren unseres Jahrhunderts zahlreiche Sauen in den schroffen Steilhängen um den malerischen Kurort erlegt wurden. Oft erzählte er mir von einem denkwürdigen Treiben, bei dem sieben starke Sauen geschossen wurden. Der Bertricher Jäger, Max R., stand im raumen Holz, in der Senke zwischen dem Hohenzollern- und Bismarckturm, und ließ in gekonnter Manier zwei starke, rabenschwarze Sauen im wadenhohen Schnee rollieren.
Während eines Sautreibens im Bremmer Eigenjagdbezirk „Sudert“ (der zwar zur Moselgemeinde Bremm gehört, aber inmitten der Waldungen der umliegenden Voreifeldörfer Bertrich, Kennfus und Beuren eingebettet liegt) beschoß der Hotelbesitzer St. einen gewaltigen Keiler. Der urige Basse flüchtete durch den Niederwald, daß der Schnee nur so emporstob. Auf einer angrenzenden Schneise wurde er von dem Arzt Dr. Dillenburg schon erwartet. Der Doktor behielt die Ruhe und schoß, spitz von vorn, in das schäumende, weitgeöffnete Gebrech des Keilers. Mit einem behenden Sprung zur Seite brachte der Medizinmann sein Leben vor dem anstürmenden Hauptschwein in Sicherheit; erst etliche Meter hinter der Schneise furchte der über drei Zentner schwere Urian verendet in den Schnee. Lange Jahre zierte das präparierte Haupt eine Wand in der Diele des Arzthauses.
Der Doktor, ebenso sein rundlicher Bruder, ein mehrfacher Hotelbesitzer, waren deftige Originale und weit und breit als solche bekannt. Die Späße und Kapriolen dieser beiden Jäger wurden mir vom Vater häufig erzählt. Manch Lustiges, manch Makaberes wurde dadurch der Nachwelt erhalten; aber auch von nicht ganz „stu-

benreinen“ Eskapaden war da die Rede. Diese Leute hatten – ob Arzt, Hotelbesitzer oder Kaufmann – im Sommer (Mai bis Oktober) kaum Zeit zum Jagen. Es wurde, abgesehen von einem gelegentlichen Zufallsbock, wenig geschossen. Ein Umstand, der sich höchst positiv auf die Schwarzwildbestände auswirkte. Nicht nur daß es genügend Sauen gab, sie waren auch wesentlich stärker als heute. Das Wild hatte beste Chancen, alt und wirklich reif zu werden. Die Bachen frischten regelmäßig im Frühjahr bzw. im zeitigen Sommer, und die Keiler wurden stark wie Bären. (Im Jagdzimmer unseres späteren Kreisjagdmeisters zählte ich 28 Waffen hochkapitaler Keiler; für uns heutige Saujäger geradezu unvorstellbar).
Nach den stimmungsvollen Saujagden wechselte die Jagdgesellschaft – natürlich zu Fuß – in ein nahes Gasthaus. Auf östlicher Ortsseite pflegte dies die „Beurener-Mühle“ zu sein und westlich, am anderen Ortseingang, die „Elfen-Mühle“; hin und wieder zog man sogar mit Mann und Maus in die ehrwürdigen Räume des Kurhotels. Dort ging es dann hoch her; denn die damaligen Jäger verstanden nicht nur etwas vom Jagen, sondern waren in der Regel trinkfeste Haudegen, die Festlichkeiten – welcher Art auch immer – so feierten, wie sie gerade fielen ...
In der Generation danach jagte auch ein Onkel von mir (der Halbbruder meiner Mutter), Richard Berres, kräftig mit. Damals zählte er zu den jüngeren Jägern, was ihn nicht daran hinderte, oft „große Strecken“ zu machen. Meine Mutter erzählte häufig von einem Tag, an dem der Onkel heimkehrte und mit meinem Großvater die zweirädrige Karre mit Zugseil fertigmachte, um die vier (!) geschossenen Sauen vom Bonbeurener-Berg heimzuholen. Da gab es kein Auto mit großem Kofferraum, die Bergung wurde unter schwierigen Bedingungen und harter Muskelarbeit vollzogen
Die Zeit der Zielfernrohre hatte ihren Einzug gehalten. Der Onkel führte einen Drilling mit sehr langen Läufen und Zielfernrohr. Durch die optische Hilfe war es ihm nun möglich, die Sauen auch bei Nacht zu bejagen. Dann kam der Krieg und brachte den Völkern Europas viel Elend und Verdruß, für manchen deutschen Jäger den Verlust der Heimat. Die Jagd wurde von den Besatzungssoldaten ausgeübt – bei uns von den Franzosen. Ich sah das erste Stück Rotwild meines Lebens, auf einem Militärfahrzeug hängend.
Die Franzosen wurden der Sauen, die ja viele Jahre hindurch kaum

mehr bejagt wurden, nicht mehr Herr. In fast jeder Feldhecke steckte eine Rotte. Die wüste Knallerei der Soldaten mit automatischen Waffen brachte nicht die gewünschte hohe Strecke. Das Gegenteil war der Fall. Kamen die Besatzer durch eigenes Fehlverhalten nicht zum Erfolg, sprachen sie, wild herumgestikulierend, von Sabotage. Mancher hungrige Treiber (meistens waren es Waldarbeiter), der eine angeschossene Sau im Holze fand, ließ sie kurzerhand verschwinden und holte sie bei Nacht und Nebel mit Freunden aus dem Wald und zwei, drei Familien konnten sich endlich mal wieder sattessen.
Die Landbevölkerung mußte, wollte sie die angepflanzten Feldfrüchte, wie Kartoffeln, Weizen, Hafer usw., im Herbst ernten, Wachmannschaften zusammenstellen, die abwechselnd mit laut heulenden Sirenen durch die nächtliche Feldflur streiften. Dieses Unterfangen brachte nicht immer die erwünschte Wirkung. Oft war es so, daß die „Krachmacher“ an dem einen Feldende ankamen, die Sauen aber schon auf der anderen Seite, nur paar hundert Meter entfernt, die wertvollen, lebenerhaltenden Kartoffeln genüßlich fraßen.
Die Franzosenjagden brachten, wie ich eben schon sagte, nichts ein. Hin und wieder wurde durch das riesige Menschenaufgebot und sinnloses Herumballern eine verängstigte Rotte durch die Dörfer gejagt. In Bullay preschten die Sauen durch den Ort und wurden von der Bevölkerung mit Knüppeln, Äxten, Mistgabeln usw. gejagt. „Erlegt“ wurde allerdings nur eine, die sich im Kokskeller einer Gärtnerei in Sicherheit bringen wollte.
Die Menschen litten Hunger, und die Sauen fraßen zentnerweise die Kartoffeln. Das brachte die Besatzer zu der Einsicht, daß man eine Änderung herbeiführen mußte. – Es wurden sogenannte deutsche Jagdkommandos gegründet, die praktisch nur die Aufgabe hatten, das Schwarzwild zu reduzieren. Diese Leute wurden mit alten Karabinern ausgerüstet. Aber manche versteckte Jagdwaffe, und siehe da, sogar mit Zielfernrohr, tauchte aus sicherem Verließ wieder ans Tageslicht. Die Jäger des Jagdkommandos waren sehr erfahrene Leute und entsprechend erfolgreich; sie schossen Sauen, davon können wir heute nur mehr träumen.
In unserer Region leben Jäger (heute zwischen 65 und 80 Jahre alt), die zum Teil weit über 500 Sauen erlegt haben. (– Wie bescheiden ist doch da – wenn ein Vergleich erlaubt ist – meine bisherige Lebens-

strecke von 230 Sauen). Je mehr Wild ein Jäger in diesen Jahren zur Strecke brachte, desto höher war sein Ansehen in der Bevölkerung. Jagdgegner heutiger Prägung, die das Tun der Jäger mit diffamierenden Parolen und hysterischem Gekreische verunglimpfen, gab es damals nicht. Jeder Bürger unseres zerbombten, darbenden Heimatlandes schätzte sich glücklich, ein Stück Wildbret oder ein paar Pfund Kartoffeln ergattern zu können.
Einige Zeit später, etwa zu Anfang der fünfziger Jahre, erlangten die arg gedehmütigten Deutschen endlich die sogenannte Jagdhoheit wieder. Mein Onkel, der erfahrene Saujäger, weilte, einer Lungen- und Rippenfellentzündung erlegen, in den Ewigen Jagdgründen. Andere Jäger, die ich kannte, starben, wurden unter Hörnerklang zur letzten Ruhe geleitet. Aber es kamen wieder andere, es wuchsen junge Jäger heran, die das deutsche Weidwerk im Sinne der Dahingegangenen weiter betrieben – und heute noch betreiben. Das wird hoffentlich so bleiben, auch wenn wir selbst mal nicht mehr mitjagen können …

Ein Höhepunkt im Verlauf des wechselvollen Jagdjahres ist zweifellos das winterliche Drücken auf Sauen. Wer erlebt hat, wie die schwarzen, kraftstrotzenden Wildkörper aus schneeverhangener Dickung brechen, daß der Schnee meterhoch aufstiebt, gefolgt von verwegenen Sauhunden – oftmals undefinierbarer Rasse –, der wird das nie vergessen.
Vor einigen Wintern wurden im Revier Merl Sauen gekreist. Meine Frau rief in der nahegelegenen Firma an und teilte mir das mit. Die Urlaubsregelung ging glatt „von der Hand“ und pünktlich um 14 Uhr stand ich am Sammelplatz vor der Merler Kirche. Der Jagdherr, Weingutsbesitzer Franz Sch., gab einen kurzgefaßten Lagebericht, die VW-Busse des Weingutes fuhren vor, und die teilweise abenteuerliche Fahrt auf die Moselhöhen begann. Mit im Auto saßen einige Bläser, Kollegen unserer Zeller Gruppe. Auch der liebe Erich, seines Zeichens Oberförster der Moselgemeinde Briedel, war dabei. Ernst, Jagdaufseher in diesem über tausend Hektar großen Revier, war natürlich ebenfalls mit von der Partie und fungierte – wie sich das gehört – als Ansteller. Im ersten Treiben postierte er mich zwischen zwei Heckenpartien, am Saum eines Weges. Erich stand fünfzig Meter unter mir. Leise korrigierte ich meinen Platz, überprüfte das Gelände nochmals, vergewisserte

Mein Alpenländischer Dachsbracken-Rüde „Brax von der Winneburg“ bei der Schweißarbeit auf Sau und Rotwild.

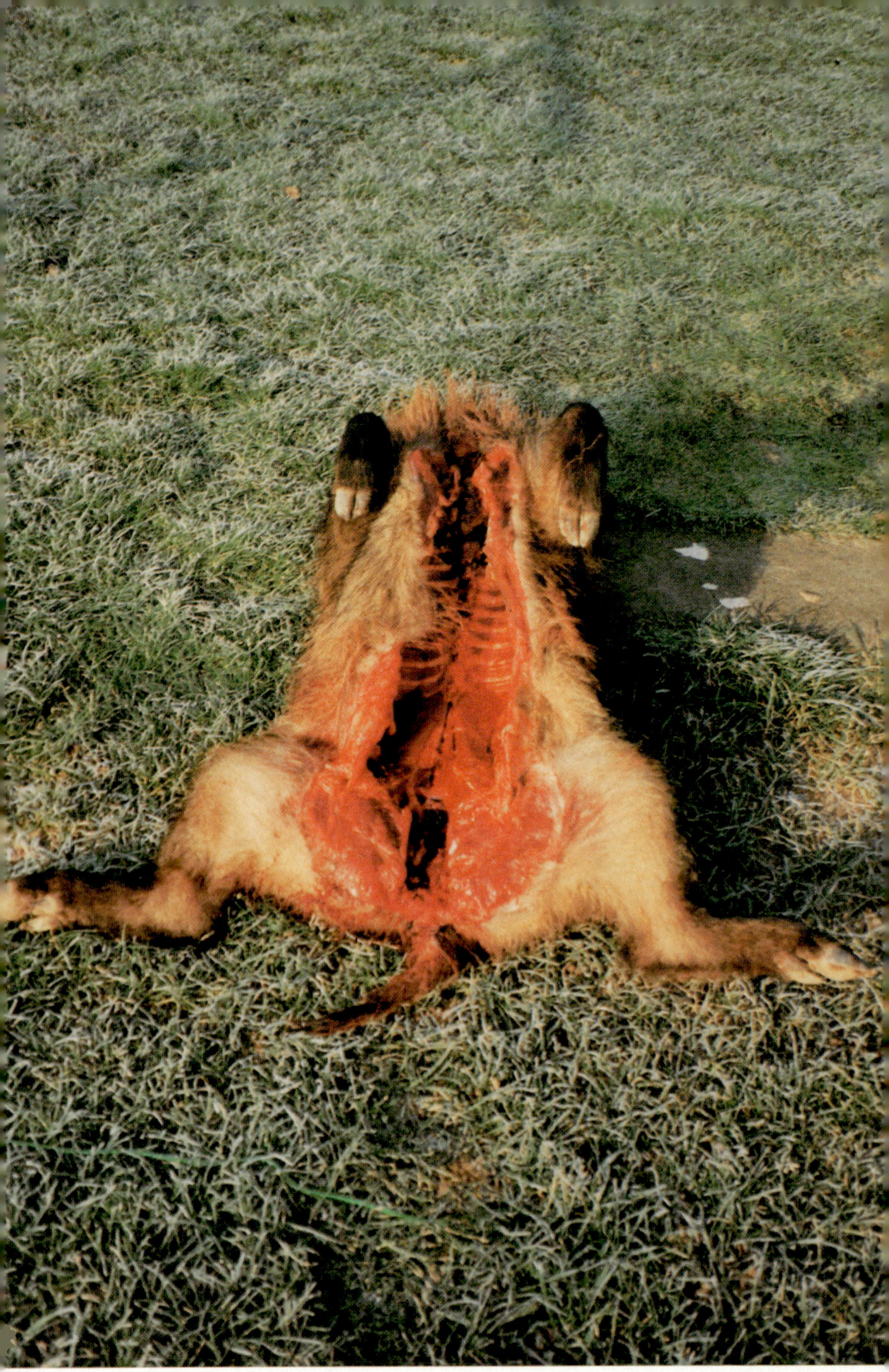

Ein Frischling von 31 Kilo – sauber aufgebrochen und ausgekühlt.

mich über den Stand der beiden Nachbarn – dann herrschte Ruhe. An diesem Treiben – ich erwähnte es schon – nahmen auch zahlreiche Bläser teil. Ich, obwohl passionierter Bläser auf allen möglichen Veranstaltungen, hatte mein Horn wohlweislich zu Hause gelassen. Warum? Nun, das Jagdhorn ist zwar ein wichtiges Gerät zwecks reibungsloser Gestaltung einer Treibjagd, vom herrlichen Brauchtum ganz zu schweigen, aber in unserer Zeit hat sich in dieser Richtung fast ein bißchen zu viel getan. Was soll man beispielsweise davon halten, wenn auf einer Drückjagd – wie bei dieser auch – ein über der andere Schütze, mehr oder weniger gekonnt, das Treiben anbläst? Mit Verlaub gesagt: „Ich halte das für Blödsinn“! Drei Hörner hätten es getan – und es wäre auch akustisch schöner gewesen. Es war also kein Verlust, bei der Vielzahl nun einsetzender Töne das Horn – mit Absicht! – vergessen zu haben. Nach dem Donnerhall der „Blechmusik“ kehrte wieder Ruhe ein im winterlichen Wald. Die kirchliche Stille wurde allerdings durch lautes Sprechen des nächsten und übernächsten Nachbarn unterbrochen. Es ist mir unbegreiflich, daß man seinen Stand durch derart auffälliges Verhalten quasi „wertlos“ macht. Vielleicht kam deshalb der Fuchs bei mir ... Erst vernahm ich nur das Herantappen von Wild im verharschten Schnee. Dann war er da, der Fuchs. Natürlich steckte die falsche Munition im Lauf, Brenneke hatte ich drin, um die Schwarzen gebührend zu empfangen. Also raus mit dem Bleibatzen, Schrot rein – Schuß – und vorbei. Verdammt! Der Fuchs flüchtet buchstäblich über meine Fußspitzen nach rechts aus dem Treiben. Dann Schuß, Repetiergeräusche, abermals Schuß – und ... Ja, da war der klatschende Kugelschlag. Der Fuchs lag, was ich dem einsetzenden Palaver entnehmen konnte, geschossen von dem „unruhigen“ Standnachbar. Da kann man mal wieder sehen, wie's auf der Jagd so kommen kann ...

Nun war es mir egal – das Flintenlaufgeschoß wurde wieder in das Patronenlager des linken Laufes geschoben. Wenn die altüberlieferte Jägerweisheit stimmt, daß dort, wo der rote Schleicher das Treiben verläßt, auch die Sauen kommen, dann mußte bei mir ja bald was los sein. Die Alten behielten mit ihrer Erfahrung mal wieder recht: Die Sauen kamen! Halblinks vor mir brodelte es in den Hecken, von zahlreichen Sauläufen wurde das gefrorene Falllaub losgetreten, Äste zerbrachen, Eis knisterte. Die Spannung war schier unerträglich. Verzweifelt versuchte ich, das Heckengewirr mit den Augen zu durchdringen. Dann herrschte plötzlich Totenstille – sie sicherten. Und unvermittelt brach es mit Bersten und Krachen aus dem Holz über die leidlich freie Fläche. Der erste Schuß ging fehl. Die Sauen wurden schneller. Ich fuhr mit und ließ den dicken Batzen fliegen, als ein starker Frischling breit an mir vorbeiflüchtete. Beim Überfallen des Weges knallte es beim Erich, dann war es wieder still. Nur fünf Minuten später erklang „Hahn in Ruh".

Da die beschossene Sau nicht auf dem Anschuß lag, ging ich den Weg hinunter zur Stelle, wo die Rotte über den Weg flüchtete. Heißa, dort lag ja ein Wutz an der Wegböschung, und der Erich ging just darauf zu. „Na", rief ich dem sympathischen Forstmann zu, „wer hat sie denn geschossen – Du oder ich?" Seine lakonische Antwort: „Das werden wir sofort sehen!" Er hatte recht, eine Verwechslung, und das leidige Streiten um das Stück, schied hier aus. Ich schoß von der linken Seite, Erich von der rechten; außerdem half uns die breite Schweißfährte, den Fall eindeutig zu klären. Die Sau war mir!

Hätte der liebe Erich die Sau geschossen – von ganzem Herzen wäre sie ihm vergönnt gewesen –, dann wäre dies seine neunundneunzigste gewesen. Es sollte nicht sein. Erich wurde krank, kam ins Krankenhaus und starb mit 49 Jahren. Er war der Gründer unserer Bläsergruppe, betreute sie viele Jahre liebevoll wie ein Vater seine große Familie.

Anläßlich der Neuverpachtung von fünf Jagdbezirken der Ortsgemeinde Briedel/Mosel kamen – und dies ist als eine überaus große Seltenheit zu bewerten – einige einheimische Jäger zum Zuge. Die überwiegende Mehrzahl der Mosel-, Eifel- und Hunsrückreviere ist ja bekanntlich in Händen auswärtiger Jäger.

Diese Leute bejagen die für sehr viel Geld erworbenen, begehrten Schalenwildreviere mit Freunden und Bekannten ihrer Region, und die örtliche Jägerschaft hat meist das Nachsehen.

Von den wenigen einheimischen Pächtern wird das in der Regel anders praktiziert. Nachfolgend ein Beispiel: Friedjo Treis aus Zell-Kaimt, wie ich, Mitglied im „Verein Dachsbracke", hatte kurz nach dem traditionellen morgendlichen Kreisen zum Telefonhörer gegriffen: „Komm rauf zum Bummkopf – Sauen fest"!

Die Reviere des Hegerings zählen seit etlichen Jahren – bis auf die berühmten wenigen Ausnahmen, die es fast überall gibt – zur „Schwarzwildhegegemeinschaft Zell". Man bemüht sich redlich – übrigens mit guten Erfolgen – stärkere Sauen heranzuhegen, indem überwiegend Frischlinge bejagt werden. Auch vor dieser Saujagd gab Friedjo bekannt, daß nur Frischlinge geschossen werden dürften.

Nach beschwerlichem Weg über tiefverschneite Waldwege wurde ich unterhalb eines Holzabfuhrweges in einem Eichenbestand angestellt. Unter mir endete der Hang in einem Graben; gegenüber erhob sich ein ebenfalls steiler Waldhang. Gerade hatte ich mich mit den Örtlichkeiten vertraut gemacht, da wurde in südöstlicher Richtung angeblasen. Kaum war der letzte Ton verklungen, zogen zwei Rehe, immer wieder sichernd, durch die Eichen. Schließlich sprangen die Stücke talwärts ab. Der helle, giftige Hetzlaut eines Hundes näherte sich meinem Stand. An der oberen Schützenfront fielen mehrere Schüsse. Die Jagd kam näher. Vorsichtshalber packte ich den Drilling fester und ging in Voranschlag. Da tauchte, nur zwanzig Meter halbrechts vor mir, das wuchtige Haupt eines urigen Keilers aus dem schneebedeckten Hang hervor. Nur etwa zehn Meter entfernt flüchtete das Schwein in mäßigen Fluchten scheibenbreit an mir vorbei dem Talgrund entgegen. Ich ließ den hochgerissenen Drilling wieder herabsinken – es waren ja nur Frischlinge frei ... Im Gegenhang verfolgte ich das ungleiche Paar noch lange Zeit mit den Augen. Der Keiler zog jetzt ganz ruhig, ja fast gemütlich, den keifenden Hund völlig ignorierend, schräg den Gegenhang hoch und entschwand schließlich meinen Blicken.

Ein guter Anblick, an dem ich lange meine Freude hatte. Gern hätte ich diesen Urian in den Schnee gestreckt, wenn ich, der Ehrlichkeit halber, auch gestehen muß, daß ich diesen Keiler nicht verdient gehabt hätte. Meine Jagdgründe liegen auf der anderen, auf der linken Moselseite und hier hat man gehegt, Entbehrungen auf sich genommen und dann soll einer, der überhaupt nichts dafür getan hat, Ernte halten?! Nein, nein, das wäre ungerecht, es wäre ein unverdienter Lohn gewesen!

Jeder halbwegs erfahrene Jäger hat in seiner Praxis erfahren müssen, daß man neben der unerläßlichen Ausdauer sowie gediegenem Können auch eine gehörige Portion Glück zum jagdlichen Erfolg benötigt; denn was nutzt das ganze Wissen, gepaart mit enormer Geschicklichkeit, wenn die lieben Sauen irgendwo auswechseln, wo sie kein Mensch dieser Erde erwartet hätte. Wie oft hört oder liest man davon, daß die stärksten Keiler gerade an jenen Ständen herausflüchten, an die man beim Anstellen die jüngsten, unerfahrensten Jäger postiert hatte. Und urplötzlich stand so mancher Grünling, quasi zu Beginn seiner ach so jungen „Karriere“, vor dem Keiler seines Lebens.

Hier einige Beispiele aus dem mit Schwarzwild gesegneten Jagdgründen der Voreifelgemeinde Beuren, am Rande des Kondelwaldes. Während dieser Zeit durfte ich an sehr viele gestreckte Sauen herantreten. Aber ein guter, wirklich starker, reifer Keiler war mir nie beschieden.

Dann kam eines Tages – mittlerweile jagte ich nicht mehr dort – ein Bekannter des Revierinhabers als zweiter Pächter hinzu, dessen Frau ebenfalls jagdlich aktiv war. Beim ersten Ansitz (auf dem straßennahen Hochsitz verbrachte ich in den Jahren zuvor ungezählte Stunden) schoß sie nicht nur ihre erste Sau überhaupt, sondern zugleich einen fünfjährigen Erntekeiler von über 100 Kilogramm Gewicht.

Einige Jahre später gelang es der passionierten Jägerin, ein weiteres Hauptschwein zu strecken. Da kann man nur sagen: „Schwein gehabt! – Und Weidmannsheil!“

Eines Tages hatte mein Jagdpächter einige Jäger vom Niederrhein eingeladen. Die Leute aus dieser Region können meist hervorragend mit der Flinte umgehen, und es bereitet einem die reinste Freude, ihnen bei großen Hasen- oder Fasanenjagden zuzuschauen, wie sie in gekonnter Manier die „Krummen“ bzw. „Bunten“ über Kopf gehen lassen. Wenn diese versierten Niederwildleute allerdings auf Schalenwild jagen oder während der Mondperiode den Sauen „ans Leder“ möchten, dann kann man häufig sein blaues Wunder erleben. Und es dauert erfahrungsgemäß seine Zeit, bis man sie als vollwertige Saujäger akzeptieren kann.

Und in dieser hellen herbstlichen Mondnacht hatte man dem wirklich unerfahrensten Jäger der Gruppe (der sympathische Mann in mittleren Jahren hatte zuvor noch nie eine Sau in Anblick), die Ehre zuteil werden lassen, einen Hochsitz unweit des Staatswaldes zu besetzen, in dessen Nähe in letzter Zeit häufig Sauen gefährtet wurden. Eigentlich hätte hier ein sicherer, erfahrener Schütze sitzen müssen. So nahmen die Dinge ihren Lauf.

Unerwartet früh – kurz nach 20.30 Uhr – verhoffte etwa fünfzig Meter vor dem Sitz plötzlich eine einzelne Sau. Nach dem Schuß flüchtete sie im Bogen zurück in die Fichten. Am nächsten Morgen untersuchte ich mit meinem Dachsbrackenrüden den Anschuß. Die Farbe des Schweißes ließ Hoffnung aufkommen, daß wir die Sau finden würden. Im Verlauf der Riemenarbeit wurde mir klar, daß der Schuß sehr tief sitzen mußte, eine Folge der geringen Schußentfernung und Unerfahrenheit des Schützen. Behäbig buchstabierte der Rüde die Fährte einige hundert Meter aus, dann mußte ich notgedrungen abbrechen, weil ich an diesem Tag keinen Urlaub bekommen konnte. Ich sorgte aber dafür, daß die Nachsuche mit einem Hannoverschen Schweißhund fortgesetzt werden konnte. Alles weitere ist schnell erzählt: Der Spezialist arbeitete ruhig und konzentriert bis zum Wundbett, und der Schweißhundführer gab dem starken Keiler – ein solcher war es nämlich – den Fangschuß, als er den Hund anzunehmen versuchte.
Auch in diesem Falle erlegte also ein völlig unbedarfter Jäger auf Anhieb den Keiler seines Lebens.

Als Jagdaufseher oder „helfender Gast" ist man nicht privilegiert, sich den Ansitzplatz selbst auszumachen. Diese wichtige Entscheidung trifft in aller Regel der Revierinhaber höchstpersönlich; er und seine engsten Freunde sollen ja in erster Linie erfolgreich jagen. Die Chancen für uns Jäger ohne Revier werden dadurch aber keineswegs geschmälert, denn das Wild ist keine Maschine oder ein Wesen, das man zu einem beliebigen Zeitpunkt an einen bestimmten Platz zitieren kann.
Der Mensch irrt, ver- oder überschätzt sich bekanntlich recht häufig – in allen Lebenslagen –, natürlich auch bei der Jagd ... So kam es in meinem Jägerleben gelegentlich vor, daß ich zum jagdlichen Erfolg buchstäblich gezwungen wurde. An diese Erlebnisse erinnere ich mich mit besonderer Hingabe ...
An einem verschneiten Wintertag trafen wir uns im Jagdhaus zur Lagebesprechung. Für mich hieß das: Zurückhaltung üben und geduldig abwarten, was da an Ansitzmöglichkeiten übrig blieb. Der Pächter war nach einigem Hin und Her mit seinen Betrachtungen und Abwägungen für sich und seine Gäste am Ende. Endlich wandte er sich mir zu: „Ja, Goergen, das gesamte Revier auf der linken Straßenseite steht Ihnen alleine zur Verfügung"! – Und

weiter: „Machen Sie dort was sie wollen"! Dann grinste er und ließ mich ziehen.
Eigentlich müßte jeder Jäger über ein so großherziges Angebot vor Freude und Dankbarkeit Purzelbäume schlagen. Ich tat es nicht. Warum nicht? Nun, von allen Anwesenden kannte ich das Revier am besten und wußte nur zu gut, daß seit Monaten in dem mir zugewiesenen Teil nicht eine Saufährte die wunderschöne Schneefläche zierte.
Bedrückt zog ich von dannen. Doch als ich im Schneehemd die ersten paar hundert Meter zurückgelegt hatte, überkam mich plötzlich ein unbändiges, aus tiefstem Herzen kommendes Glücksgefühl. Diese Winternacht war zu schade, um Trübsal zu blasen. Außerdem, so kam es mir in den Sinn, warum eigentlich Sauen schießen? Es gab doch andere Wildarten im Revier, deren Erbeutung viel Freude bereitet. Allen voran, mein spezieller Freund, der rote Fuchs mit seinem reifen, schmucken Grannenbalg. Allein sein Anblick läßt das Herz eines rechten Jägers im Leibe lachen ...
An einer vorspringenden Schwarzdornhecke ragte eine alte, verwitterte Kanzel über die blattlosen Wipfel. Auf ihr machte ich es mir, vom Pirschen müde geworden, bequem. Hoch stand der runde Mond am funkelnden Himmel. Ringsum blinkte und glitzerte die weiße Pracht. Neben mir lehnte die schußfertige Büchse in der Ecke; sie machte mir in letzter Zeit Kummer, weil sie sich nach dem Schuß nicht mehr repetieren ließ; der Verschluß klemmte derart fest, daß ich ihn nur mit massiven Handkantenschlägen auf den Kammergriff öffnen konnte. Während meiner waffentechnischen Gedankenabschweifungen hatte ich die im gleißenden Mondlicht liegende Wildackerfläche unbeobachtet gelassen und war, als ich wiedermal hinüberschaute, freudig überrascht: Drei „schwarze Klumpen" standen inmitten des Ackers und begannen den Untergrund „nach oben zu drehen". Die links breit stehende Sau stieg im Schuß kerzengerade hoch, fiel, sich einmal rückwärts überschlagend, in den Schnee und war verendet. Die beiden anderen Sauen flüchteten geräuschlos wie Schatten in die schneeverhangenen Schwarzdornen. Verzweifelt schlug ich mit der schon arg schmerzenden rechten Handkante auf den flachen Kammergriff meiner Mannlicher. Da, endlich flog die Hülse heraus – und problemlos glitt die neue Patrone in den Lauf hinein. Na, wenigstens das

klappte noch! Und keine Sekunde zu früh; denn schon wurde es am Heckensaum „schwarz“ und die verbliebenen Sauen wechselten wieder in den Wildacker, der im Frühjahr mit Kartoffeln bestellt worden war, die zum Teil noch im Boden ruhten.
Kurz vor ihrem verendeten Artgenossen verhofften sie, sicherten mit vorgestreckten Würfen hinüber, drehten wieder ab, und die Prozedur begann von neuem. Das war eine gute Chance, dem Pächter eine zweite Sau zu präsentieren. Nach dem Donner der Büchse stoben die Schwarzen in die Dornen, daß der Schnee nur so hochstäubte. Dann Ruhe; kein Knacken, kein Brechen, nichts mehr. Die Nacht ist wieder totenstill. Kein Laut – weder Auto noch Flugzeug – störte die Stille der nächtlichen Natur.
Nach geraumer Wartezeit verließ ich den Sitz und schaute, der Fluchtfährte „meiner Sau“ folgend, in die Hecke hinein – und war sofort fündig. An den Hinterläufen zog ich mein zweites Wutzchen ins Freie. Zufallserfolg! Glück gehabt! Und der Pächter staunte nicht schlecht … Er und seine Gäste waren ohne Erfolg und Anblick heimgekehrt.

Vor Jahren wurde ich von einer regelrechten Glücksphase heimgesucht: In nur einer Woche schoß ich sechs Sauen, allesamt Frischlinge zwischen dreißig und fünfzig Pfund. Obwohl es gegen dieses reiche Beutemachen eigentlich nichts Negatives einzuwenden gibt, war ich der Meinung, daß eine kleine jagdliche Verschnaufpause angebracht sei. So fuhr ich – es war der zweite Abend nach Vollmond – erst gegen 22.30 Uhr ins Revier, um nachzusehen, was der Pächter erlebt bzw. geschossen hatte. Mit mäßiger Geschwindigkeit fuhr ich bergan. Links, schon fast oben in Feldnähe, gähnte das schwarze Loch der Steinbrucheinfahrt; wenige Meter oberhalb davon verläuft ein uralter Rotwild- und Schwarzwildfernwechsel. Da, fünfzig Meter halbrechts vor mir, ein stärkeres Stück Wild, eine Sau in der Böschung. Was tun? Instinktiv, ohne große Überlegungen anzustellen, fuhr ich weiter, schaltete nach 200 Metern die Scheinwerfer ab und fuhr scharf links ran. Dann sprang ich behende aus dem Auto, packte die Repetierbüchse vom Rücksitz und lief zu dem 150 Meter entfernten Hochsitz. Meine Rechnung ging auf: Kaum stand ich oben auf dem Hochsitzvorbau, wechselten die Sauen an – vorneweg die Bache, dann fünf Frischlinge und ein Überläufer. Um einen sauberen Schuß anbringen zu können, setzte ich mich in die (erst kürzlich überholte) Kanzel hinein, brachte meine bewährte Büchse aus dem südlichen Fensterchen in Anschlag, Knie hoch, beide Arme darauf abgestützt und beschoß den etwa vierzig bis fünfzig Meter abseits stehenden Überläufer, was infolge des äußerst ungünstig stehenden Mondes gar nicht so einfach war. Aber mit der ganzen Routine vieler Jahre Nachtjagderfahrung brachte ich – das Zielfernrohr weit zurück ins Kanzelinnere gezogen – das Absehen ins Ziel. Der deftige, satte Kugelschlag stimmte mich sofort optimistisch. Mit der linken Hand hob ich das enorm nachtstarke 9 x 63 Optolyth an die Augen und sah, nahe der Douglasien, in dem merkwürdig milchig schimmernden Stoppelfeld, einen dunklen Klumpen. Die Sau? Ja, sie war es! Das Torpedo-Ideal-Geschoß hatte sie in die Stoppel geworfen, eine Überläuferbache von 43 Kilogramm (wie ich später zu Hause feststellen konnte). Die ganze Aktion hat – von der Abfahrt zu Hause, bis zum Herantreten an das Stück – ganze fünfzehn Minuten gedauert. Ja, ja, Glück muß der Mensch haben! Und nicht immer sind es die Anfänger, denen es zuteil wird.

Gern bejage ich, wie ich ja schon sagte, die Sauen im Herbst, wenn man sie in hellen Nächten auf den Stoppelschlägen bestens beobachten kann. In jüngster Vergangenheit besetzte ich eine schöne, geschlossene Kanzel am Waldrand. Links der Kanzel stand ein Haferfeld noch auf dem Halm; in westlicher Richtung erstreckte sich eine langgezogene Gerstenstoppel. Der Mond war noch längst nicht voll und rund, spendete aber schon genügend Licht für einen guten Schuß.

Von der Vorvorgängerin dieser Kanzel schoß ich vor genau 25 Jahren mein erstes Stück Wild in diesem Revier, einen starken Fuchsrüden. Ich erinnere mich noch genau, wie sich der damalige Jagdpächter über meinen Erfolg gefreut hat.

Mein heutiger Ansitz hier, sollte eigentlich eine kleine Gedenkstunde werden. Daß er mir zudem reichen Anblick und Jagderleben bescherte, konnte mir nur recht sein. Wenige Minuten nach 22.00 Uhr sah ich auf der Stoppel weit vor mir eine Rotte Sauen. Gern wäre ich sie angepirscht, wenn ... ja, wenn der Wind „gepaßt" hätte. Der Ostwind hätte die Sauen, sobald ich die dicht geschlossene Kanzel verlassen hätte, vergrämt. Also blieb ich sitzen. Langsam bewegte die Rotte sich in meine Richtung. Da knallte weit, weit

unten im Moseltal ein Schußapparat im Weinberg – und wie der Blitz flüchteten die Sauen zu Holze. Na, dann eben nicht! Es war ja noch früh.
Nach einer Viertelstunde wurde es wieder spannend: Eine Bache mit sechs Frischlingen zog von rechts heran – und verschwand so schnell, wie sie gekommen war. Schade! Die Bache hatte mit ihrem Nachwuchs die Szenerie kaum verlassen, da hörte ich unter meinem Hochsitz das verhaltene Blasen einer Sau. Oho, jetzt wurde es erst richtig spannend. Um besser hören zu können, hielt ich den Atem an und lauschte mit leicht geöffnetem Mund in die Nacht hinaus. Da, diesmal rechts von mir, Knistern und Knacken im Ginster. Und plötzlich sah ich sie – zunächst eine Sau –, wenig später die zweite, beides Überläufer. In aller Ruhe beobachtete ich die beiden Borstenträger, wie sie stetig sichernd und absprungbereit weiterzogen. Bei geschlossenen Luken – der Wind stand kerzengrade auf die Sauen zu – hielt ich das argwöhnische Wild im Auge, öffnete dann erst mit der linken Hand blitzschnell das Fensterchen, schob die Waffe in Anschlag und schoß sofort, als ich den links einigermaßen breitstehenden Überläufer im Zielglas sah, merkte aber gleich, daß ich etwas zu weit hinten abgekommen war. Die Sau indes quittierte das Geschoß mit kurzem Klagen, dann flüchtete sie in weitem Bogen zunächst durch den lückigen Ginster jenseits des Wildakkers, passierte wie ein schwarzer Strich das Kopfende der Haferparzelle, verschwand lautlos im Douglasienstangenholz, das unmittelbar hinter mir begann und weiter talwärts am Staatsforst endete. Mein Gott – auch das noch! Eine unheimliche Ruhe lag plötzlich über Wald und Flur. Kein Schlegeln, kein Röcheln, wie ich es oft nachts vernehmen konnte, wenn die beschossene Sau auf Hörweite verendete. Mit gemischten Gefühlen schlich ich zum Auto und fuhr heimwärts.
Der neue Tag hatte schon begonnen, jung war er noch und würde mir hoffentlich, sobald die Sonne über den jenseits der Mosel liegenden Hunsrückbergen emporkroch, bei der Suche helfen.
Kurz war die Nacht, und unruhig hatte ich geschlafen, wie immer, wenn ich ein beschossenes Stück Wild mit ungewissem Schicksal draußen zurücklassen mußte.
„Brax“ freute sich unbändig, als ich den Schweißriemen abdockte, wußte er doch, daß er jetzt Arbeit bekam, daß es einem Stück Wild „an den Kragen ging“.

Auf dem Anschuß war nichts, rein gar nichts zu sehen, weder Schnittborsten, noch ein Tröpfchen Schweiß. „Brax" suchte wider Erwartung in östlicher Richtung; der uralte und immer wieder neuen Erkenntnis zufolge, daß der Hund stets „recht hat", folgte ich ihm durch Ginster und Dornen. Stramm lag der hirschrote Rüde im Riemen. Doch dann suchte er plötzlich – wie ein altgedienter Vorstehhund – mit hoher Nase – weiter. Ich kenne das; meist ist dann das Wild ganz in der Nähe. Noch zehn bis fünfzehn Meter folge ich und da sehe ich auf einer kleinen Blöße eine zunächst noch undefinierbare braune Masse; Aasgeruch schlägt mir in die Nase.

Dann stehe ich vor einem verluderten Überläufer, der vor vier Wochen von der nur sechzig Meter entfernten Kanzel nachts beschossen und aus irgendeinem Grund nicht nachgesucht wurde. Ein arges Trauerspiel – ein Alptraum jedes anständigen Jägers ...
„Brax" wurde gelobt, was er offensichtlich nicht so recht begriff; wir standen vor einem Haufen stinkender Knochen und Borsten und er hörte nur sanfte, ruhige Töne. Ungläubig äugte der Hund schräg von unten herauf; denn sonst vernahm er stets, wenn er in die Nähe derartiger Stinkereien kam, ein donnerndes „Pfui". Und heute, das war doch nicht zu glauben, großes Lob. Da verstehe einer diese Menschen, mag er gedacht haben.
Mit spitzen Fingern ergriff ich den durch Wettereinflüsse etc. blankgenagten Schädel und verließ den widerlich stinkenden Ort. Auch „Brax" hatte jetzt offenbar nichts dagegen, hier wegzukommen.
Am Anschuß suchte ich nochmal intensiv nach eventuell zuvor übersehenen Schußzeichen. Doch ich fand nichts, weder Schnittborsten noch Schweiß. „Brax" nahm dennoch eine Fährte auf, zog in den Ginsterstreifen, der den schmalen Wildacker flankierte. Fest entschlossen, nicht aufzugeben, bis die Sau vor mir lag, folgte ich dem Hund. Der Ginster lag bald hinter uns. Jetzt ging die Suche an der Stirnseite des Haferfeldes entlang in die etwa dreißigjährigen Douglasien. Dort bog der Hund in der zweiten Baumreihe im rechten Winkel ab und suchte hangabwärts in Richtung Grenze. Verzweifelt hielt ich Ausschau nach einem einzigen Tropfen Schweiß. Vergebens! Als ich nach ca. 300 Meter über den Hund hinweg zum Grenzweg schaute, sah ich den Überläufer am Stamm einer Douglasie liegen.

„Heiliger Hubertus, hab Dank!“, entfuhr es mir; ohne Hund wäre diese Sau – sie wog 45 kg und brachte DM 500,– Wildbreterlös – ebenfalls der Wildkasse verlorengegangen. „Gut gemacht, mein Weidgesell! Weidmannsdank!“
Übrigens: Der „Erleger“ des verluderten Überläuferkeilers interessierte sich nur für die geringen Waffen. Daß der Jagdkasse über DM 500,– verlorengingen, machten dem spätberufenen Schwarzwildjäger keine Sorgen. Da vermag man nichts mehr zu sagen. Aber ich hatte mir ohnehin schon mein Urteil gebildet ...

Ein heimlicher Traum wird wohl niemals Realität werden: Die Jagd mit der Hundemeute und Saufeder. Ein Mann, der sich dem Weidwerk verschrieben hat und sich nicht ohne Stolz „Jäger“ nennt, müßte eigentlich in der Lage sein, auch mit diesem Gerät geschickt umzugehen. Die Jagdausübung vom Hochsitz kann man – schon aus Sicherheitsgründen – nicht in Bausch und Bogen verurteilen. Auch das stille Ausharren und von oben herab präzise und saubere Schießen, hat durchaus seine Berechtigung. Nur, mit urwüchsiger Jagd in des Wortes wahrster Bedeutung hat das nichts zu tun. Erst wenn Körpereinsatz und wache Sinne des Jägers entscheiden, ob das Stück Wild, insbesondere das wehrhafte Schwarzwild, zur Strecke kommt, ist man der Ursprünglichkeit des Jagens ein wenig näher gerückt.
Zugegeben: Das ist kein Handwerk für ältere oder kränkliche Weidmänner; auch feine, gut betuchte Zeitgenossen wären von einer derart hautnahen Auseinandersetzung meist überfordert. Aber für einen drahtigen und mutigen Jäger, der die Fünfzig noch nicht überschritten hat, müßte das die Erfüllung seines Jägerlebens sein.
Daß mir – und vielen anderen Interessierten – diese Jagdart versagt bleibt, hat zwei Gründe: Erstens wäre es kaum möglich, eine Hundemeute zu halten, und zweitens gibt es aufgrund der Struktur unserer heutigen Minireviere keinerlei Gelegenheit, diese nur weiträumig durchführbare Jagdart zu praktizieren. So werden meine geheimen Träumereien kaum je zu realisieren sein.

# Wildversorgung – Trophäenbehandlung – Abfangen

Schon die Alten sagten: „Es ist noch kein Meister vom Himmel gefallen!" Aber von jedem Jäger muß verlangt werden, daß er die elementaren Fertigkeiten der Wildversorgung fehlerfrei beherrscht. Das ist, wie der Beobachter weiß – und zum größten Kummer gar manchen Küchengeistes –, nicht immer so, trotz strenger werdender Jägerprüfung, bei der allerdings die praktische Seite dieser Handwerksarbeit oft erheblich zu kurz kommt. Spätestens beim Aufbrechen des Schlosses zeigt sich der wahre Könner, scheidet sich die „Spreu vom Weizen" ...

Der Erleger eines Stückes Schalenwild hat die Versorgung – also das Aufbrechen – höchstpersönlich vorzunehmen. Nur eine einzige Ausnahme lasse ich gelten: Ein junger Jäger sollte, wenn er zugegen ist, einem älteren Herrn diese Arbeit abnehmen; das verlangt schon der Respekt vor einem in Ehren ergrauten Weidmann!

Dennoch darf sich der erfahrene Praktiker keinesfalls als überheblicher Schulmeister aufführen, wenn man einem völlig unerfahrenen Jungjäger bei seinem verzweifelten Kampf mit Messer, Gescheide, Schloß und Brandadern zuschaut und feststellen muß, daß der arme Mann sich am Schluß selbst ebenso schlimm zugerichtet hat wie das zu versorgende Wild. Was mich allerdings in Rage bringen kann, ist, wenn aus Nachlässigkeit Wildbret sowie Geräusch verderben oder sogar weggeworfen werden.

An einem Sommertag ging ich im Revier eines guten Bekannten mit dem Dackel spazieren. Ich wußte, daß ein Jägerehepaar zwei Böcke erlegt hatte; nur wo, das war mir unbekannt. Plötzlich zog der Dackel nach rechts, auf eine kleine Erhöhung zu. Ich folgte ihm und stand nach zehn, fünfzehn Metern an der Aufbruchstelle eines Rehbockes. Aber wie sah es dort aus! Hier war offensichtlich ein des Aufbrechens wenig kundiger Weidgenosse am Werk gewesen. Aber jeder muß es irgendwann einmal lernen. So seien dem Weidmann die wüst in der Umgebung verstreuten Aufbruchteile verziehen. Daß aber dort, von Wespen schon stark zerfressen, Herz,

Leber, Lunge und Nieren, also das komplette Geräusch, dem Verderb preisgegeben worden waren, das ging mir gehörig gegen den Strich.
Wenn man schon selbst für eine frische Rehleber keine Verwendung mehr hat, so gibt es doch immer und überall Menschen, die sich über ein solches Geschenk riesig freuen. Mein ständiger dankbarer Abnehmer war Emil, ein Mitarbeiter unserer Firma. Er „verspachtelte" sogar genüßlich die sonst vielfach verpönte Lunge.

Die Wildversorgung fängt meines Erachtens schon beim Schuß an. Wer dem Wild die Kugel auf utopisch weite Entfernungen anträgt oder nicht warten kann, bis es frei oder halbwegs breit steht, hat diesen Leichtsinn hinterher gar manches Mal bereuen müssen. Es ist wirklich kein Vergnügen, ein Stück aufzubrechen, dem das Geschoß den prall gefüllten Pansen zerfetzt hat. Ist dies aber – aus irgendeinem Grund – doch mal passiert, dann verzage man nicht gleich, sondern schärfe das Stück vom Drosselknopf bis zum Schloß gänzlich auf, auch den gut mit dem Weidmesser durchtrennbaren Brustknorpel sowie das Schloß. Hat man dann den Weiddarm herausgeschärft, fasse man mit beiden Händen Drossel sowie das zuvor gelöste Zwerchfell gleichzeitig und ziehe den kompletten Aufbruch (Geräusch und Gescheide) nach hinten heraus.
In den meisten Fällen lassen sich die verschmutzten Hautteile mit entfernen, und die Bauchhöhle ist sauber. Gelingt dies mal nicht (häufig bei Weidewundschüssen mit Hochrasanzpatronen), nur nicht resignieren: Zu Hause hilft der Wasserschlauch, um das Malheur wieder auszubügeln, und das anschließende Abtupfen mit einem Küchentuch schließt den Arbeitsgang zur vollen Zufriedenheit der Hausfrau oder des Küchenchefs ab.
Die alte Überlieferung „Wasser hat am Wildbret nichts zu suchen" ist längst überholt und entbehrt jeder wildbrethygienischen Grundlage (es muß allerdings sauberes, zum Trinken geeignetes Wasser sein).
Jäger, die im Sommer auf Sauen jagen, müssen äußerst gewissenhaft und vorsichtig zu Werke gehen, vor allem bei Schüssen am Abend; denn wird das Stück nicht sofort gefunden und versorgt, ist es am anderen Morgen verhitzt und stinkt zum Himmel. In den letzten Jahren habe ich es mir deshalb zum Grundsatz gemacht, nur noch

morgens auf Sauen zu schießen, die Chancen sind dann ohnehin besser, da das Wild noch von der kurzen Nacht her auf den Läufen ist und, wird etwas gestreckt, kann man bei gutem Licht nachsuchen bzw. aufbrechen.
Gerade in der Gluthitze des Hochsommers ist es von immenser Wichtigkeit, das Stück nicht nur vom Unterkiefer bis zum Pürzel gänzlich aufzuschärfen, sondern zudem beide Blätter zu lüften, das heißt: Die Blattschaufeln werden mit dem Messer soweit von den Rippen getrennt, daß die Luft ungehindert eindringen kann und somit für optimale Auskühlung gesorgt ist.
Solche Praktiken stehen in keinem Lehrbuch und sind weitgehend unbekannt. Aber zumindest jeder, der auf Sauen jagt, sollte sie beherrschen!
Ebensowenig bekannt ist das problemlose Entfernen von Brunftrute und -kugeln. Wie fürchterlich plagt sich da mancher Jäger ab. Dabei ist es doch so einfach: Mit der linken Hand fasse ich den Pinsel, ziehe ihn etwas nach oben und hinten , dann löse ich mit dem Messer den gesamten Deckenbereich bis zum Weidloch mit allem, was dazugehört. Diese Methode hat zwei Vorteile: Erstens dauert es kaum mehr als fünfzehn Sekunden und zweitens wird kein Wildbret mit Urin „gewürzt". Immer wieder, wenn ich dies einem Jäger zeige, höre ich Worte des Dankes, weil man wirklich verblüfft ist über die vereinfachte Arbeitsweise – und nicht selber daraufkam ...

Vor Jahren hielt ich vor den Jungjägeranwärtern des Kreises Cochem-Zell ein Referat über die „Versorgung des Wildes". Ich demonstrierte den Teilnehmern den Aufbrechvorgang „buchgerecht" und wies ausdrücklich darauf hin, daß man sich bis zur bestandenen Jägerprüfung tunlichst danach zu richten habe. Als Praktiker, der immerhin an die tausend Stücke Wild küchenfertig in den Handel brachte, erläuterte ich allerdings auch „meine" – bessere – Methode. Das hatte Folgen: Am nächsten Morgen rief der Kreisgruppenvorsitzende bei mir an und berichtete, daß sich der Vater eines Anwärters empört über meine unglaubliche „brutale" Wildversorgung beschwert hatte und mit massiven Worten meine Weidgerechtigkeit anzweifelte. Ich habe damals nur gesagt: „Es gibt Leute, die sind dankbar, wenn sie was dazulernen, für die lohnt es sich aktiv zu sein. Und die anderen, die notorischen Besserwisser und Überweidgerechten, die sogar das Schnapsglas nur mit der linken Hand zum Mund führen, weil dies angeblich dem jagdlichen Brauchtum entspricht, ja, denen kann man ohnehin nichts mehr beibringen!"

Vor einiger Zeit wurde ich von einer mir bekannten Familie gebeten, den jüngst erworbenen Weihnachtshasen abzubalgen. Als ich den Löffelmann genauer betrachtete, wurde mir regelrecht übel: Überall quollen fette Maden aus dem Balg hervor; das Gescheide war schon stark in Fäulnis übergegangen. So sollte ein verantwortungsbewußter Jäger kein Wild in den Handel bringen! Mir selbst ist es schon zuwider, wenn sich die Dünnungen des Hasen nach wenigen Stunden verfärben. Deshalb wird der erlegte Hase von mir, genauso wie das Schalenwild, sofort „aufgebrochen". Federwild (für mich kommen nur Tauben in Betracht, und die nur in bescheidenem Umfang) rupfe ich an Ort und Stelle, löse den Kropf aus, schärfe die Kloake etwas auf und hake das Gescheide mit dem Zeigefinger heraus. Das ist jedenfalls sauberer, als würde man diesen Vorgang mit einer kleinen Astgabel oder ähnlichem Gerät bewerkstelligen.

---

Fortschrittliche Jäger besitzen für das „Abschlagen" des Gehörns eine eigens hierfür entwickelte „Gehörnsäge". Vor etwa fünfzehn Jahren übergab der Revierinhaber mir auch ein solches Gerät, damit ich seine Böcke sauber, vor allem gerade, auf das Brett bekommen sollte. Nun, genau einmal habe ich es ausprobiert, dann stand das Ding in der Ecke; meine Gehörnsäge ist eine scharfe Metallsäge, die auch beim Zerwirken zum Einsatz kommt.
Nachdem die Decke vom Schädel gelöst und die Lichter mit wenigen, geübten Handgriffen entfernt worden sind, wird das Sägeblatt so angesetzt, daß etwa zwei Drittel der Augenhöhle stehenbleiben; eventuell erforderliche Korrekturen werden später mit dem Schleifband durchgeführt; das Gehirn wird „herausgeschält" und der rotschweißige Schädel gewässert, dann koche ich ihn ab (je nach Alter 20 bis 30 Minuten).
Es ist Geschmacksache, wie weiß eine Trophäe an die Wand kommt. Mancher liebt's weiß, weißer gehts nicht, und verwendet nach dem Abkochen 30prozentiges Wasserstoffsuperoxyd. Ehrlich

gesagt: Ich mag das nicht! Meine Bleichmittel sind einfach und uralt, nämlich Persil und Sonne.

Sobald sich das Wildbret und Hautteilchen vom Knochen gelöst haben, gebe ich einen Meßbecher Persil in das sprudelnde Wasser und lasse die nun leicht schäumende Brühe weitere fünf bis zehn Minuten kochen. Anschließend mit kaltem Wasser abschrecken, den Schädel mit einem alten, ausgedienten Jagdmesser sauberschaben und an einem geschützten Platz (wegen Hund und Katze) in die pralle Sonne legen. Eine so behandelte Trophäe sieht natürlicher aus und fällt, wenn sie frisch an die Wand kommt, nicht sofort auf.

Das Auslösen der Keilerwaffen bereitet manchem Jäger arge Sorgen. Wenn man einige wesentliche Dinge beachtet, ist die Sache gar nicht mehr so schwierig: Hinter dem dritten Backenzahn säge man den Unterkiefer durch und taste sich mit weiteren Sägeschnitten an das dünnwandige Ende der Gewehre heran; hat man es gefunden, preßt man die Spitze des Gewehrs auf eine Holzunterlage (o. ä.) und drückt es nach hinten heraus.

Die Haderer lassen sich, wenn man sie rundum freigelegt hat, problemlos herauslösen.

Damit man sich auch nach zehn Jahren noch an dem Anblick des Gewaffs erfreuen kann, muß man dafür sorgen, daß die Gewehre – aufgrund extremer Temperaturunterschiede – nicht längsseitig aufreißen. Mancher Leser wird sich jetzt fragen: Wie kann man das verhindern? Nun, auch dafür gibt es Mittelchen, gute und weniger gute. Nach vielen Versuchen glaube ich, das beste herausgefunden zu haben: ein Pattex-Watte-Gemisch.

Wie wird's gemacht? Na, ganz einfach: Die getrockneten und fettfreien Gewehre und Haderer werden zu einem Drittel mit „Pattex" aus der Tube gefüllt. Dann tupfe man mit einem Nagel abgezupfte Watte in den Klebstoff, bis sie gänzlich vollgesogen ist. Diesen Vorgang wiederholt man solange, bis der jeweilige Zahn randvoll ist. Anschließend werden die Zähne hochkant aufgestellt, damit der Klebstoff nicht ausläuft, und nach einer viertel Stunde fein säuberlich aufs Brett geklebt. Selbst die geringen Waffen eines Überläuferkeilers sind, wenn sie mit Liebe hergerichtet wurden, ein netter, ein ansehnlicher Anblick während stiller, besinnlicher Stunden.

So schön das Jagen ist, ein leidendes Mitgeschöpf, angefahren oder angeschossen oder wie immer, von seinen Qualen zu erlösen, mag theoretisch befriedigend sein – angenehm ist es nicht. Aber jeder von uns, der in die Situation kommt, muß es gut und richtig tun können.

Ich kannte einmal jemanden, der trug jedem Stück Schalenwild ohne große Hemmungen die Kugel an. Meistens schoß er gut und traf verläßlich. Nur, wenn er zum Stück trat und sah, daß es noch nicht verendet war, flippte er aus: Er war dann nicht einmal mehr in der Lage, ihm ordentlich den Fangschuß zu geben, geschweige denn es abzufangen. Es ist eben ein gewaltiger Unterschied, einem Mitgeschöpf von hoher Warte aus die Kugel anzutragen – oder mit ihm unerwartet und hautnah konfrontiert zu werden …

Dennoch müssen wir alle in der Lage sein, die leidende Kreatur auch mit einfachen Mitteln rasch und gekonnt von ihren Qualen zu erlösen. Kritisch wird das vor allem dann, wenn das an Örtlichkeiten und unter Umständen geschehen muß, wo bzw. bei denen sich der Gebrauch der Schußwaffe aus Sicherheitsgründen verbietet. Wer dann ein fürchterliches Gemetzel veranstaltet, bei dem die Kreatur unter herzzerreißendem Klagen umgebracht wird, kann dem Ansehen der ganzen Jägerei großen Schaden zufügen.

Ich mußte einmal erleben, wie ein zum Unfallort gerufener Jäger sein kurzklingiges Klappmesserchen hervorzog, das Reh am Kopf packte, ihn nach hinten bog und am Hals des entsetzlich zappelnden Tieres herumsäbelte, bis es endlich gurgelnd und röchelnd verendete. Die Umstehenden wandten sich mit Grausen …

Die klassische, von unseren Altvorderen entwickelte und gelehrte Art, Rehwild blitzschnell vom Leben zum Tode zu befördern, ist das Abnicken mit dem Weidmesser, wobei das Rückenmark zwischen Hinterhauptloch und Atlaswirbel durchtrennt wird und ein sofortiges Verenden bewirkt – aber nur von demjenigen, der es „im Schlaf“ beherrscht. Zur Zeit der zielballistisch nicht so wirkungsvollen Bleigeschosse war es sicher häufiger erforderlich als heute; trotzdem zweifle ich daran, daß jeder die kaum groschengroße Stelle mit einem einzigen Stich sofort getroffen hat. Obendrein muß man dazu ja mit der freien Hand das Haupt herunterrdrücken, was das Stück meist nicht ruhig aushält. Schon damals war und heute ist das sicher oft eine arge Tierquälerei; man sollte die Finger davon lassen!

Ich empfehle immer, auf eine Methode zurückzugreifen, die ebenfalls von den Altvorderen entwickelt wurde, aber für Hirsch und Hirschfänger (Weidblatt): Ziel des Stichs und der (wichtig!) daran anschließenden schneidenden Bewegungen ist hier das Herz. Bei Rehwild braucht man dazu nur das Messer, das allerdings schon zehn bis zwölf Zentimeter Klingenlänge haben muß. Man drückt das Stück mit beherztem Griff zur Seite, setzt das Messer sehr tief hinter dem Vorderlauf an und schlägt mit der Handfläche der freien Hand auf das Kopfende des Griffes. Das läßt die Klinge bis zum Griff (zur „Parierstange") eindringen, woraufhin man mit den schneidenden Bewegungen beginnt, um das Herz möglichst großflächig zu verletzen. In aller Regel verendet das Stück in kurzer Zeit und ohne herzergreifende Klageschreie. Sogar Schwarzwild habe ich auf diese Art schon abgefangen.

Wo immer es möglich und aus Sicherheitsgründen nicht abzulehnen ist, sollte allerdings nur der Fangschuß mit der Jagdwaffe in Frage kommen. Er ist mit Abstand die tiergerechteste Methode: Die zielballistische Wirkung ist die beste – und man braucht nicht so nahe an das Stück heran wie bei der kalten Waffe oder auch mit der Faustfeuerwaffe. Das ist das A und O, weil das Wild zwar sicher den Tod nicht versteht, ganz bestimmt aber vor einem Menschen in seiner nächsten Nähe furchtbare Angst hat. Diese Qual sollten wir ihm ersparen, wenn immer es halbwegs möglich ist.
Natürlich verwenden wir zum Fangschuß in der Regel die dafür vom Gesetzgeber vorgeschriebenen, ausreichend starken Büchsenpatronen.
Aber wer ein Stück Wild deswegen länger leiden läßt – oder vermeidbaren Qualen aussetzt –, weil er erst heimgehen muß, um die Büchse mit dem vorgeschriebenen Kaliber zu holen, hat den Begriff der Weidgerechtigkeit nicht verstanden: Im Zweifelsfall rechtfertigt die Qual des Mitgeschöpfes auch den Schuß mit Schrot oder der Hornet, wenn sie sich allein dadurch vermeiden oder verkürzen läßt. Das ist sogar ein typisches Beispiel (im Gegensatz zum drohenden Verlust an verwertbarem Wildbret) für den „übergesetzlichen Notstand", den unsere Rechtsordnung über die für den Normalfall geltenden Paragraphen stellt.

# Hochsitz- (und andere) Gedanken

Wir heutigen Jäger können schon aus Sicherheitsgründen bei der Schußabgabe auf Hochsitze kaum verzichten. Aber das ist nicht der einzige Grund; denn durch allzuviel Herumpirschen würde das Wild zusätzlich gestört und noch mehr gestreßt, als das ohnehin schon der Fall ist. Ich bin der Meinung, daß wir Jäger uns nicht auch noch an der permanenten Beunruhigung beteiligen sollten, indem Wechsel und Einstände mit der dem Wild verhaßten Menschenwittrung verstänkert werden. Die natürliche Folge ist nämlich, daß das Wild selbst in den heimlichen Nachtstunden keine Ruhe mehr findet. Mir persönlich ist es ein Greuel, wenn vertraut äsendes Wild durch mein plötzliches Auftauchen oder meine frische Spur in panischem Schrecken davonstürmt.
Dennoch ist und bleibt die Pirsch eine herrliche Jagdart, auf die ich nicht verzichten möchte. Bedauerlicherweise sind nicht alle Reviere bzw. Revierteile dazu geeignet. So bevorzuge ich die Pirsch in den Hanglagen sowie Seitentälern der Mosel und oben auf den Feldfluren setze ich mich meist heimlich, still und leise auf einen Hochsitz und warte ab, was da auf mich zukommt. Dabei spielt es keine Rolle, ob dies ein solider Leitersitz oder eine geschlossene Kanzel ist. Aber: Die Hochsitze, die ich meine, müssen so gebaut und plaziert sein, daß dem Landschaftsbild Rechnung getragen wird, die für einen absolut risikofreien Schuß entsprechenden Auflagemöglichkeiten vorhanden sind und daß man sie vom Wild weitgehend unbemerkt besteigen und ebenso verlassen kann.
Leider paßt das, was wir heutzutage viel zu häufig in unseren Revieren antreffen, nicht in diesen Rahmen. Da stehen mitten in der Botanik „Wachtürme“ gigantischen Ausmaßes, Bauwerke, die jeden Naturfreund verärgern und provozieren.
Während zahlreicher Ansitze, vor allem in einsamen, langen Mondnächten, hat man viel Zeit und Muße zum Nachdenken über Familie, Beruf, Jagd, Natur und andere Dinge, die unser tägliches Leben gestalten und beeinflussen, vor allem auch über solche Aktivitäten öffentlicher Institutionen, die der Natur und dem Wild abträglich sind.

Im Gebäude der Kreisverwaltung ist nicht nur die Untere Jagdbehörde untergebracht, sondern ebenfalls die sogenannte Untere Landespflegebehörde. Nach einigen höchst negativen Erfahrungen stellte ich mir die Frage, ob dieses Amt überhaupt eine Daseinsberechtigung hat. Wenn ein ahnungsloser Bürger das Wort „Landespflege" liest oder hört, muß er zwangsläufig annehmen, daß etwas Positives für Landschaft und Natur dahintersteckt. Wer jedoch die Realität kennt, weiß nur zu gut, daß dies ein Trugschluß, ein Wunschgedanke ist; denn einige Übergriffe in das Gefüge der Natur meiner näheren Heimat waren überhaupt erst mit behördlichem Segen möglich. Hier nur einige Beispiele: An einem uralten Eichenbestandsrand, der mit mannigfaltiger Strauch- und Krautflora bestockt war, fuhr eines Tages eine Planierraupe vor und schob in wenigen Stunden die in vielen Jahrzehnten gewachsene Herrlichkeit zusammen.
Als ich den in der Nähe stehenden Hochsitz beziehen wollte, sah ich die brutale Verwüstung erstmals in ihrem gesamten Ausmaß. Mit Magenschmerzen und betrübtem Gemüt fuhr ich nach Hause. Einige Tage später klärte ein Gemeinderatsmitglied mich auf: In der Nachbargemeinde benötigte eine Baufirma Füllmaterial und so erbot sich unvermittelt die günstige Gelegenheit, einer erträglichen Zusatzeinnahme. Die entstandenen, metertiefen Löcher wurden in der Folge mit Bauschutt „veredelt". – Auch eine Lösung!
Daß ein derart abscheulicher Raubbau überhaupt möglich war (und ist), hat mich um so mehr gewundert, als der zuständige, hervorragende Forstbeamte ansonsten um jeden, wirklich um jeden Randbaum und -strauch kämpft. Und das aus gutem Grund: Sturmschäden sind nämlich an diesen entblößten Stellen die natürliche Folge; der Singvogelwelt – im ökologischen Waldbild als Insektenvertilger unentbehrlich – wird eine Vielzahl an Nistplätzen ohne Hemmungen vernichtet. Geld ist das einzige was heute zählt – bis hinunter zur kleinsten politischen Zelle.
Ein anderer Fall erregte die Gemüter der Bevölkerung in besonderem Maß: Wegen einiger Unfälle mit Blechschäden und den demolierten Knochen eines „Rennfahrers" wurden in einer klammheimlichen, fast möchte ich meinen, hinterhältigen „Nacht- und Nebel-Aktion" neun starke, gesunde Linden am Straßenrand von Bad Bertrich nach Alf gefällt – jeder einzelne Baum ein über 150jähriges Naturdenkmal.

Einer Behörde, die zur Pflege und zum Schutz unserer Landschaft tätig sein soll und solche zweifelhaften Entscheidungen mitträgt, kann man als redlicher Bürger kaum Vertrauen schenken.
Zu den schlimmsten Institutionen, die die wohl ärgsten Naturvergewaltigungen auf dem Gewissen haben, zählen die „Kulturämter". Wer gesehen hat, welche gigantischen Mengen Beton und Asphalt in den letzten zehn, fünfzehn Jahren in unsere gebeutelte Landschaft geschleppt wurden, weiß nur zu gut, wovon ich rede.
Hier an der Mosel (natürlich auch sonstwo) gab's früher nur dann Hochwasser, wenn im Hunsrück und der Eifel hoher Schnee lag, der mit anhaltenden Regenfällen zu Tal gespült wurde. Heute genügt es, wenn es – und das zu jeder Jahreszeit! – ein paar Tage regnet und schon steht das (Hoch-)Wasser auf den Straßen. In den Jahren zuvor hat man Bachläufe und natürliche Wassergräben unter enormem finanziellen Aufwand in Betonrinnen gefaßt, in deren Nähe weder Erlen, Weiden noch sonst eine Deckung wächst und gedeiht. Stellenweise, insbesondere in Bereichen intensiver Landwirtschaft, wurde das Landschaftsbild derart verhunzt, daß man Angstzustände bekommen kann. (Einige wachgerüttelte Politiker, z. B. in Baden-Württemberg, haben – Gott sei Dank! – schon wieder Gegenmaßnahmen eingeleitet, und mit erneutem Millionenaufwand ganze Landschaftsteile renaturiert – ein in jüngster Zeit häufig benutztes Politikerwort).
Da vermag man nur noch anklagend auszurufen: „Nur weiter so, ihr Naturschänder, und ihr werdet eines Tages erleben, wie die Natur gnadenlos zurückschlägt!" (Gebietsweise hat sie das ja schon getan!)
Da ich weder ein Zyniker noch ein streitbarer Geist bin, liegt es mir fern, zu polemisieren und die Leute, die hier die Verantwortung tragen, in blinder Wut zu verurteilen oder gar zu verhöhnen, gewiß nicht. Aber manchmal macht sich in mir das Gefühl breit, daß nicht wenige dieser Stelleninhaber reichlich überfordert sind und mit diesen für unsere Nachwelt lebenswichtigen Entscheidungen nur unzureichend fertig werden …
Nun, wenn von diesen behördlichen Institutionen schon keine positiven Initiativen zugunsten unserer geschändeten Natur zu erwarten sind, dann sollten wenigsten wir Jäger versuchen, die Dinge günstig zu beeinflussen, wenn das auch nicht einfach ist. Es genügt allerdings nicht, mit dem Auto durch's Land zu schaukeln,

auf dessen Windschutzscheibe der Aufkleber prangt: „Jagd ist angewandter Naturschutz". Es hilft uns auch kaum weiter, wenn wir uns – ohne jede Selbstkritik – fortwährend selbst „beweihräuchern" und so tun, als wäre in unserer „grünen Zunft" alles in bester Ordnung.

Schon beim Hochsitzbau könnte so mancher Jäger seinen Teil in Sachen Naturschutz beitragen. Wer jedoch die Praxis kennt, weiß, daß dieses Vorhaben zuweilen beträchtliche Schwierigkeiten bereitet. Hier ein Beispiel: Der Revierinhaber Schulze ordnet an: „Jagdaufseher Müller, hier an dieser Stelle hätte ich gern die neue Schlafkanzel!"

Die Einwände des Jagdaufsehers, die Kanzel würde dort das Landschaftsbild empfindlich stören, stößt auf taube Ohren. Die monströse Kanzel wird gebaut, mit allem Drum und Dran; manches Mal sogar aus Beton, Stahl oder sonstigen naturfremden Materialien; der Phantasie des Industriemenschen sind keine Grenzen gesetzt ...

Ja, so ist das nun mal: Wer das Sagen hat, egal in welchem Lebensbereich, bestimmt die Richtung – und wenn sie, verdammt und zugenäht, tausendmal falsch ist. Wie soll sich der Mann im vorgenannten Fall denn nun verhalten, wo das übergewichtige Abhängigkeitsverhältnis kein Wenn und Aber mehr zuläßt?!

Hier noch ein Fall, den ich gern erzählen möchte, um aufzuzeigen, wie merkwürdig Jäger zuweilen reagieren. In unserem Revier stand in einem Schwarzdornverhau die „Dornenkanzel". Mit der Zeit war sie morsch und über die Maßen wackelig geworden. Drei volle Jagdjahre saß weder der Pächter noch einer der Gäste auf dem Sitz. So beschloß ich, eine günstige Gelegenheit abzuwarten ... Eines Nachts wütete ein böser Sturm über die Moselhöhen. Neben ungezählten Fichten und Douglasien lagen zwei Kanzeln, die mir ohnehin schon ein Dorn im Auge waren, flach, am Boden zerstört. Nur die im Windschutz der Schwarzdornen stehende „Dornenkanzel" hielt – trotz fauler Stützen und schiefer Leiter – wacker ihre Stellung.

Nun, wenn die Sache so aussah, mußte nachgeholfen werden. Mit der Motorsäge gelang es schließlich, das Werk zu vollenden.

Nach etwa einem halben Jahr merkte der Pächter und seine Gäste plötzlich: „Nanu, die Dornenkanzel steht ja nicht mehr!“ Und vom gleichen Moment an hatten die Leute keinen sehnlicheren Wunsch mehr, als auf diesem Hochsitz, dem sie jahrelang keine Beachtung schenkten, anzusitzen. Herrschaftszeiten, da verstehe einer diese verrückte Welt – und vor allem die Menschen, die in ihr leben!

Im Wartezimmer eines Arztes sah ich ein Bild, auf dem ein Schäfer seine weißen Schafe hütete. Aber mitten in dieser „reinlichen“ Herde stand, sich voller Kontrast von den übrigen Schafen abhebend, ein rabenschwarzes Exemplar.

Beim sinnierenden Betrachten wurde mir deutlich: Schwarze Schafe gibt es nicht nur bei uns Jägern, sondern in sämtlichen Berufsgruppen und Gesellschaftsschichten; überall treiben sie ihr unheilvolles Unwesen. Nur treten sie bei uns mittlerweile zu zahlreich in Erscheinung. Das ist nicht gut, weil dadurch unser Gefüge allzusehr geschwächt und verwundbar wird.

In fast drei Jahrzehnten lernte ich etwa ein Dutzend Revierinhaber kennen. Man sollte annehmen, daß es eine Selbstverständlichkeit ist, daß gerade diese Leute, die die Verantwortung über ein wertvolles Fleckchen Natur übernommen haben, vorbildliche Weidmänner und Naturschützer sind. Doch der Schein trügt: Das Privileg „Jagdherr“ hatte nur eine Handvoll verdient, den Rest konnte man unter „chaotische Naturverunstalter“ einordnen.

Vor vielen Jahren brachte ich einen Jagdscheininhaber (mit 65 Jahren hatte er seine Passion entdeckt!) zur Anzeige, weil er einen Bock klammheimlich geschossen und verschwinden hatte lassen, ohne den Pächter, dessen Gast ich häufig war, davon in Kenntnis zu setzen. Dieser „Jäger“, zweifellos ein „rabenschwarzes Schaf“, wurde hernach von einem DJV-Funktionär freigekämpft … Kommentar überflüssig!

Als ein schmerzliches Übel muß man auch werten, daß sich die Jäger häufig untereinander das Leben schwer machen: Neid, Intrigen, Grenzstreitereien, ja, in etlichen Fällen sogar Verstöße gegen Gesetz und Weidgerechtigkeit, begünstigen unsere Verwundbarkeit.

Ein nichtjagender Bekannter sagte mal zu mir: „Heute gibt es mehr Wilddiebe mit Jagdschein in der Tasche, als echte Wildfrevler früherer Prägung; es wird auch kaum möglich sein – zumindest sehr selten – diese Spitzbuben zu entlarven, weil ja alles, was sie tun, unter dem Deckmantel der Legalität geschieht!“

Meine emotionell vorgetragenen Gegenargumente wurden rigoros abgewiesen und als nicht akzeptabel bewertet.
Fest steht: Solche „Jäger" bieten den stets auf der Lauer liegenden Jagdgegnern den Nährboden, den diese – um erfolgreich agieren zu können – für ihre Angriffe gegen uns dringend benötigen. Wir vermögen uns nur dann erfolgreich zur Wehr zu setzen, wenn unser Zusammenhalt wirklich gefestigt und geschlossen ist – und nicht durch das Fehlverhalten einer Minderheit zersetzt und zerstört wird.
Das, liebe Leser, ist wohl der Wunschgedanke der meisten Weidmänner, was uns aber nicht gegen die Realität in den Revieren draußen verblenden soll.

In meiner langjährigen Praxis kam ich mit zahlreichen Jägern zusammen, die als Gäste hier zu uns an die Mosel, Hunsrück und Eifel kamen; wenn ich die einheimischen noch hinzuzähle, dann ist das schon eine gehörige Menge. Lasse ich diese lange Reihe grüner Gestalten aller gesellschaftlichen Kategorien Revue passieren, greife ich keineswegs zu hoch, wenn ich sage, daß ein Drittel davon gut beraten gewesen wäre, wenn sie sich einer anderen Passion zugewandt hätten; dilletantische Unfähigkeit (wie, um Himmelswillen, haben manche nur die angeblich so schwere Jägerprüfung bestanden?!), absolutes Fehlverhalten und eine geradezu unglaubliche (Negativ-)Einstellung zur Mutter Natur, machen es unseren Widersachern möglich, in den publikumsträchtigen Massenmedien durchaus erfolgreich gegen uns zu wirken.
Selbst gebildete, auf hohem Niveau stehende Persönlichkeiten, sehen blaß und farblos aus, wenn sie vor der (ungewohnten) Fernsehkamera versuchen, einiges von dem zertrümmerten Porzellan wieder halbwegs zu kitten – und so manche Fehlinterpretation wieder ins rechte Licht zu rücken. So geschehen bei einer Sendung im dritten Programm des Landes Nordrhein-Westfalen.
Millionen Menschen sehen solche Sendungen und bilden sich hernach ihr Urteil, das leider sehr, sehr oft zu unseren Ungunsten ausfällt.
Schlimm sind auch jene Weidgesellen, die das DJV- oder Jagdschutzabzeichen als eine Art Statussymbol betrachten und sich harmlosen Spaziergängern gegenüber aufführen, als seien sie die Größten. Ganz besondere Vorsicht ist jedoch vor den Gestalten

geboten, die das Abzeichen an vorderster Front des Hutes tragen. Diese Leute sind in ihrem ganzen Auftreten unberechenbar; sie benutzen diese Abzeichen quasi als Orden- bzw. Uniformersatz und möchten mit ihrem Auftreten eine Dienstperson verkörpern, der man tunlichst Respekt zu zollen hat. Diesen Menschenschlag gab es zu allen Zeiten in unserem Vaterland; sie haben maßgeblichen Anteil daran, daß wir Deutschen lange Jahre in der Welt „so geliebt" wurden.

Anfang der achtziger Jahre weilte ich mit einem Gast im Revier. Der gebürtige Sachse war Kraftwerksdirektor, lebte aber mittlerweile im Ruhestand. Dieser – letzte – Lebensabschnitt muß für den überaus geltungsbedürftigen Mann (er bestand darauf, mit Herr Direktor angeredet zu werden), eine arge Bestrafung gewesen sein – er hatte plötzlich nichts mehr zu sagen, konnte keine Befehle mehr erteilen, stand nicht mehr im Mittelpunkt. – Aber er hatte ja noch die Jagd … Mit seiner ansehnlichen Pension war es ihm möglich – obwohl ein jagdlicher Dilletant – sich finanziell an einem Revier zu beteiligen. Sofort heftete er ein Jagdschutzschild an die Windschutzscheibe seines Autos und fühlte sich fortan als Dienstperson, eine Anmaßung, die ihm als Gast überhaupt nicht zustand.
Die Bewohner unseres Dorfes haben seit eh und je ein enges Verhältnis zur Natur und sind entsprechend viel unterwegs. Als uns eine Spaziergängergruppe begegnete, kurbelte der Herr Direktor a. D. die Scheibe runter und bevor ich eingreifen konnte, ranzte er die Leute an, was sie hier zu suchen gedächten. Oh Gott, das hätte er besser nicht getan! Einer der Spaziergänger – ein Einheimischer – fuhr dem „arroganten Jäger" in die Parade, daß er nicht mehr wußte wo an seinem Mercedes hinten und vorne war. Danach bekam er dann noch von mir zu hören: „So können Sie mit den Menschen hier nicht umspringen, sonst gibt es mächtigen Ärger!"
Schon die Urahnen des angepöbelten Mannes gingen diese Wege entlang und da kommt so ein „aufgeblasener Städter" daher und mosert ihn, der hier geboren und aufgewachsen ist, in unflätiger Weise an; eine grenzenlose Überheblichkeit, zu der kein Jäger ein Recht hat.

Für unser Ansehen ebenso abträglich, sind die unbeherrschten Schießrüpel, die oft genug sich vorübergehend der Einwirkung des

Herrchens entzogene Hündchen über den Haufen schießen und selbst vor dem Jagdteckel des Nachbarn oder dem im Nachsucheneinsatz befindlichen Hannoveraner keinen Halt machen. Solche üblen Praktiken werden von den Medien aufgegriffen, um Zuschauer oder Leser gegen Jagd und Jäger zu beeinflussen. Diese unseligen Schießer sind in der Regel „Jäger", die selbst nie in ihrem Leben einen Hund am Riemen hatten – und auf deren Mitgliedschaft wir in unserem Jagdverband verzichten sollten!
Wir Jäger werden allerdings auch häufig mit Dingen konfrontiert, ohne daß wir uns was vorzuwerfen hätten. Überall im Land haben Profithaie und Gruppen mit angeblich „kulturellen Interessen" unseren schönen Wald für ihre (an diesem Platz) höchst zweifelhaften Interessen entdeckt: „Open Air Disco" und ähnliche Veranstaltungen sind große Mode.
Wegen persönlicher finanzieller Interessen sind viele Menschen, angefangen beim kleinsten Arbeiter bis hinauf in höchste Politikerkreise (wie wir ja in jüngster Vergangenheit betroffen feststellen mußten) manipulierbar. Und es bleibt nur zu ahnen, welche abartigen Korruptionen und Bestechungsaffären ungeahndet bzw. unerkannt bleiben. Aber lassen wir die Politik aus dem Spiel und bleiben bei unserer Natur. Die Vergehen, die dort begangen werden, betreffen nämlich die gesamte Menschheit, ja, sogar jene Generationen, die noch nach uns auf diesem Planet leben müssen.

Seit etlichen Jahren kenne ich einen „Naturfreund", der sehr angagiert für seinen Verein im Dorf tätig ist und deswegen sogar mit einer Verdienstmedaille ausgezeichnet wurde. Es gibt kein Strauch, kein Baum, kein Vogel, den der Mann nicht kennt. Häufig ist er unterwegs, um den kleinen gefiederten Freunden Nistkästen aufzuhängen, die er in seiner Freizeit angefertigt hat. – Und dann dieser Widerspruch: In der Hauptbrutzeit organisiert dieser „Naturfreund" mit anderen Vereinsaktiven eine gigantische Disco-Veranstaltung in diesem Waldkomplex, die nichts anderes zu bewirken hat, als die Kasse des Vereins zu füllen.
Es ist schon deprimierend, wenn man das mit ansehen muß: Da hängt am Stamm einer Kiefer der „bewohnte" Nistkasten – und in der Fichte nebenan dröhnt aus der 2000-Watt-Verstärkeranlage Rockmusik, daß die umweltgeschädigten Nadeln des Baumes erzittern.

Spricht man die Leute an, erklärt ihnen die Zusammenhänge, dann sehen sie meist ein, daß die Natur auf schlimmste Art und Weise geschändet wird – aber … „Ja, ja“, sagte einer zu mir, „ich weiß das alles, aber wir brauchen doch das Geld …“
Die wenigsten Jäger haben etwas gegen Disco-Musik. Nur: Man soll sie tunlichst dort abspielen, wo sie hingehört, nämlich in die eigens dafür geschaffenen Diskotheken, von mir aus auch in einem Festzelt in Ortsnähe, aber – um Himmelswillen! – doch nicht im Wald.
Wenn wir als Kinder mit dem Vater oder Großvater durch den Wald gingen, dann hatten wir uns ruhig zu verhalten, andächtig zu schauen und zu lauschen, den Waldfrieden nicht durch störende Geräusche zu verunglimpfen, mit unserem ganzen Verhalten letztlich die Schöpfung zu ehren und zu respektieren.
Der fürchterliche Aderlaß an Wald und Flur, Wasser und Luft, ist durch die hinreichend bekannten Umweltbelastungen und dem ständig schrumpfenden Lebensraum der freilebenden Tierwelt ohnehin schon arg genug. Daß es Leute gibt, die in einer solchen – fast schon trostlosen – Situation von „kulturellen Interessen“ reden, die man offenbar nur draußen, fernab jeglicher menschlicher Behausung zu vollziehen vermag, das gibt Anlaß zum Nachdenken – und zum Handeln.
Zwei Jagdpächter von der Mosel haben sich erfolgreich zur Wehr gesetzt. Das Gericht erließ eine einstweilige Verfügung, wonach das sogenannte „Lott-Festival“ zur Zeit der Jungwildaufzucht untersagt wurde. Die Jahre zuvor hatten die Jäger mit ansehen müssen, wie tausende Menschen – und viele Autos – in ihr Revier eindrangen, Ruhe und Ordnung empfindlich störten. Ein schöner Erfolg der beiden Jagdpächter, erkämpft für das Wild und die Natur. Aber: Das hatte Folgen, böse Folgen sogar. In den Monaten danach wurden in mehreren Revieren Hochsitze zerstört, aus wütendem Protest gegen die „privilegierte“ Jägerei …

An der gebietsweise totalen Verödung weiter Landschaftsteile, ist die moderne, volltechnisierte Landwirtschaft nicht schuldlos. Um die schweren Maschinen effektiv auszulasten, wurden Hecken und Raine rigoros beseitigt.
Während eines Revierganges sah ich einen Landwirt, der damit beschäftigt war, ein herrliches Feldgehölz, in dem sieben verschie-

dene Baum- und Straucharten wuchsen, abzuholzen. Das durfte doch nicht wahr sein! Spornstreichs eilte ich ins Dorf hinunter zum Forstbeamten, von dem ich wußte, daß er diesen Mischgehölzen sehr zugetan war. Kaum hörte er meinen Bericht zu Ende, da saß er schon im Auto – und in wenigen Minuten hatte er die Fällungs- und Rodungsaktion eingestellt. Durch diesen Einsatz wurde ein wirklich wertvolles Fleckchen Natur erhalten. Darauf bin ich heute noch stolz!

Noch vor etwa zwanzig Jahren bebaute man die Feldflur in Drei-Felder-Wirtschaft – und ließ sogar im wechselnden Rhythmus größere Gemarkungsteile jahrelang brach liegen, wodurch sich die Bodenstruktur in aller Ruhe regenerieren konnte. Heute müssen die Bauern nach jahrzehntelanger Dauerbewirtschaftung die zwei- bis dreifache Menge Kunstdünger auswerfen, um dem ausgemergelten Boden noch ein paar halbwegs brauchbare Ähren zu entlokken.
Übel sehen vor allem jene Parzellen aus, auf denen Mais angebaut wird: Der Boden wird zunächst „steril gemacht“ und zwar so nachhaltig gründlich, daß nicht mal mehr ein grünes Kräutlein während vieler Monate den Deut einer Chance hat, sich an der Oberfläche „anzusiedeln“. Das kann unter Umständen – von der Einwirkung chemischer Substanzen mal ganz abgesehen – zu unliebsamen Folgen führen: Kommt es nämlich in der Folgezeit zu heftigen Regenfällen (Gewitter), wird der lockere, unverwurzelte Mutterboden abgeschwemmt. Im letzten Jahr stand der Mais – etwa vier Hektar – in leicht abfallender Hanglage. Nach einem mittleren Gewitter fuhr ich mit dem Auto den talseitig mit Ginster und Brombeeren gesäumten Weg entlang – und kam plötzlich nicht mehr weiter: Ein gewaltiger Erdwall türmte sich vor mir auf. Als ich ausstieg, sah ich die Bescherung in ihrem ganzen Ausmaß: Wie die Lavamasse eines Vulkans, war das lose Erdreich unaufhaltsam durch Hecken und Bodenbewuchs abgeflossen.

Was uns heute – aufgrund des übertriebenen Einsatzes chemischer Mittel – allergrößte Sorgen bereiten muß, ist die gebietsweise schon geradezu katastrophale Trinkwasserverseuchung. Wenn nicht bald wirklich eingreifende Maßnahmen eingeleitet werden, die unseren Lebensraum vor Chemie und Raubbau schützen, dann sehe ich für die Generation meiner Enkel rabenschwarze Zeiten anbrechen, die möglicherweise darin gipfeln, daß die Menschheit nicht nur zunehmend von der Geißel „Krebs“ heimgesucht , sondern zudem unfruchtbar bzw. zeugungsunfähig wird! Ähnliches haben wir ja in der Vogelwelt (Wanderfalke) schon erlebt ...

Kein Zipfel Land liegt heute brach; trotz Getreideüberfluß in der EG. Das Gegenteil ist der Fall: Bis unter die Randäste der Waldbestände wird der Pflug eingesetzt, obwohl die Bauern wissen (müßten!), daß an Waldrändern – wegen Übersäuerung des Bodens – so gut wie nichts Brauchbares gedeihen kann.
Daß bei diesem extremen Ackerbau, Hochsitze, die in der Nähe der Bebauungsflächen stehen, ein Hindernis darstellen, ist verständlich; die Zerstörung dieser jagdlichen Einrichtungen erfolgte systematisch: An der „Roggenkanzel“ wurde eine Strebe abgefahren, an der „Bergkanzel“ waren es sogar zwei usw. Mit Absicht? Na, na, nur nicht laut darüber sprechen! Wir Jäger sollten still und möglichst unauffällig unserer Tätigkeit nachgehen. Nur niemand mit pauschalen Verdächtigungen provozieren. Selbstverständlich wurden die Stützen rein versehentlich beim Schwenken des mächtigen Pfluges zertrümmert. – Bilanz: Bis auf eine Ausnahme sind sämtliche Sitze verschwunden. Neue wurden an diesen Stellen nicht mehr errichtet, weil die ständigen Auseinandersetzungen zu belastend, zu nervenaufreibend waren. Und Ärger ist das allerletzte, was ich bei der Jagdausübung gebrauchen kann, obwohl es kaum zu vermeiden ist, daß gewisse Vorkommnisse uns das Leben erschweren ...

# Zwei Wildkatzen – an einem Tag ...

...nein, nein, nicht geschossen! Aber mit großer Freude beobachtet. Samstagmorgen. Ansitz im eifelseitigen Moselrevier. Im ersten Grauschimmer des werdenden Tages eine schemenhafte Bewegung am Saum des Raps-Wildackers zum angrenzenden Stoppelschlag. Glas hoch – und Entwarnung. Kein Fuchs, den ich im eisigen Glitzer des ersten Frostes gern geschossen hätte. Es war die starke Wildkatze – vermutlich ein Kuder –, die ich in diesem Revierteil schon mehrfach sah. Erst beim letzten Mondansitz beobachtete ich sie auf weniger als zwanzig Meter.

An diesem herrlichen Morgen, ein Tag nach St. Hubertus, hielt die Katze sich ungewöhnlich lange im Freien auf. Die Sonne kroch rotglühend über den jenseitigen Hunsrückhöhen empor, als sie drüben ins Holz schnürte oder besser gesagt „pirschte". Das war ein Jäger, der mich beeindruckte ...

Am Nachmittag war ich Gast in einem hunsrückseitigen Revier. Man wies mir eine Kanzel zu, die in einem Schwarzdornheckenstreifen ihrer Verrottung entgegenwackelte. Aber die Sitzbank bot bequemes, angenehmes Sitzen. So genoß ich den Ansitz in fremder Umgebung. Die kleine, von Hecken und Wald gesäumte Feldflur sah äußerst vertrauenserweckend aus – hier roch es buchstäblich nach Wild. Der Drilling stand „gefechtsklar" in der Ecke.

Kurz nach 16 Uhr wurde es zum ersten Mal spannend – eine starke Wildkatze stand urplötzlich etwa siebzig Meter unterhalb am Fichtenbestand. Auch diesmal konnte ich die imponierende Urwüchsigkeit dieser faszinierenden Wildart bewundern – ein Jäger in des Wortes wahrster Bedeutung. Geschmeidig schlich der Miniaturtiger durch den Randbewuchs, fing mit gigantischem Satz eine allzu sorglose Maus und verschwand, nachdem er noch einen Eichenstamm markiert hatte, im Holz.

Mit ihren geschärften Sinnen und geschicktem Körpereinsatz hatte die Wildkatze ihre Beute zur Strecke gebracht. Eine gute Stunde später verließ ich die Kanzel, um meine Beute einzusammeln – ein Schmalreh und einen einsamen Hasen – kunstlos und faul von oben herabgeschossen – ohne Körpereinsatz und Sinnesschärfe ...

# Muffelwild an der Mosel

Im Kreis Cochem-Zell gibt es zwei Muffelwildvorkommen. Vor über fünfzig Jahren wurde diese Wildart von dem städtischen Forstbeamten (und späteren Kreisjagdmeister) H. Stump im Cochemer Stadtwald ausgesetzt und fürsorglich betreut. Die Anfänge waren alles andere als einfach und es gab Rückschläge und manchen Ärger, was den schneidigen Forstmann aber keineswegs in seinem Vorhaben erschüttern konnte. Der eingeschlagene Weg wurde konstant und mit der nötigen Konsequenz weiterverfolgt. Als erfahrener Praktiker hatte Stump längst erkannt, daß dieses Gelände für sein Vorhaben geradezu optimale Bedingungen aufwies. Die „Wilde Endert" sowie das sich anschließende, über Cochems Gemarkungsgrenzen hinausragende, wildzerklüftete Gelände mit gewaltigen Schieferfelsenpartien, kam gerade dieser Wildart sehr entgegen. Heute weiß jeder halbwegs informierte Jäger, daß die Wildschafe an Stein- und Felsenbiotope gebunden sind, weil es, wenn dieser Aspekt bei der Neueinbürgerung außer acht gelassen wird, zu erheblichen Schalenauswachsungen kommen kann.
Das ehemalige Revier von H. Stump, dem Vater des hiesigen Muffelwildes (wie er voller Anerkennung und Achtung genannt wird) betreut heute unser Kreisjagdmeister, L. Steden aus Cochem. Mit selbstlosem Einsatz und großem Engagement hält er die Reviere um die „Wilde Endert" (ein wildzerklüftetes Seitental der Mosel) in einer Hegegemeinschaft zusammen. Diese Maßnahme kommt dem Muffelwild sehr zustatten: Es werden gute bis kapitale Widder gestreckt.
Das zweite Muffelwildvorkommen liegt auf dem Hunsrück bei Strimmig. Franz Theisen, Sitzmöbelfabrikant und Kreisgruppenvorsitzender, hat es in den siebziger Jahren mit Erfolg eingebürgert. Im Gegensatz zu anderen Versuchen, ist es mit diesem Muffelbestand konstant bergauf gegangen, so daß schon nach wenigen Jahren mit der Bejagung begonnen werden konnte. In einem Jahr gab Theisen mehrere Schafe und Lämmer an Kreisgruppenmitglieder zur Bejagung frei. Und siehe da: Ich wurde wiedermal vom Glück begünstigt und gewann bei der Auslosung den Abschuß

eines Lammes. Der Erbeutung meines ersten Stück Muffelwildes stand also nichts mehr im Wege – dachte ich – und freute mich auf die bevorstehenden Jagdtage im herbstlichen Hunsrückrevier. Dann kam es doch wiedermal – wie so oft im Leben – ganz anders ... Der großzügige Revierinhaber stürzte mit seinem Privatflugzeug ab und war, wie seine beiden Mitinsassen, sofort tot. Schrecklich! Das „Jagd vorbei" und „Halali" aus unseren Hörnern wurde vom Wind über die Abgrenzung des kleinen Friedhofes hinausgetragen, verlor sich irgendwo über Fluren und Wäldern des Reviers dieses vorzüglichen Weidmannes, der zahlreichen revierlosen Jägern jagdliche Freuden geboten hatte.

Die schwer getroffene Familie hatte in der nächsten Zeit andere Probleme zu bewerkstelligen, als sich mit jagdlichen Dingen zu befassen. Deshalb hielt ich mich zurück. Nach einem halben Jahr nahm ich vorsichtig Kontakt zur Frau des Verunglückten auf und unterbreitete ihr den Vorschlag, meiner Tochter Iris – anstatt mir – das Lamm freizugeben. Das Ergebnis meiner Anfrage war positiv: Iris wurde sofort eingeladen und erlegte am ersten Abend einen geringen Rehbock. Und ein paar Tage danach das schwache Widderlamm.

Und ich? Ja, so geht das: Ich jagte derweil auf zu Schaden gehende Sauen – und freute mich natürlich, als ich vom Weidmannsheil meiner Jungjägerin erfuhr.

Aber eines Tages – Mitte der achtziger Jahre war's – klappte es doch noch. Ich durfte, einer Einladung unseres Kreisjagdmeisters zufolge, im Cochemer Stadtwald mit ansitzen. Dort sah ich dann erstmals Muffelwild in freier Wildbahn. Besonders beeindruckend wirkten auf mich die Widder, mit ihren mächtigen Schnecken und ihrer prächtiger Winterdecke, die ja durch die hellere Färbung des Sattelflecks so ansprechend gezeichnet ist. Merkwürdig und für mich ungewohnt war das „Meckern" der Schafe und Lämmer. Als abends ein starkes Rudel unterhalb der Kanzel durch den Niederwald wechselte, glaubte ich fast, inmitten einer Schafherde zu sitzen. Man hüte sich aber davor, diese Wildart zu unterschätzen. Das Muffelwild äugt und windet ganz vorzüglich, was schon so mancher „Grünling" zu seinem Leidwesen feststellen mußte.

L. Steden hatte mir ein Lamm oder Schmalschaf freigegeben. Etliche Male hatte ich es nun schon vergeblich versucht; es wollte mir einfach nicht gelingen, das „passende" Stück zu bekommen. Wenn

ich auch mit blankem Gewehrlauf heimwärts kutschierte, kam keineswegs Enttäuschung oder gar schlechte Laune auf, im Gegenteil: Jeder Ansitz entschädigte mich durch das überwältigende Panorama der fast alpinen Landschaft.
Dann war es endlich soweit! Ein kopfstarkes Rudel wechselte „meckernd", parallel zur steil abfallenden Schneise, einer oberhalb liegenden Blöße zu, auf der sie schließlich auch austraten. Ich versuchte, die Stücke zu zählen, was mir aber nicht gelingen wollte; zu viel Bewegung herrschte innerhalb des Rudels. Schließlich gab ich dieses nutzlose Unterfangen auf und besann mich meiner langwierigen Versuche, ein Stück Muffelwild zu erlegen. Jetzt schien der Zeitpunkt gekommen – jawohl, jetzt oder nie ... In der linken Hand das Doppelglas, in der rechten den Drilling haltend, lauerte ich auf das Breittreten eines „passenden" Stückes. Doch schnell merkte ich, daß mein Vorhaben gar nicht so einfach war: Schafe und Lämmer wirbelten ständig durcheinander – und die Dämmerung fiel unaufhaltsam zwischen die Stämme des nahen Hochwaldes, an dessen Rand das Wild mittlerweile stand. Heiliger Hubertus, hilf! Und siehe da: Mein Hilferuf wurde erhört. Ein Schmalschaf stand breit und entschlossen tippte ich den Abzug an. Krachend verschwand das Rudel im linken Niederwaldhang, mein Schmalschaf mitnehmend. Was nun?
„Kein Problem!", meinte der Jagdherr, „schließlich haben wir ja gute Hunde!"
Er hatte recht. Nach einigen Stunden Wartezeit legte er seine schweißerfahrene Dachsbrackenhündin zur Fährte, und kurze Zeit später hatten wir das Stück. Die in völliger Dunkelheit durchgeführte Nachsuche wird den Protest manchen Hundeführers hervorrufen. Aber zu unserer Ehrenrettung muß ich einflechten, daß sie wirklich kein Risiko bedeutete, da ich mit absoluter Sicherheit sagen konnte: „Gut abgekommen. Das Stück muß liegen!" Hätten wir nämlich bis zum nächsten Morgen gewartet, wäre gewiß mit einer unerfreulichen Überraschung zu rechnen gewesen: Die Sauen hätten einen fürstlichen „Leichenschmaus" gehalten. Und diesen köstlichen Braten mißgönnten wir der schwarzen Gesellschaft.
Eine große Enttäuschung blieb mir nach der Hundearbeit allerdings nicht erspart: Das Schmalschaf entpuppte sich als ein führendes Stück. So begann mein Debüt auf diese Wildart mit einem argen Fehler. Jammerschade!

An seinem Herbsttag traf ich im Weinberg einen Winzer, mit dem ich ins Gespräch kam. Der Mann erzählte mir vom Anblick eines Muffelwidders in unserem Revier, den er und einige Freunde vor ein paar Tagen in der Nähe der Straße gesehen haben wollten. Die Schilderung, die ganze Wesensart des Mannes wirkten so glaubwürdig, daß ich beschloß, mich in jenem Revierteil, in dem der Widder angeblich gesehen worden war, umzugucken. Vorsichtshalber mußte jedoch erstmal abgeklärt werden, was mit dem Muffel – sollte er mir wider Erwarten doch kommen – geschehen sollte; schießen – oder nicht schießen?
Als erstes verständigte ich meinen Jagdpächter und holte mir von ihm die Jagderlaubnis ein. Dann rief ich die zuständige Behörde an und befragte die maßgebenden Leute über die ungewöhnliche Situation. „Ja, selbstverständlich muß der Widder geschossen werden!", höre ich es aus der Muschel tönen. Und weiter: „Es handelt sich in diesem Fall um eine unerwünschte Wildart, die aller Wahrscheinlichkeit nach widerrechtlich ausgesetzt wurde!"
Aha, so ist das also, dachte ich und schielte verstohlen die Wände meines Jägerstübchens entlang, um einen angemessenen Platz für die starken Muffelschnecken ausfindig zu machen. Mein Optimismus kannte keine Grenzen mehr, als ich von mehreren Leuten, ja, sogar von unserem Forstmann erfuhr, daß vier Schafe und besagter Widder nun häufiger gesichtet wurden. Nur ich sah nichts! Und ich trieb mich fast nur noch in jenem Revierteil herum, in dem nach Aussage der Leute, die Muffel standen. Vergebens! Weder morgens, noch abends oder bei Nacht – ich sah nichts! So verflachte ganz allmählich mein Interesse an den fremden Zuwanderern und ich konzentrierte mich wieder auf die „normalen" Wildarten im Revier ...
An einem Januarmorgen fuhr ich – es war schon heller Tag – auf die Moselhöhen. Ganz gemütlich, aber dennoch hellwach nach allen Seiten Ausschau haltend, näherte sich mein Wägelchen dem Revierteil „Hasel". Der Steinbruch lag schon einige Hundert Meter hinter mir, als ich links zum Hochwald hin, im verschneiten Raps, eine schemenhafte Bewegung ausmachte. Heiligste Dreifaltigkeit, durchfuhr es mich siedendheiß, da drüben steht ja der Muffelwidder. Blitzschnell stand der Wagen am Straßenrand, und ebenso schnell hatte ich das Doppelglas vom Rücksitz gepackt. Mittlerweile hatte ich über diese Wildart immerhin so viel gelernt, daß ich

mühelos zu erkennen vermochte, daß es sich um einen etwa vierjährigen Widder handelte, mit – für meine Begriffe – schon beachtlicher Trophäe.
Eilig hantierte ich den Drilling vom Rücksitz, lud ihn, stach ein – und da sehe ich den Widder in Richtung Wald abspringen. Verdammt, durchblitzte es mich, der ist weg. Aber so schnell gab ich nicht auf. Mit einem gewaltigen „Böhh“ schreckte ich ihn an, bannte ihn mit diesem Urlaut abrupt auf den Fleck. Donnerwetter, denke ich, das hat gewirkt. Wie vom Donner gerührt sehe ich den zottigen Burschen drüben in weißer Schneepracht verhoffen. Das war meine Chance. Kurz hinter dem Blatt kam ich ab – „Klick“, machte der Stecher, mickrig und häßlich – und meine so sehr begehrte Beute war im Randholz untergetaucht. Für immer übrigens. Ich sah den Widder nie wieder. Die Sicherung, ja, die Sicherung meines Drillings hat ihm das Leben gerettet.

# Begegnungen mit Haselwild

Das Haselwild zählt zur Familie der Rauhfußhühner; jeder Jungjägeranwärter, der sich auf die Prüfung vorbereitet, weiß das. Aber wo es heute noch vorkommt, wo es noch einigermaßen geeignete Biotope vorfindet, wissen die wenigsten. Mein erstes Zusammentreffen mit Haselwild kam im Revier Bullay zustande. Mühsam einen Steilhang emporsteigend, gewahrte ich plötzlich nur wenige Schritte vor mir ein Haselhuhn, das geschickt die schenkelstarken Stämme umkurvend, aus meinem Gesichtsfeld strich. Überglücklich, diese seltene Wildart gesehen zu haben, zu wissen, daß sie überhaupt im kleinen Revier vorkam, beendete ich den Reviergang und trug die Beobachtung sofort in mein Jagdtagebuch ein.
Die meisten Haselhühner sah ich allerdings in Bremm. Wegen der intensiven Bejagung des Rehwildes in den schroffen Moselhängen und deren Seitentälern, pirschte ich entsprechend häufig durch forstlich ziemlich verwahrlosten (Gott sei Dank!) Niederwald, der in aller Regel mit Loheiche, Hainbuche, Hasel, Holunder, Hartriegel, Faulbaum usw. bestockt und stellenweise von mannigfaltigen Waldbeeren unterwachsen ist. Diese Bedingungen scheinen dem Haselwild sehr zuzusagen.
Beim Haselwild ist der Unterschied zwischen den Geschlechtern nicht so auffällig wie bei den anderen Waldhühnern. Der Hahn ist etwas kräftiger gefärbt, hat rote Rosen und einen hufeisenförmigen Brustschild. Die Kopfhaube (ähnlich dem Eichelhäher), Holle genannt, ist beiden Geschlechtern eigen, beim Hahn allerdings stärker ausgeprägt. Purren die Haselhühner einmal aus ihrer Deckung heraus, in der man sie wegen der hervorragenden Tarnfarbe kaum auszumachen vermag, zeigen sie, obwohl sie sich allgemein (wie Auer- und Birkwild) lieber auf dem Boden aufhalten und laufend in Deckung bringen, ein gutes Flugvermögen.
Nur wenige hundert Meter von diesem mir bekannten Vorkommen entfernt, beobachtete ich an einem schneereichen Wintertag sogar ein ganzes Gesperre. Auf der Fahrt zum Abendansitz sah ich, als ich eine scharfe Kurve just passiert hatte, drei Stück Rehwild in der Straßenböschung verhoffen. Langsam fuhr ich zunächst weiter, um

dem Wild meine „schlechte Absicht“ nicht anmerken zu lassen, pirschte dann, nachdem ich den Wagen weiter oben angehalten hatte, vorsichtig zurück und erlegte eines der vertraut verweilenden Stücke. Als ich das im Steilhang abgerutschte Wild mühselig hochschleppte, fiel mein ohnehin schon emporgerichteter Blick auf mehrere klumpenartige Gebilde im eisstarren Geäst des Apfelbaumes, der oben am Straßenrand stand; beim genaueren Hinschauen entpuppten sich diese als sechs Haselhühner, die die hängengebliebenen und mittlerweile angefaulten Äpfeln bearbeiteten, um an deren „leckere“ Kerne zu gelangen.

In einem großen Revier der Stadt Zell (Mosel) stand ich anläßlich einer Treibjagd auf einsamem Stand. Ein alter Moselförster nannte solche abgelegenen und meist wenig erfolgversprechenden Stände scherzhaft „Raubvogelwechsel“. So fieberte ich – als junger Kerl hochpassioniert – mit dem Drilling in der Faust, trotz scheinbarer Aussichtslosigkeit, dem begehrten Waldhasen entgegen. – Man konnte ja nie wissen! – Ein zischendes Geräusch über mir ließ mich unwillkürlich den Kopf einziehen. Ein etwa rebhuhngroßer Vogel war's, der nun seinen rasanten Flug abrupt stoppte und nur drei Meter vor mir einfiel. In aller Ruhe konnte ich den kleinen, mit keß aufgerichteter Holle und dunklem Kehlfleck geschmückten Haselhahn bewundern. Während des ganzen Treibens trippelte er vor meinem nun doch noch so interessanten „Raubvogelwechsel“ auf und ab.

Jahrelang bekam ich dann keinen dieser possierlichen Waldkobolde mehr in Anblick – bis zu einem Silvestermorgen. In aller Frühe pirschte ich im „Antergraben“, einem schroffen Waldhang, auf Sauen. Behäbigen Schrittes stieg ich bergan. Da purrte nur zwei Gänge vor meinen Füßen ein Haselhuhn aus dem Randbewuchs des Weges heraus; pfeilschnell, jedem Hindernis geschickt ausweichend, strich es davon, fiel aber schon bald auf dem untersten Querast einer etwa dreißigjährigen Fichte ein. Besonders vorsichtig pirschend gelang es mir, den Hahn (ein solcher war es tatsächlich) anzugehen. Neugierig und spitzbübisch das mit steil hochgerichteter Holle geschmückte Köpfchen hin und her wendend, aufmerksam nach dem Störenfried Ausschau haltend, fußte er dort oben; aufgeregt gab er feine, kaum vernehmbare Pfeiflaute von sich, die man beim Hahn „spissen“ und bei der Henne „bisten“ nennt. Früher, als das Haselwild noch bejagt werden durfte, versuchte der

Jäger während der Balzzeit (im Herbst und Frühjahr) den Hahn mit Hilfe eines Lockinstrumentes, dem „Wusperl", das entweder aus dem Laufknochen eines Hasen oder dem Röhrenknochen von Geflügel gefertigt wurde, zu überlisten. Als ich den Hahn gebührend bestaunt hatte, strich er zum gegenüberliegenden Waldhang und entschwand alsbald meinen Blicken.

Das war leider meine vorerst letzte Begegnung mit dieser seltenen Wildart. Doch der zuständige Forstbeamte, der sich sehr aktiv um den Vogelschutz bemüht und erstaunliche Kenntnisse auf diesem Gebiet aufweist, sah zu einem späteren Zeitpunkt nochmals einige Haselhühner.

Ja, ja, sie sind selten geworden – aber es gibt sie immer noch – St. Hubertus sei's gedankt!

# Ein Hundezwinger aus Holz – selbst gebaut

Vor einigen Jahren hieß es plötzlich: „Wir ziehen um!" Was das bedeutet, vermag nur derjenige zu ermessen, der diese Prozedur schon mal mitgemacht hat. Da die neue Wohnung inmitten meines Jagdschutzreviers liegt, war ich jedoch hochmotiviert, so daß das vielfältige Arbeitsprogramm relativ leicht von der Hand ging. Alles konnte zum neuen Wohnort mitgenommen werden – nur der gute, alte Hundezwinger nicht. Also mußte auch eine neue „Wohnung" für meinen Jagdhelfer hergerichtet werden. Aber wie? Aus Holz oder Metall? Wie sollte der Bodenbelag aussehen? Wie groß mußte die Grundfläche sein? Und – das war für mich besonders wichtig – wie teuer würde der Spaß werden?
Nun, obwohl heutzutage handwerklich erstklassige, feuerverzinkte (wartungsfreie) Zwingeranlagen angeboten werden, ich selbst zudem in einem Metallberuf tätig bin, mochte ich mich nicht mit dem Gedanken anfreunden, den Hund in einem Metallzwinger mit betoniertem Boden unterzubringen. Wenn „Brax" auch keinesfalls 24 Stunden am Tag im Zwinger verbringen muß (weil er dort – und das weiß heute ja jeder Jäger – gänzlich ohne menschlichen Kontakt vereinsamen und buchstäblich seelisch verkümmern würde), so sollte er sich dennoch während seines Aufenthaltes dort rundum wohl fühlen. Deshalb entschied ich: Der Zwinger – einschließlich Fußboden – wird aus Holz gebaut.
„Warum Holz?", fragte mein Nachbar, der mir beim Werken zusah und dessen Schwager jüngst einen pikfeinen Stahlzwinger für viel Geld erworben hatte. „Nun ja", erwiderte ich ihm, „Holz ist nun mal ein natürlicher Werkstoff, der anheimelnde Wärme und Geborgenheit ausstrahlt – und das zu berücksichtigen, ist mir sehr wichtig!"
Mein urgemütlicher Zwinger – an die Rückwand der Garage gelehnt – hat eine Grundfläche von 4,00 x 1,50 Meter (gesetzlich vorgeschriebene Mindestgröße für mittelgroße Hunde beträgt sechs Quadratmeter), das Dach – aus Eternitplatten – ist an seiner

hohen (Rück-) Seite 1,60 Meter und an der tiefen (Vorder-) Seite 1,40 Meter hoch (weshalb, so überlegte ich, soll es Abmessungen haben, daß ein ausgewachsener Riese aufrecht darunter stehen kann, wenn mein „Brax“ nur erkleckliche 40 Zentimeter mißt?!). Um das ablaufende Regenwasser ohne lästige Begleiterscheinungen zu beseitigen, gibt es zwei Möglichkeiten: Entweder führen wir es mittels einer Dachrinne in den Abfluß oder lassen es in einer vier bis fünf Zentimeter dicken Lava- bzw. Kiesschicht ohne technischen und materiellen Aufwand schlicht und einfach versickern (meine Methode!); die Tür und ein Teil der Vorderseite wurde mit nichtrostendem, kunststoffüberzogenen Maschendraht verschlossen. Das ist übrigens das einzige, was ich beim nächsten Zwinger anders machen werde; denn besonders junge Hunde beißen den Draht kaputt und man kann sie anschließend im Dorf stundenlang suchen. In diesem Falle wäre ein Drahtgeflecht von drei bis fünf Millimeter Stärke wesentlich besser geeignet, da gibt's mit absoluter Sicherheit kein Durchkommen mehr; Tür und Rahmen (für's Drahtgitter) fertigte ich aus 5 x 5 Zentimeter starken Kanthölzern, den massiven Boden aus ca. vier Zentimeter dicken Bohlen, die auf stabile Kanthölzer von 15 x 8 Zentimeter genagelt wurden; die Kanthölzer wiederum ruhen auf Betonplatten, so daß der Boden keine Erdberührung hat (Schutz vor Nässe).
Jedem Jäger mit genügend Platz in Hof oder Garten, rate ich dringend, seinem Freund und Helfer eine Fläche von mehreren Quadratmetern naturbelassenem Boden zur Verfügung zu stellen, damit er mal einen „guten Brocken“ verbuddeln kann, um ihn später, wenn die erforderliche „Reife“ nicht mehr ausschließlich für die feine Hundenase nachprüfbar ist, wieder hervorzuholen und genüßlich zu vertilgen.
Als ich das einem Jäger erzählte, fragte der mit erstauntem Blick: „Was soll an dieser elenden Stinkerei und Erdbewegung im sauberen Zwinger so begrüßenswert, ja sogar wichtig sein?“
„Nun“, sagte ich ihm, „aus kynologischen Schriften – vor allem von Dr. Carl Tabel, dem weitbekannten Hundefachmann – wissen wir, daß artgerecht, also möglichst naturnah gefütterte Hunde, niemals ein Stück Wild anschneiden, weil sie auf diese Weise wichtige Vitamine, Spurenelemente, Nährsalze usw. aufnehmen!“
Ein Freund hat übrigens seinen Hund schon vor über fünfzehn Jahren – instinktiv –, ohne von der Bedeutung überhaupt etwas zu

ahnen, in einer derartigen Zwingeranlage untergebracht. Dieser Jäger war, wie sein kapitaler Kurzhaarrüde, ein Naturbursche. Wie sagt man doch: „Wie der Herr, so's Gescherr“ oder „jeder hat den Hund, den er verdient“ …

Zwei Seiten des Zwingers verschloß ich dicht an dicht mit zwei Zentimeter dicken Brettern und Dachpappe (die Vorderseite halb, die rechte Stirnseite ganz), damit der Hund sich nach Belieben außerhalb der Hütte an wind- und wettergeschützter Stelle aufhalten kann; in diese Ecke plazierte ich die mit wärmedämmendem Teppichboden ausgeschlagene, doppelwandige Hütte mit Einschlupf zur Zwingerrückwand, zwecks besserer Reinigungsmöglichkeit – mit hochklappbarem Deckel (oft und gern liegt der Hund auf der Hütte). Selbstverständlich hab' ich die kompakte Flachdachhütte ebenfalls selbst gebaut – aus einer Transportkiste.

Wie viel müheloser und einfacher hat es doch der Jäger, der sich den Luxuszwinger vom Hersteller „maßgeschneidert“ anliefern und aufbauen läßt. Das hat allerdings seinen Preis. Ein Weidgenosse, ein geschickter Tüftler mit handwerklichen Fähigkeiten, fährt zum nächsten Baumarkt und kauft sich dort alles, was er für den „Neubau“ benötigt. Das ist dann schon ganz erheblich billiger. Nicht jeder Hundehalter hat wie ich die wundersame Möglichkeit der Materialbeschaffung zum Null-Tarif: Vor einiger Zeit schloß in unserer Nähe eine Fabrik ihre Tore. In dieser Fundgrube, „organisierte“ ich sowohl für die gerechte Unterbringung des Hundes als auch für sonstige jagdliche Einrichtungen alle erforderlichen Materialien. – Man muß eben stets an Jagd und Hund denken …

Abschließend noch ein Wort zur Zwingerhaltung im allgemeinen: Wie ich ja schon sagte, sollte man den Jagdgehilfen nicht durch einen Daueraufenthalt rund um die Uhr ein einsames, klägliches Dasein fristen lassen. Bei mir hat sich folgender Tagesablauf eingespielt: Die Nacht verbringt der Hund im – ungeheizten! – Schlafzimmer neben mir. Über Tag, wenn ich nicht da bin, kommt er in seinen Zwinger (Manche Jäger machen es auch umgekehrt). Ein Jagdhund, der ausschließlich im warmen Haus gehalten wird, ist nach meiner Meinung für den oft harten Reviereinsatz nicht robust und widerstandsfähig genug; daß er zudem auch noch wesentlich schlechter im Haar ist, versteht sich von selbst. Eine Kombination zwischen Zwinger-, Haus- und Revieraufenthalt halte ich für optimal!

# Marder – mit Falle und Waffe

Mein Großvater verbrachte die meiste Zeit seines Lebens in dem kleinen Kurort Bad Bertrich. Seinen Lebensunterhalt verdiente er in jungen Jahren als Stellmacher (heute ein ausgestorbener Beruf). Später arbeitete er lange Jahre bei Krupp in Essen. Doch das Heimweh trieb ihn eines Tages wieder in seine wald- und wildreiche Heimat zurück. Dort war er dann bis zu seiner Pensionierung – und darüber hinaus – in der staatlichen Kurverwaltung tätig; sämtliche Holzarbeiten sowie Schutzhüttenbau an markanten Stellen, mit Aussicht in den gewundenen Talkessel, fielen in seinen Arbeitsbereich.

Ein wichtiges Gerät, ohne das ich ihn eigentlich kaum einmal sah, war eine kleine, handliche Axt, die er über dem linken Arm hängend, mit sich trug und die nur dann weggelegt wurde, wenn Fuchs- oder Mardereisen fängisch gestellt, die Angelrute oder die geliebten Skatkarten zur Hand genommen wurden.

Der kleine, malerische Ort schmiegt sich förmlich zwischen die schroffen Schieferfelsen des Üßbachtales unweit der Mosel. Im Jahre 1079 wurde Bertrich erstmals urkundlich bestätigt. Der Trierer Erzbischof Egibert erwähnte die Heilquelle unter der Bezeichnung „Quelle des heiligen Bertricus". Mehrmals wechselten die Besitzer: Der Trierer Erzbischof Johann II. verkaufte das Bad schließlich im Jahre 1657 für 320 Gulden an die Gemeinden Bertrich und Kennfus.

Im Ort gab es, wohl durch die waldreiche Lage bedingt, zu allen Zeiten hervorragende Jäger, meist Hotelbesitzer, die fast ausschließlich im Winter, und nur mit der Schußwaffe, jagten. Aus eigener Erfahrung weiß ich, daß bei Jägern, die mit der Waffe jagen, die Fangjagd eine mehr untergeordnete Rolle spielt. Beides vermag nur derjenige in der erforderlichen Intensität zu bewerkstelligen, dem uneingeschränkte Zeit zur Verfügung steht. So kümmert sich – damals wie heute – kaum ein Jäger um die im Ortsbereich überreichlich vorkommenden Marder.

Mein Großvater, obwohl kein Jagdscheininhaber, betrieb die Fallenjagd mit großer Leidenschaft. Da die mit immergrünem Buchsbaum geschmückten Felsen und niederwaldbewachsenen Hänge bis zum Talgrund am Ortsrand reichen, versiegt die Beutegreiferquelle nie. Noch als betagter Mann stellte Opa seine Tellereisen (die damals noch erlaubt waren).

Von diesem Begehren, Beutegreifer mit der Falle zu überlisten, muß einiges an mich weitervererbt worden sein; denn als ich in den siebziger Jahren keine feste Jagdgelegenheit mehr hatte, beschäftigte ich mich intensiv mit dieser Jagdart. Das Rüstzeug dazu erhielt ich im rheinland-pfälzischen Lehrrevier „Vorholz" in Oberwiesen.

Jäger, die zugleich geschickte Handwerker sind, haben es in vielerlei Hinsicht einfacher, weil sie ja zumindest im Umgang mit Werkzeug, den anderen um vieles voraus sind. Überhaupt: Wenn man die Sache mal objektiv betrachtet, dann könnte man das jagdliche Spektrum zusammengefaßt eigentlich unter den Gesamtbegriff „Handwerk" einordnen. Das dürfte auch ein Grund dafür sein, daß sich manche Jagdscheininhaber unglaublich schwertun.

In den vorzüglichen Lehrrevieren der Landes-Jagdverbände, die von erstklassigen Berufsjägern geleitet werden, lernt man das Fertigen sämtlicher Fangvorrichtungen sowie das fehlerfreie Fängischstellen von der Pike auf. Überhaupt muß ich bei dieser Gelegenheit mal sagen, daß die Berufsjäger (die meisten jedenfalls) absolute Spitzenkönner im Raubwildfang sind. Das soll jedoch nicht heißen, daß andere Jäger unter die Rubrik „unbegabt" einzuordnen wären. Gewiß gibt es nebenberufliche Jäger, die auf diesem schwierigen Gebiet ebenfalls beachtliche Erfolge erzielen.

In jungen Jahren „bejagte" ich das etwa ein Hektar große Territorium einer Schokoladenfabrik. Das Gelände war dreiseitig von einem felsigen, teils mit üppiger Vegetation überwuchertem Hang flankiert, dem in östlicher Richtung relativ flach verlaufende Weinlagen folgten, die weiter oben am Wald endeten. Mein kleines „Lehrrevier".

Von der Stieleiche über Birke, Vogelkirsche, Weiß-, Schwarzdorn, Ginster, Heckenrose, Wilde Birne, Holzapfel, Brombeere und wucherndem Wilden Hopfen bis hin zu mannigfaltigen Kraut- und Grassorten erstreckte sich der Bewuchs. Ein Paradies für Kleinvögel aller Art, hätte man denken können.

Doch der Schein trog. Ich beobachtete zwar eine bunte Palette Vogelarten: Rabenkrähe, Elster, Eichelhäher, Türkentaube, Amsel, Bunt-, Grün- und Schwarzspecht, Buchfink, verschiedene Meisenarten, Stare, Heckenbraunelle, Rotschwanz, Rotkehlchen, Dompfaff, Stieglitz, Rauch- und Mehlschwalbe, Spatz und sogar die Nachtigall – aber auch, und das mußte jeden Vogelfreund traurig stimmen, dermaßen viele Katzen aus der Dorfnachbarschaft, daß ein Hochkommen der zahlreichen Gelege reiner Zufall blieb. Bedrückt registrierte ich herabgerissene Nester, ihres Inhaltes beraubt, ja, noch schlimmer, sah sogar noch lebende Kleinvögel im Fang des auf Vögel spezialisierten fetten Betriebskaters.

Mit Kastenfalle, Abzugseisen und einer Kleinkaliberbüchse ging es dem „Raubzeug" an den Kragen. Zuerst erwischte es den Vogelspezialisten. Was der Kastenfalle entging, fing sich im Abzugeisen oder endete durch das KK-Geschoß. Besondere Nutznießer meiner „Hege"-Aktivitäten waren die meist in Bodennähe brütenden Nachtigallen. Sie bedankten sich auf ihre Weise: mit Jubel und Gesang, wie er von einem anderen Vogel wohl kaum zu überbieten ist.

Drei Kohlmeisenpaare hatten die wunderlichsten Nistplatz-Einfälle. Das eine Paar verbannte den Schlagbaum am Haupteingang zu wochenlanger Ruhestellung. Das zweite richtete sich im Maul des wasserspeienden Frosches häuslich ein. Doch die wohl ungewöhnlichste Niststätte befand sich innerhalb der Betriebsschlosserei im Gußgehäuse einer Ständerbohrmaschine, unmittelbar unter den Antriebsriemen. Und an der Decke – die Räumlichkeit fast gänzlich für ihr Brutgeschäft in Beschlag nehmend – hingen an die zwanzig Schwalbennester. Den Vögeln schien die laute Umgebung nichts auszumachen. Alljährlich kehrten sie an ihren alten Brutplatz zurück.

Und dort, wo Mäuse, Vögel und (oder) Niederwild vorkommen, da fehlte es auch nicht an Beutegreifern. Eine Fuchsfähe brachte mehrere Jahre hintereinander ihr Geheck dort hoch. Futternot gab's keine. Im Gegenteil, der „Tisch war immer überreich gedeckt". Ein Arbeiter fütterte die Füchse zusätzlich mit Schokoladenabfällen, die stets gerne aufgenommen wurden, besonders dann, wenn sie mit Nüssen und Rosinen durchsetzt waren.

Zweimal gelang es mir, einen Jungfuchs mit der Hand zu fangen. Den ersten zog ich an der Lunte aus einem Stahlrohr, in das er bei meiner Annäherung geschlüpft war; ihn entließ ich anschließend wieder in die Freiheit. Den anderen „schnappte" ich mit mächtigem Hechtsprung – ebenfalls an der Lunte –, bevor er im dichten

Bewuchs der südöstlichen Hangseite untertauchen konnte; ihn schenkte ich dem an Wildtieren sehr interessierten Schlossermeister. Noch vor der Jägerprüfung streckte ich dort meinen ersten Jungfuchs. Am darauffolgenden Morgen fand ich nur noch klägliche Reste. Die verbliebenen Füchse hatten offenbar ihren Bruder genüßlich aufgefressen.
Unterschlupf dieser Fuchsfamilie war der stufenförmige, mit Wildem Hopfen dicht an dicht zugewachsene Schieferfelsenhang auf der Südostseite des Gebäudes.
Als häufigster Beutegreifer kam der Steinmarder vor. Auf dem Flachdach einer Garage waren für die betriebseigene Tischlerei Bretterstöße luftdurchlässig geschichtet. Eines Tages kam ich hinzu, als mehrere Handwerker lamentierend einen solchen Bretterhaufen umstanden, aus dem plötzlich zwei fast ausgewachsene Jungmarder sprangen und ihren Balg im dichten Gefilz in Sicherheit brachten.
An einem Januarmorgen erreichte mich die Meldung, ein offenbar tollwütiger Steinmarder liefe klagend und um sich beißend auf dem schmalen Fußpfad hinter der Fabrik umher. Hier schien schnelles Handeln vonnöten. Eilends schaffte ich Drilling nebst Schrotpatronen herbei und eilte hinter das Fabrikgelände. Schon fast von Sinnen, quälte sich ein außergewöhnlich starker Marder, elendiglich klagend, am Boden. Ein schneller Schuß beendete das Drama. Die Tollwutuntersuchung verlief negativ, was mich, in Anbetracht des Verhaltens, sehr wunderte. Der Marder hatte wohl, wie wir im Nachhinein vermuteten, eine vom „Kammerjäger" vergiftete Ratte erbeutet und dabei das verhängnisvolle Gift aufgenommen.
Drei Jungmarder kamen um, als einem älteren Arbeiter der Auftrag zuteil wurde, die Randhecken zu lichten. Um sich die Arbeit zu erleichtern, legte der sonst sehr besonnene Mann Feuer. Von unten her fraßen sich die Flammen im zundertrockenen Unterholz derart schnell hangauf, daß es für die laut kreischenden Marder kein Entkommen mehr gab.
Ab Oktober fütterte ich die Marder regelmäßig mit Hühnereiern an. Aber erst im November, wenn der herrliche Balg „reif" war, wurden die Eisen „scharf" gemacht.
Um das Abzugeisen so natürlich wie möglich zu beködern, fülle ich ein zuvor ausgeblasenes Ei mit dünnflüssigem Gips; an der Flachseite lasse ich ein etwa drei Zentimeter langes Drahtende herausragen, um das Ei am Köderhalter zu befestigen. Sobald diese Vorbe-

reitungen abgeschlossen sind, schlage ich ein weiteres Ei auf, verrühre den Dotter mit dem Eiweiß und lasse die ganze Herrlichkeit über das präparierte Fangei laufen. Dann wird der Fangplatz hergerichtet. Das (zweifach) gesicherte Eisen wird in eine muldenartige Versenkung gelegt und anschließend mit trockenem Torf soweit verblendet, daß nur mehr das Ei die Oberfläche ziert.
Wenn diese Vorbereitungen unter Beachtung peinlichster Sorgfältigkeit durchgeführt werden, kann man damit rechnen, gar manchen dieser geschmeidigen, eleganten „Nachtjäger" zu erbeuten.
Jedesmal, wenn ich am frühen Morgen die Fangplätze ablief, hämmerte mein Herz in freudiger Erwartung wie wild unter der Jacke. Ja, die Fangjagd ist spannendes, urtümliches Weidwerk – und nur die besten, die gerissensten Spezialisten, werden dabei auf Dauer erfolgreich sein.
Gelegentlich machte ich mir einen Spaß daraus, gute Jäger zu fragen, wieviel Marder sie in ihrem Jägerleben geschossen oder gefangen hätten. Was ich zu hören bekam, ist nachdenkenswert: Zahlreiche Hirsche; haufenweise Sauen und noch mehr Rehe hatten manche in einem erfüllten Leben erlegt. Aber einen Marder? Wenn man danach fragt, herrscht in der Regel Sendepause. Die meisten sahen wohl den einen oder anderen beim Ansitz auf andere Wildarten (meist im Sommer beim Bockansitz). Aber geschossen? Einen dieser schneidigen Burschen in den Schnee gesteckt? Nein, das war kaum einem vergönnt; man hatte es in den meisten Fällen noch nicht mal versucht.
Nun, ich möchte mir weder ein negatives noch positives Urteil über die Einstellung dieser Jäger erlauben. Aber den Beutegreiferspezialisten mit ihrem unglaublichen Idealismus und unnachgiebiger Ausdauer sei ohne jeden Pathos eingeräumt, daß sie große Könner und echte Jäger sind!
Wenn man die Erfolgsaussichten am Luderplatz ganz wesentlich erhöhen möchte, kann man auf eine Zusatzkirrung nicht verzichten. Im Laufe der Jahre fand ich heraus, daß Obst, insbesondere Rosinen, an keinem Luder- oder Fangplatz fehlen sollten. Zusätzlich hat sich würzig duftender Apfeltrester bewährt, der schon ab Anfang Oktober – meist kostenlos – erhältlich ist und erfahrungsgemäß nicht nur vom Schalenwild begehrt wird. Damit weder Duft noch Geschmack durch anhaltende Regenfälle in den Boden gespült werden, stampfe ich den Trester in Behälter (Faß oder Tonne),

die zuvor beiderseits zugänglich gemacht wurden; zur Tarnung schichte ich abschließend einen halben Ballen Stroh darüber.
Anfang der achtziger Jahre besorgte ich mir aus der Schokoladenfabrik 200 Kilogramm türkische Rosinen, die man für den menschlichen Genuß nicht mehr verarbeiten konnte, weil sich kleine Insekten darin tummelten. Schon im Oktober wurden die „süßen Luderplätze" bestens angenommen, und die sich in der Folgezeit einstellenden Jagderfolge hätten den abgeklärtesten Beutegreiferexperten verblüfft.
Mit kribbelnder Vorfreude im Bauch bestieg ich im November, als eine „Neue" die Landschaft zierte, die geschlossene Kanzel in der Nähe einer wüsten, schier undurchdringbaren Brombeer-Ginsterwildnis. Nach zweistündigem Passen gewahrte ich einen schlanken Wildkörper am „süßen Strohhaufen". Wenig später konnte ich den reifen, weißledrigen Balg eines starken Steinmarders zu Hause auf's Spannbrett ziehen.
Diese Kirrungen dienen zwar in erster Linie dazu, möglichst viele Beutegreifer zu erlegen. Aber sie haben zudem, so ganz nebenbei, eine nicht zu unterschätzende Hegefunktion für unsere im Winter oft große Not leidenden Nachtgreife. Wieso? Ja, es sind die Mäuse, die sich gern in dem nahrhaften Strohhaufen aufhalten, besonders dann, wenn man eine Folie dazwischen legt, um das untere Stroh trocken zu halten; mit ein paar Händen Mais kann man das Wohlbefinden der Mäuse zusätzlich fördern, die dann prompt zu singen beginnen, was man in unserer Menschensprache respektlos „Mauspfeifen" nennt. Der Übermut der kleinen Nager kennt keine Grenzen mehr. Wanderungen und neugierige Ausflüge an die weiß verschneite Strohoberfläche sind die Folge – und in den meisten Fällen das rasche Ende; denn darauf hat der Waldkauz oder die Waldohreule nur gewartet …
Wir Jäger tragen so – das muß mal gesagt werden – bedeutend mehr zum Schutze dieser liebenswerten Vögel bei als so mancher Schreibtischornithologe.
Ein weiterer Kirrplatz lag unweit des Dorfes auf der anderen Talseite. Dort schoß ich in einer der folgenden Mondnächte zuerst zwei prächtige Füchse und, eine Stunde nach Mitternacht, auf frostblitzender Schneefläche, meinen ersten „Kugelmarder", als er sichernd zu einem „Pfahl" hochsteilte.
Nach mehrjähriger Abwesenheit kam ich endlich wieder in mein

geliebtes Revier Bremm I zurück. Die beiden jungen Leute, die das Revier in den letzten Jahren betreuen sollten, hatten die Jagd auf Beutegreifer in sträflicher Weise vernachlässigt, weil sie nach „Höherem“ strebten; Schalenwild, am liebsten Böcke, Sauen und Rotwild, das war's, was zählte. Füchse? Marder? Ja, davon hatten sie höchstens mal was gehört oder gelesen. Kurz und gut, ich konnte mich über Arbeit nicht beklagen und hatte alle Hände voll zu tun.
In einem Heckenstreifen stand, in einen wilden Birnbaum genagelt, die mickrige „Kesslerleiter“. In östlicher Richtung (das war der einzige Kirrplatz, der nicht besonders windgünstig angelegt war, aber wegen der umliegenden Waldstruktur guten Beutegreiferzulauf erwarten ließ), herrschte Marderhochbetrieb am Kirrplatz. Da man nur bei nördlichem oder östlichem Wind ansitzen konnte, mußte ich mich in Geduld üben …
Eines Abends war es dann soweit: Fußknöchelhoch bedeckte eine Schneedecke die Moselhöhen …
Bei eisigem, scharfem Ostwind bezog ich Posten. Damit die scharfsinnigen Beutegreifer nur nicht durch eine unbedachte Bewegung vergrämt würden, ließ ich, trotz der schneidenden Kälte, die Luke offen. Obwohl die Beutegreifer selten vor 21.00 Uhr erscheinen, beziehe ich bereits zwischen 18.00 und 19.00 Uhr den Ansitzplatz. Oft muß ich dann drei, vier oder noch mehr Stunden warten. Das ist zwar kein reines Vergnügen, aber es ist besser einige Stunden zu früh da zu sein, als eine Minute zu spät …
So war das auch an diesem Abend. Dann kam der erste Fuchs. Zu meinem Kummer überschoß ich ihn mit der großen Kugel, als er rechts von mir übers freie Feld schnürte. „Verdammt und zugenäht“, fluchte ich still vor mich hin, „so eine elende Schlamperei!“ Lautlos lud ich nach und blieb verärgert sitzen. Eine halbe Stunde später wurde mein ramponiertes Gemüt wieder aufgemöbelt – ein kapitaler Steinmarder lag vor mir im Schnee.
Mit der Beute im Rucksack stiefelte ich durch den Schnee einer geräumigeren, waldnahen Kanzel zu. – Und kurz nach 24.00 Uhr lag doch noch ein starker Fuchsrüde – mit der großen Kugel geschossen – vor mir, der laut bellend die im gleißenden Mondlicht liegende Fläche überqueren wollte.
Am nächsten Abend hockte ich erneut einsam und jämmerlich frierend, in dem mickrigen Heckenansitz. Diesmal kamen zwei Marder im Abstand von etwa einer Stunde. Der Schrothagel (Nr. 5)

des linken Drillingslaufes bannte beide auf den Platz; nur ein Meter voneinander entfernt lagen sie einträchtig im Schnee. Später sah ich mit vor Freude hüpfendem Herzen, daß der Zuletztgeschossene ein hochkapitaler Baummarder (ein sogenannter Oberkopf, wie die Pelzfachleute sagen) war – mein erster!

Am Anfang des verflossenen Jahrzehnts lag fast drei Monate ununterbrochen Schnee, mit optimalen Voraussetzungen für die Beutegreiferjagd, was sich entsprechend positiv auf unsere Strecke auswirkte. Von den annähernd zwanzig Füchsen mal ganz abgesehen, schossen wir immerhin ein rundes Dutzend Marder (davon zwei Gelbkehlchen), allesamt an den „süßen" Luderplätzen.

Es geht aber auch ohne Schnee; einzige Voraussetzung: Der Mond muß frei und blank am Winterhimmel prangen. Dann reicht die Sicht völlig aus, um den unruhevoll umherhuschenden Marder mit Schrot zu erwischen.

Im vorletzten Jahr lag hier bei uns kein Krümel Schnee. Und dennoch gelang es mir in schönen, hellen Mondnächten, kurz vor Weihnachten, drei starke Marder zu erbeuten, zwei „Weißgelatzte" und ein „Gelbkehliger". Da die ohnehin schon spannenden Erlebnisse eine zusätzliche, höchst pikante Würze erhielten (zumindest in einem Fall), möchte ich sie kurz schildern.

Zwischen zwei von Wald flankierten Feldstreifen steht eine schöne, geschlossene Kanzel. Und nur dem glücklichen Umstand, daß das Gelände hier eine etwas unwegsame, muldenartige Einbuchtung hat, die etwa sechzig Meter weiter oben an einem Feldweg endet, haben wir es zu verdanken, daß die für viele Kreaturen lebenserhaltende Ödlandfläche mit lückig bestocktem Ginster und Brombeergeranke noch nicht vom gierigen Pflug der Bauern aufgefressen wurde. Seit Jahren unterhalte ich hier einen guten Kirrplatz für Beutegreifer, den ich sowohl mit „herzhaften Happen" als auch wohlschmeckender Nachspeise in Form von Apfeltrester und „Süßigkeiten" beschicke.

Warm in den Lodenmantel gepackt, kauerte ich gemütlich abwartend in der linken Sitzecke. Eineinhalb, wenn nicht zwei Stunden mochten schon vergangen sein, ohne jeden Anblick, ja, ohne überhaupt etwas vernommen zu haben. Lediglich die für Sekundenbruchteile in die Nacht zuckenden Auto-Lichtstreifen von der weiter südlich durchs Revier sich windenden Landstraße, registrierte ich hin und wieder gelangweilt. Weit wanderten die Gedanken zurück in die fünfziger Jahre. Damals wurde das Revier noch von keiner Straße zerhackt, demzufolge weder Vogel noch Igel, geschweige ein Stück Wild von rasenden Reifen zermalmt, wie heute so oft! Ja, ja, der Fortschritt und die damit einhergehende Bequemlichkeit fordern ihren Preis …

Mittlerweile lag die Landschaft unter einer glitzernden Reifschicht; dick und schwer von Eiskristallen behangen, beugten sich die Gräser und Sträucher der Brachfläche. Und hoch über allem hing strahlend wie eine Laterne, der volle, runde Mond. Jetzt fehlte eigentlich nur noch ein Fuchs oder Marder, um das Bild abzurunden; eine Sau wäre auch nicht schlecht …

„Na, na“, sagte ich zu mir, „bleib mal schön auf dem Teppich“. Aber es macht so viel Spaß, die oft nüchterne Realität ein wenig zu verdrängen, die pessimistischen Gedanken ins Abseits zu rücken und einfach Wünschen und Träumen nachzuhängen. Die meisten Jäger sind Optimisten, es ist ihnen angeboren. Und das ist gut so! Einer meiner guten Bekannten, seines Zeichens Forstbeamter, hat einen Spruch geprägt, der in der Praxis häufige Bestätigung findet: „Man kann auf der Jagd gar nicht so dumm denken, wie es manches Mal kommt!“

Da, eine schattenhafte, huschende Bewegung – der Marder. Doch bevor ich den Drilling hoch und schußfertig hatte, war er heimlich wie ein Gespenst im Gesträuch verschwunden. Verstohlen spekulierte ich mit der Mini-Lampe auf meinen „Chronometer“; früh war's noch, erst 21.00 Uhr. Kaum hatte ich die Lampe wieder in der Tasche versenkt, da wischte der geschmeidige „Räuber“ über den ausgetretenen Paß erneut in Richtung Strohhaufen. Diesmal sollte er mir nicht mehr „durch die Lappen“ gehen! Im Nu lag der entsicherte Drilling auf der Brüstung und hinaus paffte die Schrotladung; langgestreckt lag meine Beute drüben am Luderplatz. Immer wieder nahm ich das Doppelglas vor die Augen und betrachtete mit klopfendem Herzen den schneidigen Draufgänger, der nun so friedlich dort lag.

Wenn mir jetzt jemand gesagt hätte: „Mach Schluß, hier kommt nichts mehr“, dann hätte ich nur lächelnd geantwortet: „Abwarten und Tee trinken“.

Nach dem Schuß war die Nacht zunächst wieder eisig und still. Mit dem Knie auf den kantigen Fensterrahmen gestützt, lauschte ich angespannt in die Mondnacht hinaus. Hinter dem Sitz erstreckte sich über den gesamten Hang eine sechs bis acht Hektar große Douglasiendickung. Hatte dort nicht ein Ast geknackt? Dann begann mein Puls mit beachtlichem Tempo sprungartig loszuhämmern – Sauen! Deutlich, wenn auch etwas gedämpft, hatte ich sie jetzt vernommen. Die Rauschzeit war zugange. Und Keiler sind nicht zimperlich, wovon Bachen und Frischlinge ein Lied singen können. Sollte die Rotte etwa ... Quatsch, hier oben gab's für die Sauen nichts, absolut nicht zu holen ... Aber ein Funken Hoffnung blieb dennoch.

Eine gute Runde hatten die Uhrzeiger nach dem Schuß zurückgelegt, da gewahrte ich drüben, am westlichen Rand der Brache, eine Bewegung. Glas hoch und erneut einsetzender, freudiger Herzschlag – Reineke, mein Freund, machte sich dort zu schaffen. Das gab mir Gelegenheit, erneut den altgedienten „Dreilauf" in Schußposition zu rücken – hell bellte die Hornet auf, dann Kugelschlag und der Schleicher gehörte mir.

Da es erst 22.00 Uhr war, blieb ich selbstverständlich sitzen; bis Mitternacht wollte ich auf jeden Fall die Stellung halten. Bis dahin konnte noch viel passieren!

Die dann folgenden Minuten und Stunden, angereichert mit erwartungsvoller knisternder Spannung und inneren Empfindungen, könnte ich noch seitenweise in die Länge ziehen. Aber diesmal möchte ich es kurz machen: Eine Stunde vor Mitternacht zogen etwa 22 bis 25 Sauen außer Schußentfernung auf die Wintersaat. Schon überlegte ich, ob ich sie anpirschen sollte, ließ es dann glücklicherweise sein, denn schon setzte die Rotte sich wieder in Bewegung; eine nach der anderen verschwand in den Douglasien. Mit Knistern, Knacken und wohligem Grunzen zogen die Sauen stetig näher heran. Plötzlich Totenstille; sie sicherten. Dann schob sich ein dunkler Schatten nach dem anderen in die helle Fläche hinaus. Oho, jetzt war ich wieder an der Reihe. Diesmal meldete sich der große Kugellauf (7 x 57 R, Teilmantel 9 Gramm) zu Wort; nach kurzer, stürmischer Todesflucht lag ein Überläufer von 39 Kilogramm.

Eine solche Nacht, erfüllt mit reichem jagdlichem Erleben im Zusammenspiel mit den unnachahmlichen Schönheiten der Natur, kann man durchaus als die Sternstunde eines Jägerlebens werten, wenn es auch Leute geben mag, die da weitaus höhere Maßstäbe ansetzen. Für mich jedenfalls wird diese Nacht unvergessen bleiben!

In den folgenden Nächten war es ebenfalls sehr hell, so daß ich, anstatt mit der Repetierbüchse auf Sauen anzusitzen, wieder den Drilling aus dem Ständer nahm und die „Kessler“ bezog, um Fuchs und Marder auf's Leder zu rücken. Das Resultat: Zwei kapitale Steinmarder, die ich dabei erwischte, als sie inbrünstig die ausgelegten Süßigkeiten schleckten.
Auf gleichem Sitz passierte mir einige Jahre zuvor bei hoher Schneelage ein Mißgeschick. Da ich mit einem Fuchs rechnete, hatte ich den Drilling mit Schrot Nr. 3 „gestopft“. Dann kam aber ein Marder. Das Risiko des Umladens auf Nr. 5 wollte ich nicht eingehen, weil der Marder – kaum war er da – schon wieder Anstalten machte, in der linken Hecke zu verschwinden. Im letzten Moment pafft der Schuß in den Schnee. Der Marder lag, dann bewegte er sich und war doch in der Hecke verschwunden.
Nach zwei Stunden kontrollierte ich den Anschuß und fand viel Schweiß; Schrot hat er also ... Am nächsten Morgen bin ich mit Brax zur Stelle. Die Schwarzdornhecke ist so dicht, daß es für mich kein Durchkommen gibt. Mit dem Kulturmesser bahne ich mir mühevoll eine kleine Schluffe und finde wieder Schweiß. Jetzt umschlage ich den Dornenverhau und stelle fest: Der Marder ist drin.
Nun kommt Brax zum Einsatz. Ohne Zögern verschwindet er in den unwirtlichen Dornen und rumort suchend durch den Verhau. Nach etwa zehn Minuten gibt er Laut. Ich kämpfe mich aus dem Dichten heraus auf den Pirschpfad, der zum Hochsitz führt. Da sehe ich Brax mit dem Marder im Fang. Der kämpferische Raubgeselle hatte sich im linken Behang des Hundes festgebissen. Aber er hatte dennoch keine Chance gegen den rabitaten Brax; im Nu wurde er abgetan und hing schlaff herunter. Beim Abbalgen stellte sich heraus, daß nur ein Schrotkorn im Keulenbereich steckte.
Ohne Hund wäre der Marder niemals zur Strecke gekommen!

# Dreimal vorbei!

Das Hauptbetätigungsfeld meines Hundes ist die Schweißarbeit. Doch wenn – wie bei mir – hauptsächlich Todsuchen anfallen, wird der Helfer körperlich zu gering belastet. Um den Rüden bei Kondition zu halten, fahre ich deshalb gelegentlich, meist Sonntags (Verkehrsruhe), hinüber in den hunsrückseitigen Revierteil „Stuben“, wo ich ihn weiträumig auf Hasen suchen lasse. Wenn der starke, muskulöse Hund dann mit kreisender Bürstenrute zwischen Felsenköpfchen, Reben und dichten Dornengesträuch arbeitet, kann ich mich an diesem prächtigen Anblick kaum sattsehen.
Nachdem „Brax“ an einem Sonntagmorgen zurückkam und ins Auto sprang, suchte ich mit dem Glas die jenseits der Mosel liegenden Steilhänge des „Calmont“ ab. Wie oft sah ich – zu allen Tageszeiten – Rehwild in dieser Felsenregion. Zügig schwenkte die Optik von Osten nach Westen jede Fläche, jede Rinne entlang, nur dort länger verweilend, wo ich im Laufe der Jahre das meiste Wild sah – und erlegte. Und siehe da: Im „Layering“, einer teils mit Brombeeren bedeckte Steinhalde, die aussieht wie ein auf die Spitze gestelltes Dreieck, erspähte ich zwei Stücke Rehwild.
Oho, da gab's kein Überlegen und Zaudern mehr: Rein ins Auto und mit Karacho in Richtung Moselbrücke gebraust, die etwa drei Kilometer flußaufwärts die beiden Ufer verbindet. Als ich, auf der anderen Seite wieder abwärtsfahrend, unseren Wohnort passierte, standen oberhalb der Mosel – „am Stood“ – etwa zehn bis zwölf Männer, die sich dort traditionsgemäß an jedem Sonntag auf den Kirchgang und die Predigt des Pastors einstimmten. Nun muß ich erklärend einflechten, daß die hiesige Bevölkerung allen jagdlichen Dingen aufgeschlossen und positiv gegenübersteht. Jagdgegner gibt es hier nicht!
Und auch jetzt war einer in der Gruppe, der die Vorgänge haarscharf verknüpfte und dies den anderen mitteilte, als ich vorüberbrauste in Richtung Aufstiegstelle: „Dä hot bestemmt 'eh Rieh geseh', mol offpasse, wat dä jetzt micht!“ – Und, das sei gleich gesagt, mit dem gewohnten Kirchgang wurde es an diesem Morgen nichts.

Die Männer – mancher hatte nach dem Krieg selbst kurzfristig „gejagt" – konnten meinen Anstieg genau verfolgen. Zunächst stieg ich über die relativ gut begehbaren Winzerpfädchen zügig bergan. Weiter oben, wo die Bebauungsflächen zu Ende sind, wurde es dann „kriminell" – stellenweise hüfthohe Brombeeren und Dornen erschwerten das Weiterkommen erheblich. Eine kleine Erleichterung bescherten mir die leidlich freigetretenen Rehwechsel und ein ausgedienter Weinbergspfahl, mit dem ich mich, nach Art der Bergjäger, abzustützen bzw. hochzustemmen vermochte. So kämpfte ich mich über lockeres Gestein und widerspenstiges Gedörn höher und höher. Mein Ziel, ein mit Gras- und Moospolster bewachsener Felsenkopf, war schließlich erreicht. Im Gegenhang müßte nun, wenn ich den Kopf über die Kuppe heben würde, das Rehwild in etwa 70 bis 80 Meter vor mir stehen, wenn es inzwischen nicht weitergezogen war. Sekunden später stellte ich jedoch erleichtert fest: Die Stücke, Ricke mit Rickenkitz, standen noch unverändert an gleicher Stelle in den Brombeeren.
Bis hierhin klappte alles wie am Schnürchen. Was dann allerdings in den nächsten Minuten ablief, erschütterte mein jägerisches Ehrgefühl bis tief ins Mark. Der Drilling lag ruhig auf meiner Jacke, die ich zwecks besserer Auflage in eine Felsenvertiefung gelegt hatte. Ha, ha, triumphierte es in mir, nun konnten meine Zuschauer dort unten mal erleben, wie man nach schwieriger Pirsch in unwegsamem Gelände Rehwild schießt. Bewegungslos stand das Absehen auf der Kammer, Schuß – und vorbei. Nanu, das war mir hier in zwanzig Jahren nicht passiert ... Ruhig Blut, nur nicht zappelig werden! Noch ein wenig verschnaufen, mit ruhigen Bewegungen die nächste Patrone in den Lauf schieben, konzentriertes Visieren, abermals Donnergrollen durch das Moseltal – und wieder vorbeigefunkt.
Verdammt, jetzt wußte ich es genau: Die Waffe konnte niemals in Ordnung sein. Aber trotzdem bugsierte ich, als der Lauf abgekühlt war, die dritte und – Gott sei Dank! – letzte Patrone hinein und setzte das neun Gramm schwere Teilmantel-Geschoß ebenfalls hoch über das Reh ins Gestein, ohne das Wild zu erschrecken. Völlig vertraut standen beide Stücke drüben und äugten ins Moseltal hinunter; es sah fast so aus, als ob sie dem regen Autoverkehr auf der B 49 zuschauen würden.
Nach dem dritten Schuß wäre ich am liebsten in einen Felsspalt gekrochen. Diese Schande, diese Schmach kratzt am Selbstbewußt-

sein und läßt einen wieder mickrig und häßlich erscheinen, wie ein grüner Anfänger, der vom Jagdherren gehörig „vergattert" wurde ... Was sollten meine Mitbürger nun von mir denken, die mich bis zu diesem Zeitpunkt als Jäger achteten und schätzten, sogar den Kirchgang sowie den Empfang der Heiligmachenden Gnade versäumt hatten?! Gleich dreimal vorbeigedonnert, nein, das durfte, das konnte nicht wahr sein!

Aber: Da gab's kein Entkommen, es war die Realität! Plötzlich wurde mein naßgeschwitzter Körper von der Bauchseite her eisig kalt. Ach ja, ich lag ja immer noch im nassen Gras ...

Hadern und klägliches Jammern half nun nichts mehr. Vorsichtig zog ich den Kopf hinter die Deckung zurück, hing die Jacke über, warf enttäuscht den Drilling auf den Rücken – und da passierte es: Das sechsfache Zielglas fiel neben meinem linken Fuß ins Kraut, am hinteren Haken hing, das sah ich sofort, der Montagefuß der Suhler Einhakmontage. Aha, das war's also! Im Laufe der Jahre – so stellte ich später fest – hatte sich das Lötzinn durch allmähliche Öleinsickerung zersetzt und letztlich zur Ablösung des Sockels geführt (Nach dieser Erfahrung rate ich zu sparsamem Ölgebrauch an der Waffenoberfläche).

Die Turmuhr schlug just zu Mittag, als ich mit dem lädierten Drilling vor der Haustür stand. Kein Mensch hätte mich jetzt aufhalten können; der „Dreilauf" wurde in den Ständer verfrachtet und die danebenstehende Büchse gepackt, zurück zum Auto gehastet und nach kurzer Fahrt erneuter, schweißtreibender Aufstieg in den „Calmont".

Oben angelangt, sah ich zunächst nur das Kitz. Im Knall überschlug es sich mehrmals und blieb schließlich hinter der einzigen, kugeligen Eiche hängen. Frohlocken in meinem Inneren: Die Ehre des Tages war gerettet ... „Reh tot" – „Halali" ... Aber es kam noch besser!

Durch die Absturzgeräusche wurde die Ricke hoch, die für mich unsichtbar in den üppig wuchernden Brombeeren saß. Vom Blatt sah ich nur eine leidlich bierdeckelgroße Stelle; das würde genügen. Nach kurzer, stürmischer Todesflucht tauchte sie verendet in die Brombeeren. „Na also", entfuhr es mir erleichtert; „alles Paletti", würde mein Schwager Willi jetzt sagen.

Die anschließende Bergung der beiden Stücke forderte mir die letzten Reserven ab. Unter hartem Körpereinsatz und halsbreche-

rischer Kletterpartie manövrierte ich beide Stücke zu Tal, wo ich am Auto von zwei unentwegten Mitbürgern, die bis zum Schluß alles verfolgt hatten, voller Begeisterung empfangen wurde.
Somit war ich – Glück muß der Mensch haben! – wieder rehabilitiert und im Dorf weiterhin ein Jäger, der mit sauberen Schüssen sein Wild erlegt. Und diese Meinung der Leute ist mir sehr wichtig, denn Schlumpschützen, deren Fehlschüsse an die Öffentlichkeit gelangen, werden gern wie Witzblattfiguren belächelt und sogar ein wenig verachtet.
Heiliger Hubertus, da bin ich ja noch mal glimpflich davongekommen …

# Eine kurze Bemerkung noch zum Schluß

In den meisten Jagdbüchern wird von Erfolgen aus längst vergangenen Zeiten berichtet, als alles noch viel besser und schöner war, Zeiten, in denen es weder Umweltstörungen, Chemie und Jagdgegner zu geben schien.
Nun, ich kann die Autoren – meist sind es betagte Weidmänner, die zum Teil ihr höchstes Gut, die Heimat, verloren haben – gut verstehen, wenn sie ihre Jagderlebnisse der Nachwelt erhalten möchten. Mir macht es immer wieder große Freude, sie zu lesen, um an dem mannigfaltigen Erfahrungsschatz mit reicher Beute in gesegneten Wildbahnen teilzuhaben. Doch heute, wo in unserem einst so stattlichen Vaterland der Lebensraum für Mensch und Tier täglich um viele Hektar schrumpft, kaum noch ein Fleckchen Natur von Störungen verschont bleibt, muß auch mal von weniger erfreulichen Dingen offen berichtet werden. Das habe ich – zumindest teilweise – getan!
Ja, und was ich noch sagen wollte: Meinen vierläufigen Helfern habe ich – wie der Leser sicher längst bemerkt hat – keine eigene Abhandlung gewidmet. Das soll allerdings nicht heißen, daß sie in meinem Jägerleben von zweitrangiger Bedeutung gewesen wären. Im Gegenteil: Die Hundearbeit, der ich mit großer Passion zugetan bin, wurde in die jeweilige Erlebnisschilderung einbezogen, weil ich der Meinung bin, daß sie dort besser hineinpaßt.
Ich wünsche allen unverdrossenen Jägern, Hundeführern und Naturfreunden, die sich mit ganzer Tatkraft und heißem Herzen für Wald, Wild und Jagd einsetzen, trotz des eisigen Windes, der uns zunehmend ins Gesicht bläst, weiterhin Freude und Entspannung draußen im Revier!